深化广东的改革开放：
瑞典经验借鉴

SHENHUA GUANGDONG DE GAIGEKAIFANG:
RUIDIAN JINGYAN JIEJIAN

郑德涛　林应武　主编

中山大学出版社
SUN YAT-SEN UNIVERSITY PRESS

·广州·

版权所有　翻印必究

图书在版编目（CIP）数据

深化广东的改革开放：瑞典经验借鉴/郑德涛，林应武主编．—广州：中山大学出版社，2015.11

ISBN 978-7-306-05526-2

Ⅰ.①深…　Ⅱ.①郑…②林…　Ⅲ.①公共管理—广东省—文集　Ⅳ.①D63-53

中国版本图书馆CIP数据核字（2015）第276243号

出版人：	徐　劲
责任编辑：	赵　婷
封面设计：	林绵华
责任校对：	李海东
责任技编：	何雅涛
出版发行：	中山大学出版社
电　　话：	编辑部 020-84111996，84113349，84111997，84110779
	发行部 020-84111998，84111981，84111160
地　　址：	广州市新港西路135号
邮　　编：	510275　　传　真：020-84036565
网　　址：	http://www.zsup.com.cn　　E-mail:zdcbs@mail.sysu.edu.cn
印刷者：	广东省农垦总局印刷厂
规　　格：	787mm×1092mm　1/16　17印张　330千字
版次印次：	2015年11月第1版　2015年11月第1次印刷
印　　数：	1～1000册　　定　价：40.00元

如发现本书因印装质量影响阅读，请与出版社发行部联系调换

编 委 会

主　　编：郑德涛　林应武
副 主 编：陈康团　李善民
编　　委：郑德涛　林应武　陈康团
　　　　　李善民　谭　俊　肖　滨
　　　　　李　华　何艳玲　应国良
执行编辑：李　华　应国良

瑞典四期班开班合影

瑞典四期班在瑞典的合影

目　　录

第一部分　公务员体制改革与公共治理

瑞典公共治理的现状、启示及借鉴 …………………… 孟卫东（1）
清廉国家瑞典对我国廉政建设的启示 …………………… 范　月（11）
瑞典在构建政府、市场和社会三角关系方面
　　对我国的启示 …………………………………………… 张崇义（21）
瑞典国家创新机制及其对广东省自主创新的启示 ……… 邓　彦（29）
和谐发展
　　——瑞典经验的借鉴意义 ……………………………… 黄　文（37）
考察学习瑞典公共管理的几点思考 ……………………… 陈志良（44）
瑞典经验对完善我国公务员绩效考核制度的启示 ……… 张文雅（58）
加强公务员队伍建设　构建社会主义和谐社会 ………… 刘泽鹏（67）

第二部分　公共部门发展的探索与启示

从"瑞典模式"谈地方公共财政建设 …………………… 詹文光（75）
瑞典地方政府财力均等化机制对广东省的启示 ………… 陈　琼（84）
瑞典产业发展模式对广东产业结构调整的启示 ………… 陆小环（100）
瑞典的高科技创新对广东加快转变经济发展方式的
　　启示 ……………………………………………………… 黎　滔（114）
瑞典氮氧化物排污费制度设计及其启示 ………………… 周锦林（123）
瑞典治理商业贿赂经验对广东的启示 …………………… 李军晓（130）
瑞典民间组织对广东省行业协会发展的启示 …………… 许晓雄（139）
瑞典NGO对我国体育民间组织建设的启发 …………… 潘剑勇（145）
我国公共服务市场化中存在的问题及对策思考 ………… 周长成（149）

第三部分　社会保障与社会政策

瑞典人口发展问题与调控对策 …………………………… 苏　力（156）
瑞典社会保障制度及其启示 ……………………………… 傅学敏（160）
改变与颠覆　突破与回旋
　　——完善广东省养老保障基金管理体制的思考 ……… 钟仕颖（168）
瑞典老年人社会福利制度及其对我国应对
　　人口老龄化问题的启示 ………………………………… 陈　奇（176）
瑞典全民社会福利制度的建立：坚持与共享 …………… 王金昌（184）
瑞典医疗保障制度初探 …………………………………… 李迎春（190）
瑞典职业教育与培训改革对广东的启示 ………………… 黄存足（196）
瑞典职业教育体制对我国的启示 ………………………… 李　胡（212）
瑞典的新闻自由 …………………………………………… 钟育彬（229）
量刑合理化：司法和谐的选择 …………………………… 吴铭泽（238）
河源走新型城乡一体化道路的初探 ……………………… 朱良聪（247）
建立以廉租房为基础的城市保障性住房制度的构想 …… 何德尧（254）

后　记 ………………………………………………………………（262）

第一部分　公务员体制改革与公共治理

瑞典公共治理的现状、启示及借鉴

孟卫东

2010年6月，笔者有幸参加第四期广东省公务员公共管理瑞典专题研究班，在斯德哥尔摩大学接受了为期1个月的培训。期间，先后到国会、欧盟委员会办事处、斯德哥尔摩市政厅、私营部门职业人员工会、瑞典残疾人辅助技术研究所、明天社会研究部、沃尔沃公司等机构实地参观，并与瑞典各界人士进行了接触交流。在瑞典逗留时间虽短，但其良好的公共治理情况给笔者留下了深刻印象。笔者深切感受到，虽然中瑞两国国情不同、基本政治制度不同、文化传统不同，但瑞典在公共政策和管理模式等方面的一些具体做法还是非常值得我们借鉴，对于我国进一步完善公共治理、增进人民福祉有着重要参考价值。

一、瑞典的公共治理现状及主要特点

瑞典从一个国土面积仅45万平方公里、人口不足千万，且历史上战乱频繁、贫穷落后的北欧小国，经过近200年的努力，一跃成为世界上最文明发达的国家之一，成功开辟了一条通往国家富强、民生幸福、社会和谐的"善治"之路，成为资本主义高福利国家的典型代表。其公共治理无论是与美、英、德、法等其他发达国家相比，还是与中国、印度等发展中国家相比，都具有鲜明特色，但成就之大、成效之显，足以让全世界刮目相看。其主要特点可以概括为"政局稳定、经济发达、实力雄厚、民风淳朴、社会和谐、环境优美"这样六方面。

（一）政局稳定

今天的瑞典人主要是北部狩猎民族维京人（Viking）的后裔，这是一个强悍的游牧民族，曾经以海盗闻名，古代瑞典也曾与丹麦、波兰、俄国等国家战争频繁。但自从16世纪瑞典成为真正意义上的主权国家以来，却维持了长时期的和平，境内近500年没有大的战乱，近200年没发生任何战争、革命、政变及大规模的社会动荡，特别是成功避免了卷入两次世界大战，无论是在20世纪二三十年代风雨飘摇的大萧条年代，还是2008年金融危机的严重冲击之下，瑞典都表现出与很多其他资本主义国家迥然不同的特点，全面维持了和平稳定的秩序。这使得瑞典能够从容发展自己，以渐变的方式不断改良制度。

（二）经济发达

虽然20世纪初，瑞典还是一个贫穷落后的农业国家，由于自然条件恶劣，人民生活极度困苦，许多瑞典人不得不背井离乡、漂洋过海到他国谋生，著名电影《泰坦尼克号》里许多底层劳工就是瑞典人。但是一个世纪以后，情况发生了奇迹般的变化，瑞典克服了自然资源比较贫乏、气候条件比较恶劣、经济基础薄弱等困难，一跃成为全世界最为发达的国家之一，人均GDP在全球名列前茅，并培养了沃尔沃、爱立信、宜家、斯堪斯卡等一批全球一流跨国公司。在这一点上，只有日本可以与之媲美。更值得注意的是，由于产业结构比较优化等因素，瑞典在本轮金融危机中成为发达国家中受影响最小的国家，继续保持着较强的经济活力。经济的成功，为社会健康发展奠定了坚实基础。难怪有人比喻，瑞典社会这驾华美的"车"是靠经济这匹强壮的"马"来拉动的。

（三）实力雄厚

虽然仅有900多万人口，但由于全民受教育状况良好，总体素质高，创新氛围浓厚，瑞典在发明和专利总量、全球知名品牌数量、综合竞争力、诺贝尔奖获奖人数等方面均在世界上名列前茅，仅乌普萨拉大学就先后有13人获得诺贝尔奖。他们强调"知识和脑力是最重要的原材料"，大到成套设备，小到日用商品，处处体现精心设计的理念，使得"斯堪的纳维亚设计"风靡全球。这种现象在全世界堪称奇迹。这在很大程度上与其制度设计有关，但也和瑞典人特有的民族性格有着不可分割的联系。瑞典人热爱学习，注重细节，普遍对本职工作非常专注，他们往往不单纯追求做事情的效率，而是强调一段时间专心做一件事情，乍看效率较低，但长远看恰恰是提高了效率。

(四) 民风淳朴

瑞典人是一个生活在浓厚传统当中的民族，他们以自己的历史为荣。在瑞典，数百年的建筑随处可见，形形色色的博物馆比比皆是，至今保留了许多古老的制度和风俗，人民生活俭约淳朴，普遍重视家庭，大多数人过着日出而作、日落而息的简单生活，对财富的追求保持节制。良好的生活方式不仅保持了全民族的身心健康水平，而且让人们有更多的时间、精力去从事学习和研究。这种情况和日本、韩国等后起发达国家甚至许多发展中国家形成鲜明的对比。从社会生活层面看，瑞典更像一个传统社会，较之于其他发达国家甚至发展中国家普遍存在的紧张、焦虑等社会情绪，瑞典人更显得从容和淡定。

(五) 社会和谐

由于瑞典经济发达，国家实力雄厚，实行高福利制度，因而在很大程度上消灭了阶级、阶层对立等社会问题产生的根源，人民生活水平普遍较高，极少发生群体性事件。在今天的瑞典，虽然也有很富有的企业家和贫穷的新入移民，但中产阶级占绝对的主流。在高税收的作用下，上至政客、知识精英，下至产业工人、服务员和清洁工，最后获得的可支配收入实际差别并不大，绝大多数瑞典人都有着较强的职业满意感和生活幸福感。此外，妇女在瑞典地位很高，两性之间在就业等方面完全平等；老人、残疾人等弱势群体受到很好的照顾，不仅能够得到政府资金方面的扶助，而且还可以免费得到专人精心照料。

(六) 环境优美

盛夏的瑞典气候宜人，到处郁郁葱葱，碧波荡漾，有人说瑞典不是在城市建公园而是在公园建城市，并非夸张。无论城市还是乡村，几乎没有污染的痕迹，森林覆盖率极高，人与自然和谐相处，甚至在斯德哥尔摩等大城市都时有野兔、松鼠出没。瑞典人崇尚自然、热爱艺术，大多数草坪都是天然杂草而非人工种植，几乎所有公共场所都可看到优美的雕塑，建筑物除了坚固耐用之外，外观都经过精心美化，居民门前屋后花团锦簇。这些都得益于强烈的环保意识，瑞典上至政府，下至百姓，都高度重视环境问题，中央政府在环境保护上制定了16个具体标准，很多地方政府中的环境部门是最大的机构，每个人都能从垃圾分类、废报回收、旧物翻新利用等小事做起，以实际行动减轻环境压力。

当然，瑞典不是一个完美的"乌托邦"，也和许多国家一样面临着很多问题和挑战。例如，随着全球化的加速和国际竞争的加剧，加上金融危机的影响，使得瑞典的高税负、高工资、高福利对企业形成了越来越重的包袱，甚至出现了企业、资本向国外转移的倾向，瑞典的高福利制度也面临着危险，当前瑞典各界都对此表现出很大的担忧。又如，随着瑞典加入欧盟，移民特别是来自东欧和南欧的贫困移民越来越多，而瑞典政府又没有能力为他们提供一视同仁的福利保障，种族融合和社会治安也成为日益严重的问题。这些都在重新考验着瑞典人民的智慧和勇气。

二、瑞典良好公共治理的制度根源探析

"瑞典现象"不是无本之木、无源之水，对此，无论瑞典人自己还是学术界都提供了不同的解释。据笔者观察，瑞典能够在短短的一个多世纪里取得如此巨大的成就，固然与其人口压力较小、和平建设时期较长等情况不无关系，但最根本的还是制度和文化因素，是四大"支柱"共同支撑的结果。

（一）行之有效的行政体制

瑞典良好的人居环境、井然有序的社会秩序以及完善的公共服务设施等，无不彰显着政府治理的成功。瑞典人形容他们与政府的关系是"亦远亦近"，"平时看不到，有事时政府总在身边"，这说明瑞典的行政系统运作是十分有效的。总的来看，瑞典的行政体系有三个鲜明特点：

1. 政府职能纵向划分的清晰性

瑞典虽然也是单一制国家，但在中央与地方的关系上，并非中央"一竿子插到底"，主要体现在中央通过立法对地方进行授权，而不是直接的干预和控制。在具体的事权、财权上界限分明且长期稳定，具有明显的地方分权自治特征。行政架构分为中央、省和自治市三个层级，但省和自治市不是隶属而是完全平等的关系，仅是各自服务的区域和职能分工不同。三级政府职能分布上呈现出两头大、中间小的特点，省仅负责医疗保险、牙齿保健和交通补贴，而自治市承担了中小学教育、城市规划、住房供应、公共交通、环保、消防、垃圾处理、饮用水供应、污水处理、老年人和残疾人福利等大量直接面向市民的公共服务职责，并享有与其职责相适应的征税权。瑞典在全国范围建立了一套较为科学合理的财政转移支付体系。这种体制最大的优点就是责任清晰，管理层级少，事权、财权相互匹配，便于各级政府集中精力做好分内之事，在很大程度上减少了效率损失和推诿扯皮问题的发生。

2. 行政运行机制上决策、执行分离的二元性

从中央政府层面看，瑞典内阁的部少而精，仅设10个，是典型的专门决

策机构，而各部所属的数量众多的行政机构（Administrative Agencies，有300个左右）是专门的执行机构。其决策过程颇具特色：一个议题提出以后，决策部门都要组织包括内部人员、外部有关专家等参加的具有广泛代表性的调查委员会，负责深入开展调查研究，委员会书面报告情况并提出建议；决策部门根据调查情况起草法案或决定，然后再面向全社会公开征求意见，进行修改完善；最后报国会批准。这个过程往往长达一年甚至数年，周期很长，但却可以保证决策的科学性。决策通过后，交由专业的行政机构去执行。这些行政机构均依特别法而成立，有明确的职责范围，具有很强的独立性，法律明确规定任何部都不能直接干预执行机构，机构行动的依据是法律和政府的年度指导函，并按固定格式向政府作年度报告。这套制度的总体思想，就是由政治家设定目标和提供资源，由公务员决定用恰当的方式实现目标。从地方层面看，由于以执行为主，直接选举产生的省、市议会具有立法和行政双重职能，负责制定决策，而政府各部门主要负责执行。随着新公共管理影响的深入，地方政府越来越倾向于通过政府购买服务的方法，将更多的服务职能转移给企业和社会组织。行政两权的分离，在很大程度上防止了行政权的专断，对建设服务型廉洁政府有着重要作用。

3. 行政系统高度透明和民众充分参与的开放性

除极个别情况外，议会、政府的所有行为完全向民众开放，公民可以旁听议会辩论，议会辩论情况及结果实时上网公布。而且，在瑞典式决策过程中，公民随时可以参与决策过程，提出意见和建议。同时，瑞典法律规定，所有与政府机构相关的政府文件都是公共文件，提出申请的任何人都可随时获取，民众甚至可以要求查询官员与工作有关的所有电子邮件，可以质询官员的个人收入情况，官员不得以任何理由拒绝。特别值得关注的是瑞典媒体对政府全方位的监督。早在1766年，瑞典就颁布了《新闻自由法》，是世界上最早实行新闻自由的国家。该法律规定，任何人（包括公务员）向媒体提供信息时，都被赋予了匿名的权利，媒体必须对消息来源者的身份保密，"告密者"不会因提供信息而被起诉。如此高水平的公开透明，使得腐败现象几乎不可能发生。

（二）比较完善的社会治理机制

自从人类进入资本主义社会以后，劳工阶层和雇主阶层的关系便成为决定社会稳定的核心因素。在瑞典，最引人瞩目的就是两大社会集团的和谐共处和共同发展。瑞典拥有高度发达的工会和雇主组织，与我国不同，它们是完全独立于政府的民间组织，是劳工阶级和资产阶级谈判的重要工具。到目前为止，瑞典共有60多个行业工会和50多个雇主组织，分支机构遍布全国。工会和雇主组织最大的作用就是通过谈判签订集体协定、解决矛盾纠纷，集体协议内容包括工资福利、劳动条件等。谈判的结果，一方面，导致工资水平的稳步提高和趋同化，节制了过高收入；另一方面，有效避免了两大阶级的矛盾演化为严重的社会冲突。这就是为什么瑞典极少发生罢工、抵制等事件的原因所在。阶层关系的合作化，在很大程度上消除了社会矛盾产生的根源。同时，瑞典是一个市民社会高度发达的国家，形形色色的非政府组织不计其数，据统计，平均一个瑞典人参加3～4个社会组织。这些数量庞大的社会组织涉及范围从儿童教育到体育、慈善事业等社会生活的大部分领域。非政府组织除了作为"第四部门"承担影响公共政策、提供公共服务、发挥社会自我整合的职能之外，更重要的是扮演了瑞典国民教育和民主训练的学校角色，瑞典人从小在各种组织中学习处理公共事务，养成了民主协商的良好习惯。

（三）覆盖全民的公共服务体系

在实行资本主义经济制度的同时，长期执政、至今仍在瑞典政治中扮演重要角色的社会民主党大量吸收马克思主义的社会制度，以极高的税负为代价，建立了一套覆盖全民的普适性高福利制度，在医疗、养老、就业、教育等方面为每一个国民提供全方位的保障。特别是瑞典通过劳资双方谈判和政府干预，早在20世纪就实现了劳资两大阶级的制度性和解，为工人提供了优厚的待遇，这本质上是瑞典福利制度更重要的组成部分。事实证明，这种模式对瑞典的经济发展产生了积极而深远的影响。由于实行了高工资、高福利的制度，较高的负担迫使企业不得不加强创新，以不断提高市场竞争能力。在这个过程中，许多落后的企业被淘汰出局，留下的都是沃尔沃等技术一流的好企业，这也就是瑞典保持良好产业结构和强大竞争力的秘诀所在。更重要的是，由于实行了"从摇篮到坟墓"的慷慨社会福利制度，为全体公民提供了优质、完善的公共服务，营造了稳定的经济发展环境，极大地调动了劳动者的积极性。有人怀疑，这种制度很可能成为"养懒汉"的制度，事实上却不然。管子曰"衣食足而知荣辱"，按照马斯洛的"需求层次理论"，人类在满足了生存、安全需要以后，会主动追求自我实现的更高目标，这也许已经被瑞典的实践所证明，平等而有尊严的生活使全体国民更加富有爱心、责任感和进取心，也促进了全民素质的提高。值得深思的是，随着国际国内环境的变化，瑞典社会民主党在"姓资"和"姓社"的问题即企业所有权关系上也曾产生过很激烈的争议，但有一点没有改变过，那就是始终坚持将执政资源向中下阶层倾斜，这在根本上保证了社会的总体平衡。

（四）在传承中创新的独特文化

这可能是瑞典成功背后最本质、最持久的支撑因素。瑞典人的祖先是游猎的维京人，这是一个曾经从事海盗业的强悍民族，后来逐渐转向经营工商业。在这一过程中，瑞典人继承了游牧和海盗文化中的合理成分，如在恶劣生存环境下形成的具有原始共产主义色彩的公平意识，在严酷战斗中形成的尊重规则意识，在航海中形成的宽广视野，等等。这些文化基因在商业文明中不断吸收新的因素，发育成为今天瑞典独特的文化。其主要特征可以概括为三个方面：一是以人为本的意识。瑞典人重物但更重人，不仅体现在国家大政方针的制定上，更体现在社会治理的小节中。如瑞典政府规定所有的门都向外开，为的是人的方便；所有车白天也亮着灯，为的是人的安全。这种以人为本的意识，最集中地体现为人人平等的观念。瑞典人不羡官也不怕官，国王和高官都可以随时和平民百姓平等对话，企业老板和普通员工平等讨论问题。二是遵纪守法的精神。瑞典人大都能做到自觉遵守公共秩序、维护公共环境，无论是在机场、车站，还是在银行、商店，人们都严格遵守秩序，见不到拥挤、插队的现象，法律在人们意识中具有神圣的价值。三是开放的眼光和胸怀。瑞典虽是小国，但是国民拥有宏观的国际视野。对瑞典人而言，到海外游学和工作是个人事业发展上很正常而且很重要的一项经历；大多数瑞典人会两种以上外语，有的甚至能够流利地说中文。这样的文化特质，对于瑞典企业成功实行国际化战略发挥了重要作用。今天，利乐、爱立信、ABB、伊莱克斯、宜家、萨博、沃尔沃、H&M 等都已成为中国人耳熟能详的品牌；而对于我国刚刚收购了沃尔沃小车部的吉利公司，瑞典人此前却知之甚少甚至完全无闻，值得我们反思。

三、瑞典公共治理对我国的三点启示

新中国成立后特别是改革开放以来，我国在经济、社会、文化建设等各领域都取得了举世瞩目的巨大成就，迅速摆脱了贫穷落后的面貌，创造了世界工业化、现代化的又一个奇迹。但由于历史和现实原因，当前我国与瑞典等北欧发达国家相比，在公共管理、人民生活水平、环境保护等许多方面存在不小的差距。有差距方能有动力，知不足而后能奋起。瑞典这个曾经贫穷落后的北欧小国崛起的历史告诉我们，只要我们坚定不移地走中国特色社会主义道路和坚持改革开放，以开放的心态和自强的精神面对世界，勇于学习借鉴人类创造的一切优秀文明成果，祖国的更加强大、人民的更加幸福就指日可待。瑞典经验对我们的启示是多角度、多层面的，但从完善政府公共治理角度入手，我国未来一个时期需要在以下三个方面取得新的重大突破。

（一）加快转变经济发展方式，通过有效配套措施强力推进

加快转变经济发展方式不仅仅是谋求可持续发展的经济问题，更是事关社会长治久安的重大政治问题。一个简单的例子，为什么我们不能为农民工提供较高的工资福利待遇而让他们过上更有尊严的生活？答案很简单，如果这样做了，几乎所有的出口加工企业都要倒闭，结果是大家都没有饭吃。深层的原因在于，以高消耗、高污染、低技术含量、低附加值为主要特征的我国制造业，在国际竞争中明显处于劣势，低劳动力成本成了企业的核心竞争力。换而言之，这种模式是在用一个阶层的贫穷换取经济增长，长此以往，不仅难以持续，而且经济问题很容易变成政治和社会问题。出路也很明确，就是要转变经济发展方式，优化调整经济结构，让产业逐步向高端发展，以增加产品附加值，解决可持续发展问题，同时，为劳动者收入在企业利润中占到更大份额创造条件。但"冰冻三尺非一日之寒"，发展方式和产业结构不是说转变就能转变、说提升就能提升的，必须有一个系统化的社会工程来支撑。

首先，要大幅提升全民素质，造就一流的战略管理人才、技术研发人才、劳动者队伍，否则，就不可能创造出一流的产品和服务，也不会有经济发展方式转变的成功。为此，我们需要向瑞典等国家学习，在国民教育方面投入更多的资源，并认真检查和反思高等教育、职业技术教育和职工在职教育等方方面面，让国家、企业、社会、学校在这方面切实承担起各自的责任。其次，要尽快健全对企业的约束激励机制，通过财政补贴等多种方式激励企业自主创新，通过制定比较严格的环保、劳动工资等政策，强化企业的社会责任，倒逼企业提高技术水平，让真正有竞争力的企业脱颖而出。再次，还需要经过合理确定资源价格、合理布局产业、合理分配资源等，推动我国区域均衡发展，缓解人力资源过度向少数发达地方集中的矛盾，通过市场机制，适当增加劳动力的稀缺性，促进收入分配公平，促使企业集约发展。最后，要充分挖掘利用好本土资源，更加注重文化建设，在继承本民族优良传统的基础上充分吸收一切优秀文化成果，使人本意识、进取意识、创新意识、精品意识等深深扎根于民族性格，重塑健康向上的社会风气，为转变经济方式提供持久的动力和活力。

（二）加快建设高效透明的服务型政府，创新行政体制机制

高效、透明、规范的行政体制机制为瑞典和谐发展提供了强有力的保障，一些做法值得我们学习和借鉴。在下一步改革中，我们要继续围绕建设服务型政府，创新行政体制机制。

1. 科学划分政府纵向层级事权

当前突出的问题是事权划分缺乏法律依据，存在严重的职责重叠交叉问题，同样的事情大家都在管，但都没有管好。因此，亟需明确划分中央与地方及地方各级政府间的职责权限，建立完善的政府间分配关系与税收制度，并以法律形式固定下来，彻底走出"一放就乱、一乱就收、一收就死"的死循环。中央政府应当主要负责国防、外交、电信、能源、重大基础科研、社会养老和医疗卫生等全国性公共服务，由中央政府驻地方的垂直管理机构履行，负责全部支出；地方政府的专有职责是提供公共住房、公共文化与体育、公共事业、污水处理、环境卫生等地方性公共服务。当然，地方政府的这些职责在省、市、县之间也要合理分配，省以统筹协调为主，可适量负责一些统筹层次高的服务项目，其他都交由市、县完成。同时，加快解决市、县关系问题，可以考虑从简政放权逐步过渡到分权自治。

2. 完善行政运行机制

核心是建立健全决策、执行、监督既相互制约又相互协调的权力结构和运行机制，实现决策相对集中、执行专业高效、监督有力到位。大部制的建立并不必然意味着行政效率的提高，如果不厘清部门间和内部的权力分配，没有建立起"结构合理、配置科学、程序严密、制约有效"的行政运行机制，决策权与执行权不分，就容易形成"权力部门化，部门利益化，利益集团化"的弊端，影响大部制改革作用的充分发挥。从当前情况来看，省以上政府大部门的发展方向应当是专门的决策机构，要解决的是执行问题，可以借事业单位改革之机，将一部分单位转变为独立的法定机构，专门负责某方面的执行，可产生一举多得的效果；同时，也可以将一部分执行事务委托给下级政府执行。而省以下政府部门的主要职责应当是执行，有限的决策权完全可以集中由党委和政府行使，而各工作部门应当变为单纯的执行机构，当然也可以采取多种办法实行执行主体的多元化。在监督方面，加强人大、纪检部门监督，建立健全内部监督与控制体系固然非常重要，但最关键的是强化外部监督，主动将政府的一切行为公诸于众，除个别涉及国家重大机密的事项外，在广泛的范围实行彻底的政务公开，使公众随时随地可以参与到政府决策上来，监督政府的一举一动，并强化媒体的舆论监督，打造透明政府。

3. 健全公共治理结构

致力于形成中国特色的社会管理模式，以加快社会组织发展和基层自治为主要环节，将政府社会管理与社会自我管理结合起来，探索一条中国特色的社会治理道路。推进政府与社会组织分开，把一些不必由政府承担或可由社会承担的事务，通过政策引导等方式转给社会组织，充分发挥社会组织在社会管理方面的作用。促进社区建设，完善社区自治功能，进一步完善村、居直选制度，在试点的基础上，将直接选举的范围逐步向乡镇一级延伸。

（三）加快构建基本公共服务体系，全面加强社会建设

改革开放以来的 30 年，是我国经济发展取得巨大成就的 30 年，也是我国社会急剧变迁的 30 年，在物质财富加速积累和人民生活总体改善的同时，基尼系数也越来越大，社会"鸿沟"日渐显现，突出体现为城乡差别、区域差别和贫富差别，这些差别导致了数量众多的弱势阶层读书难、看病难、养老难、住房难，社会不满情绪上升，群体性事件层出不穷。事实已充分说明，我国发展到这个阶段，政府必须将自己的职能重点向社会建设领域倾斜。一方面，要通过经济政策、税收政策、工资福利政策等多种手段加强收入调控，遏制收入差距持续拉大的势头，切实提高劳动收入在国民总收入中的比重，不断增加低收入人群的收入，促进公平；另一方面，必须从一点一滴做起，切实将有限的资源向关键民生领域倾斜，下功夫建设与我国国情相适应、惠及全民的公共服务和社会福利保障体系。当然，由于我国人口众多、基础薄弱，决定了我们现阶段不可能提供像瑞典那样高水平的公共服务和社会福利。当前阶段，可以考虑先将教育、医疗卫生、养老等基本公共服务保障好。为此，要提高基本公共服务的统筹层次，依靠多级财政支持来实现；同时，体现公共服务的公平性，让城乡、不同地区和阶层的人民享受基本均等的公共服务。

参考文献

[1] 杨启先. 我对瑞典社会主义模式的认识 [J]. 当代世界社会主义问题，2009（1）.

[2] 史寒冰. 瑞典社会政策调整拾零——第四届中欧社会保障高层圆桌会议访谈录 [J]. 中国社会保障，2009（12）.

[3] 蒙子良. 论瑞典社会民主党构建和谐社会的探索 [J]. 学术论坛，2006（10）.

第一部分　公务员体制改革与公共治理

清廉国家瑞典对我国廉政建设的启示

范　月

世界环保之都瑞典，天空湛蓝，海水碧清，阳光明媚，空气清新，美丽洁净的自然环境给笔者留下了美好的第一印象。诺贝尔的故乡瑞典，经济、科技、社会文明相当发达，平等自由、安居乐业、和谐安宁的人文环境给笔者留下了难忘的第二印象。似乎这里方方面面都有值得研究学习之处。正当笔者为选取调研专题感到困惑时，一位瑞典地方检察官的一句话引起了笔者的注意：他从事检察工作十几年，没有遇到过一起官员腐败案件。这相比我国当前腐败现象在一些地方和部门呈多发易发之势的现状，显得令人难以置信。然而国际透明组织（Transparency International）的一个权威统计数据打消了笔者的疑虑。CPI（Corruption Perceptions Index）清廉指数是衡量测算一个国家反腐倡廉程度的数据标准，CPI 在 8.0 分以上的国家即被称为清廉国家。以 2011 年数据为例，瑞典的 CPI 高达 9.3 分，长期居于世界前 5 位，被称为世界上政治环境最干净的国家之一。

与此相比，2011 年我国香港特区的 CPI 为 8.4 分，我国内地为 3.6 分，相比 1995 年的 2.16 分呈逐年上升趋势，显示出我国反腐倡廉工作已初见成效。胡锦涛总书记在党的十七大报告中提出："坚决惩治和有效预防腐败，关系人心向背和党的生死存亡，是党必须始终抓好的重大政治任务。全党同志一定要充分认识反腐败斗争的长期性、复杂性、艰巨性，把反腐倡廉建设放在更加突出的位置，旗帜鲜明地反对腐败。"面对当前仍然较为严峻的反腐形势，探讨研究瑞典的廉政机制，具有重要的现实意义。但这是个广度和深度都很大的课题，囿于研究的方法、水平以及时间和篇幅的限制，本文只能选取几个要点，交流一些个人的粗浅认识和不成熟建议。经过调研和思考，笔者认为，成就瑞典清廉国家之美誉，有两个基本要素不可或缺：一是政务公开透明，二是监督全面有效。

深化广东的改革开放：瑞典经验借鉴

一、瑞典的政务公开与监督机制

（一）公开透明是清廉政治的基本原则

在瑞典，除了王宫以外，所有公共机构都向公民开放，公民可自由出入市政办公大楼，可以旁听政治家讨论问题、政府研究工作、法院开庭审判等。政府行政全部处在公开透明的环境下，处在公民和媒体的全方位监督之中。阳光是最好的防腐剂，政务公开透明是遏制行政权力腐败的重要途径。正如孟德斯鸠所言："一切有权力的人都容易滥用权力，这是万古不易的一条经验，有权力的人们使用权力一直遇到有界限的地方才停止。"这个界限就是法律边界，法律制度就是推进政务公开透明的基本保障。长期以来，瑞典建立了一套相对完备的行政公开制度的法律体系，突出体现为政务公开透明、政策规定具体明确。瑞典的宪法性文件规定："为了进一步自由交换意见和启迪公众，每位瑞典公民均可按一定方式自由地接触官方文件。"《新闻自由法》规定，公民和媒体有获得官方档案和资讯的自由和权利，政府工作人员有为公众获取资讯提供方便和媒体公开的义务。只有涉及国防、外交、预防和追究犯罪、个人隐私等方面的机密时，才限制公民的这一权利。与之相配套，《保密法》非常详尽地列出了哪些属于国家机密，哪些不属于国家机密而可以公开，这让那些企图以国家机密为借口封锁信息、逃避监督的人无机可乘。

除宪法之外，政府制定了《行政法》、《反行贿受贿法》、《审计法》等一系列法律法规，对政府行政行为和公务员个人行为都作出严格、明确而具体的规定，从根本上为廉洁从政和预防腐败划定了行为红线。其中，《反行贿受贿法》对政府、公司、公务员在行贿受贿方面既有质的界定，也有量的规定。例如，作为节日庆贺，公司给客户、雇主给雇员送的礼品不能超过审计署建议的数额，否则按行贿受贿论处。

在当今西方政治制度中，瑞典有两项制度首创记录：其一是被称为"阳光法案"的官员财产申报制度，最早就起源于瑞典。早在1766年，瑞典官员被要求申报、登记和公布家庭财产，瑞典公民有权查看从一般官员到首相的资产和纳税清单。其二是将在下文中详述的议会监察专员制度。至今，这两项制度被世界上大多数国家或地区借鉴并逐渐完善，成为十分有效的反腐机制。

（二）立体监督是清廉政治的有力保障

法制规定是基础，贯彻执行是关键，监督制约是保障。经过多年的实践与发展，瑞典形成了由议会监督、司法监督、政党监督、审计监督、监察专员监督、新闻媒体监督、公众监督等多主体、多层次、多角度的全方位立体监督体系，为保障清廉政治筑起了"防腐"的天罗地网。其中，尤以议会监察专员监督、新闻媒体的舆论监督和公众的自发监督最富特色和成效，值得研究借鉴。

1. 议会监察专员监督

（1）背景与资格。瑞典是议会监察专员制度的创始国。1713 年，瑞典国王查尔斯十二世因瑞俄战争战败，逃到土耳其，致使国内政治腐败，危机四伏。他为了控制瑞典政局、平息内乱，在议会设置一个以国王最高专员为首的官署，以保证法律、法令的实施，监督公务人员履行义务，这就是监察专员的雏形。目前，瑞典议会公署设有 4 名监察专员，60 多名辅助工作人员。监察专员不一定是议员，但必须"精通法律、行为正直"，没有政治背景并被议会各党所接受，任期 4 年，可连任两届。

（2）职责与权限。职责主要有三方面：一是监督一切国家和地方的文武官员的守法和执法情况；二是对现行的法律、法令提出修正建议，特别是使地方当局的法令与国家的法律协调一致；三是向那些认为自己受到不公平对待的公民提供法律帮助。权限主要有三方面：一是监察专员有权参加法院和行政机关的任何会议，取得任何机关的会议记录和文件，任何政府文件不得对监察专员保密；任何官员都有向监察专员提供情况和报告书的义务，不得拒绝回答监察专员提出的问题。二是对官员的违法、失职或不当行为，监察专员可直接提出追诉，可要求有关当局予以撤职或停职。三是可以通过在议会发表年度报告或在报刊上公开揭露等方式对失职官员进行监督。

（3）程序与方式。首先是接受公民的申诉和控告，即相当于我国的信访。公民以来电、来信、来访等方式提出申诉要求，议会监察专员公署的工作人员对这些举报或申诉进行初审，对不在立案范围内的举报或申诉材料有权不受理或移交相关部门。其次是立案调查，包括听取双方当事人意见、举行听证会等多种方式方法。最后是结案处理，将调查结果形成报告，提交议会，并根据有关规定向社会公开报告内容。对于确属公务机关或人员行为不当的，将要求其改正或赔偿受害人损失，对于情节较严重的行为会给予处分或移交司法机关。

（4）特点与作用。监察专员在行政上对议会或立法机关负责，是依法建立的、独立于行政体系之外的监督机构，保证了监督的合法性、公正性和权威性，初步实现了外部监督。其特点在于监督效率高，程序直接简便。监察专员依法享有一定的调查和视察权力，兼具相当于检察官的调查职能和法官的裁判职能，相比"不告不理"的司法审判，具有更强的主动性，与司法相互独立但又是其积极有益的补充。监察专员的作用在于维护公民权益，抑制官僚权力膨胀，有利于克服和预防行政机构和司法系统的腐败现象，缓解社会冲突和矛盾，促进社会和谐稳定。

2. 新闻媒体的舆论监督

瑞典是世界上最早确立新闻出版自由的国家，其新闻出版自由有着十分坚实而独特的法律保障和社会基础。瑞典法律规定媒体可以通过新闻报道、转播、调查、评论等方式，对政府官员的行为操守进行监督。媒体接到投诉或举报后，有权对任何一项事情进行调查，并进行追踪报道，接受调查的部门必须提供所有的文件。媒体可以报道政府、社会内幕情况，只要内容属实、不泄露国家机密，即属合法。任何人都无权去调查是谁向媒体举报，也不能实施打击报复，否则会受到法律的追究。如据监察专员介绍，新闻记者每天会来监察公署，了解专员受理申诉和举报的情况，并对其中一些立案调查的案件情况进行跟踪报道。瑞典新闻媒体和公众的广泛参与，对于有效预防和揭露官员腐败起到了非常重要的警示和震慑作用。

媒体监督的典型案例，首推轰动世界的"巧克力事件"。1995年10月，时任瑞典女副首相的萨林年纪轻（38岁）、能力强、政绩佳，政治前途颇被看好，却被一件小事改变了人生轨迹。她在超市购买巧克力时，误拿了放在钱包内的公务卡刷卡。虽然后来她发现并及时补交了公款，但仍被记者发现并在报上曝光。全国舆论哗然，萨林被迫辞职。瑞典政府还以此为戒，改变了公务卡的做法，要求官员公务消费要先自己垫付，然后拿发票经过严格审核后才能报销。这样主观或非主观的"公卡私用"都不再有可能产生了。其次还有"博雷柳斯事件"：2006年9月，新上任未满一个月的贸易大臣博雷柳斯因被媒体曝光"没有按时缴纳电视收视费、雇员保姆的雇主费以及及时向瑞典金融局报告出售股票问题"而引咎辞职。这种案例不胜枚举，甚至瑞典媒体还对其王储维多利亚公主接受企业家霍特所赠予的价值不菲的结婚礼物一事进行公开报道，并评论该事件"有可能为这位亿万富翁谋取潜在利益"，因而引发了瑞典高级腐败调查机构介入调查。由此可见，瑞典新闻媒体对官员的监督可谓无时不现、无处不在、无缝不钻，迫使官员必须处处自律、谨小慎微，大大减少了腐败发生的机会。

3. 公众的自发监督

（1）公民责任意识强。媒体监督的效果离不开广大群众的支持和参与。俗话说，群众的眼睛是雪亮的，在瑞典可加多一句"群众的心灵是火热的"，足以体现瑞典公民参与公共事务管理和监督的强烈的责任感和公德心。在瑞典，平等、公正等理念深入人心，以平等廉洁为荣、以特权贪污为耻。在瑞典人看来，每个人都是平等的，都应该获得公正的对待。如果有人通过行贿受贿等非正常方式得到好处，就意味着对他人的不公正，因此是极为不道德的，是不可原谅的。因此，普通民众认为反腐败不仅仅是检察官和法官的事，而是全社会都应该关注的事。如果发现公职人员有贪污腐败等不道德行为，可以向有关机构或新闻媒体投诉，包括政府内部的公务员对其所在部门或直接领导违纪违法行为的举报。同样，官员的"官味"不浓，他们在酬薪收入、生活待遇上与普通民众差距不大，没有多少特权。公职人员也不会想通过行贿受贿达到目的，因为那几乎是不可能的，也将为此付出惨痛代价。

（2）整个社会诚信度高。在瑞典，自觉遵纪守法、诚实守信，已成为社会主流规范。社会诚信体系完备，国家把个人信息联网，形成诚信信息系统，供各部门随时查阅。每个人的诚信记录，对于其能否立足于社会起着至关重要的作用。一个人在任何时期、任何领域违纪违法的不良行为都会被记录在案，并对其就业、晋升产生极大的影响。例如，一位外国留学生毕业后申请某著名跨国公司的职位，各方面条件都优秀，但还是落选了。对方后来告诉他，他在上学时有两次乘车逃票记录。公司认为，有过这种不良行为，很难保证他在以后的工作中会完全让人放心。在这种视诚信为生命的社会氛围中，公职人员更加重视自身的行为和形象，在公务活动乃至社会生活的方方面面，时刻注意检点自律，大大减少了腐败的发生机率。

二、瑞典清廉政治对我国的启示

19世纪英国著名的历史学家阿克顿勋爵曾说过，权力倾向于腐败，绝对的权力倾向于绝对的腐败，失去监督制约的权力必然导致腐败。这是已被历史反复证明的一条真理。胡锦涛总书记在党的十七大报告中提出："完善制约和监督机制，保证人民赋予的权力始终用来为人民谋利益。确保权力正确行使，必须让权力在阳光下运行。要坚持用制度管权、管事、管人，建立健全决策权、执行权、监督权既相互制约又相互协调的权力结构和运行机制。落实党内监督条例，加强民主监督，发挥好舆论监督作用，增强监督合力和实效。"因此，我们要坚持标本兼治、综合治理、惩防并举、注重预防的方针，扎实推进惩治和预防腐败体系建设，在坚决惩治腐败的同时，更加注重治本，更加注重预防，更加注重制度建设，拓展从源头上防治腐败的工作领域。瑞典清廉政治的两大法宝——公开与监督，对于我国从源头上防止腐败、依靠制度反腐具有积极的借鉴意义。

（一）建立完善政府信息公开制度

党的十七大报告进一步提出政务公开，完善各类公开办事制度，通过政府工作的透明度和公信力，让权力在阳光下运作，充分保障人民的知情权、参与权、表达权和监督权。

1. 我国政府信息公开的现状与存在的问题

2004年1月，温家宝总理签发《中华人民共和国政府信息公开条例》（以下简称《条例》），并于2005年1月开始实施。《条例》从法规层面规定了公民有权获取政府信息，列举了信息公开范围、提出申请公开的法律程序，并为公民获取政府信息提供了法律救济途径，标志着我国政府信息公开步入"有法可依"时代。但目前我国信息公开工作还处于起步发展阶段，存在许多不完善的地方。例如，政府部门对信息公开重视程度不够，公民维护自身知情权的民主意识不强，信息公开渠道和方式比较单一，信息公开制度配套建设尚不完善，等等。其中一个根本问题是，相对于瑞典的政府信息公开制度在其三部宪法性法律中均有所体现，作为现阶段我国政府信息公开领域内效力最高的法律规范，《条例》仅是一部针对政府信息公开的行政法规，效力低于全国人民代表大会制定的法律，受到其他法律制度的限制。

2. 对策与建议

我国是人民民主专政的社会主义国家，人民主权原则是我国宪法的一项基本原则，也是行政机关负有公开公共信息责任的宪法基础。信息公开程度是国家民主法治程度的一个标志。政府信息反映了政府职务活动的过程、效果和结果，也是监督知晓和评价活动的基本数据。充分公开政府信息，能让政府权力运作完全暴露在阳光下，接受人民监督，便于公民评价和监督政府活动的合法性、公正性和效率；有利于防止政府机关暗箱操作、权力寻租、权力失控、决策失误、行为失范，从源头上预防和治理腐败，最终实现廉洁政府的目标。

当前，要真正实现政府信息公开，关键是要建立健全政府信息公开法律制度及其配套机制。首先，探索将现行《条例》修订升格为《政府信息公开法》，逐步解决与《保密法》、《档案法》、《统计法》等其他法律的冲突部分。借鉴瑞典等国外同类法规，在对予以公开的内容作出明确规定的基础上，对不予公开的内容进行具体而详细的列举，明确保密的界限。其次，制定相关配套法规，建立一个统一完整的政府信息公开法律体系，健全和完善政府信息公开的监督和权利救济机制。最后，从政府的角度，积极转变职能，创新行政管理体制，建设服务型政府。大力发展电子政务，拓宽信息公开渠道，提高政府行政效率，增加政府运作透明度，改善政府与公民的交流方式，在实现资源共享的同时，从根本上规范政府行为，减少寻租行为和腐败现象。

（二）探索推行官员财产申报制度

官员财产申报制度是世界公认的从源头上防止腐败的一项有力措施，也是一项规范官员行为、强化廉洁自律的基本制度。1766年，瑞典制定了历史上第一部财产公示规则。1883年，英国制定了世界上第一部有关财产申报的法律《净化选举，防止腐败法》，建立了官员财产申报制度。迄今为止，已有近百个国家和地区通过不同的立法形式建立了财产申报制度，对申报主体、申报范围、申报形式、申报种类、申报责任等方面作了具体规定。

1. 我国关于财产申报制度的现状与存在问题

1995年5月，中共中央办公厅和国务院办公厅联合印发了《关于党政机关县（处）级以上领导干部收入申报的规定》，标志着我国官员财产申报制度的正式确立。1997年1月和2010年5月，中共中央办公厅、国务院办公厅先后联合印发《关于领导干部报告个人重大事项的规定》和《关于领导干部报告个人有关事项的规定》（以下简称《申报规定》），除领导干部收入、配偶子女的基本情况外，首次将住房、投资、配偶子女从业情况列入报告内容。期间，不少地方政府进行了各种形式的探索与实践，例如，新疆阿勒泰地区率先在全国试行官员财产内部申报制度，浙江省慈溪市公示了700多名干部的财产，等等。这些制度的实施，对加强对领导干部的管理和监督、促进领导干部廉洁从政发挥了积极作用，受到了人民群众的欢迎和拥护。

但是，相对于欧美等国家的官员财产申报制度，我国现行的政策法规存在许多不足。首先，最根本的问题与政府信息公开法规相似，《申报规定》是中共中央办公厅、国务院办公厅下发的政策性文件，并不属于法律法规，影响了具体执行的权威性。其次，在具体制度设计上比较宽泛。一是申报主体层面较窄，明确是县（处）以上领导干部，科级干部尚未被纳入其中。而我国目前乡镇一级基层政权机构负责人以及司法、公安、税务、工商等执法机构的科级干部拥有相当的行政裁量权，是基层群众熟悉和关注的对象，有必要接受监督。二是申报内容项目不够全面，只要求申报工资、劳务、投资等收入以及房产，而非严格意义上的全部财产。三是申报时间不够严密，只规定了就职申报、定期申报和辞职申报三种情况，未对离任和任后申报作出要求。四是公开范围十分有限，目前规定是自觉申报，由干部管理部门掌握，原则上不对外公开。五是罚则不够严厉，违反规定的责任形式只是记录处分，并不涉及刑事责任。

2. 对策与建议

联合国社会发展和人道主义事务中心预防犯罪和刑事司法处编写的《反

深化广东的改革开放：瑞典经验借鉴

对腐化实际措施手册》认为，官员财产申报制度有两个方面的作用：一是可以事先警告和预报，据此可以看出一个公职人员的消费水平和生活方式是否与其收入相符，如不相符，即可要求其作出解释，或对其进行监督观察；二是在明知公职人员有腐败行为但查不到证据的情况下，仍可就其来源不明的财产提起诉讼。官员财产申报制度把反腐的"关口"前移到预防层面，能使一批潜在的腐败分子及时得以自我改正。因此，我们要借鉴国外财产申报制度中合理有效的成分，结合我国国情，在实践中不断修改完善《申报规定》，尤其是扩大申报主体，将科级干部和特殊行业的公职人员以及领导干部家属都纳入申报主体对象；健全申报项目，将动产、不动产、达到一定数量的存款和有价物品等列入申报范围；增加申报时间，要求离任时和离任后3年内也必须申报；扩大公开范围，探索在一定范围内公开；加强配套政策法规的制定，如实行金融实名制。在此基础上，制定关于官员财产申报的法律法规，进一步严肃法律责任和后果，以此加强制度的权威性和有效性。

（三）建立健全立体监督体系

建立健全立体监督体系是一项复杂而庞大的系统工程。可借鉴瑞典监督体系的特点，进一步发挥好法律监督、舆论监督和群众监督的作用。

1. 依靠法律监督的根本作用

瑞典的监察专员制度发展完善的过程，实际上就是监督立法发展完善的过程。自1713年瑞典国王颁布第一道有关监督专员的法令后的近300年间，瑞典先后出台了多项法律法令，如1809年宪法、1974年宪法、1975年宪法，对监察专员的任务和权限都作了明确、具体的规定，对于监督法律法令的有效执行、制止贪污腐化、保障公民合法权益起到了重要作用。目前，西欧、英联邦各国、美国（若干州）、日本等发达国家以及南美洲、非洲一些发展中国家都建立了各具特色的监察专员制度，不同程度地发挥着积极作用。我国是社会主义国家，虽然在政治体制、监督机制、传统文化上与瑞典有较大差异，但这对于我国仍具有一定的参考借鉴意义。议会监察专员作为代表机关选举产生的独立委员会，既可对行政、司法当局进行监督和检查，又可对现行法律法令提出修正建议，还可向公民提供法律援助，因而是一个超然于行政监督、司法审查的综合性监督机构。其任务和权限主要由宪法和法律规定，代表民意，切实监督法律法规的执行。我国是"议行合一"、高度中央集权制社会主义国家，全国人民代表大会是最高权力机关，行政、司法、检察和军事机关都必须在其领导和监督之下开展工作。为充分体现"人民权力属于人民"的精神，有必要进一步强化全国人民代表大会的监督职能。可根据宪法制定人大监督专员法，探索设立像瑞典议会监察专员这样由法律专家组成的综合性监督委员会，明确其职责和权限，直接对全国人民代表大会负责。此外，还要加强各种监督立法，强化监督职能，使监督有法可依，行之有效。

2. 善用舆论监督的正面作用

新闻媒体舆论监督实质是人民群众的民主监督，是社会主义民主政治的重要内容，是对公共权力和腐败行为进行制约和监督的有力武器。新闻媒体在西方被认为是立法、行政、司法三大权力之外的"第四种权力"，具有绝对公开性、传播快速性、影响广泛性、导向明显性等特点。"不怕内部通报，就怕公开见报"十分形象地说明了舆论监督的强大功效。但新闻舆论监督是一把"双刃剑"。离开法律的保护，舆论监督的功能就会受到削弱，难以发挥应有的作用；同样，没有法律的约束，舆论监督也会被滥用。可借鉴瑞典的做法，制定相关的新闻出版法，主要体现保护新闻自由和限制滥用新闻自由两方面的内容。要引导新闻媒体舆论监督以客观事实为依据、以政策法律为准绳，以高度负责的态度，大胆揭露贪污腐败现象，深刻批评不正之风，成为维护社会公平正义的"鹰眼"。

3. 激发群众监督的无限能量

根据我国宪法，人民群众法律监督的权利是我国人民所拥有的国家权力的必不可少的表现形式和组成部分，公民有权通过各种方式和途径监督国家机关运用公权力的行为。然而，相比瑞典国民强烈的监督责任意识和官员高度的自我约束意识，中国几千年封建社会信奉的"官本位"意识等特权思想，以及所谓"事不关己，高高挂起"、明哲保身的中庸思想，仍影响着不少干部和群众的行为方式，因而大大削弱了群众监督作用。国际反腐败理论认为，一些发展中国家之所以腐败现象比较严重，一个重要原因就在于这些国家在腐败问题上存在模糊认识，从社会心理和文化上把腐败看作一种文明的甚至令人羡慕的行为，客观上为腐败活动大行其道提供了土壤。因此，要激发广大群众的监督能量，提升公民的监督责任意识，必须大力推进廉政文化建设。借鉴瑞典廉政文化经验，主要从以下三个方面下功夫：

（1）树立领导干部秉公用权、廉洁从政的价值理念。加强领导干部党性修养教育，破除部分官员的"官本位"意识和特权思想，树立正确的权力观、地位观和价值观。把从政道德建设摆上重要位置，教育引导领导干部时刻牢记立党为公、执政为民的执政理念，常修为政之德、常思贪欲之害、常怀律己之心，做到为民、务实、清廉。

（2）培育公民廉荣贪耻、诚实守信的道德观念。积极倡导与中华民族优秀文化相承接、与时代精神相统一的廉政文化，把培育廉洁价值理念与社会公德、职业道德、家庭美德、个人品德教育有机结合起来，普及道德知识和道德规范，引导人们加强道德修养，自觉遵守公民基本道德准则。深入开展社会主义荣辱观教育，提高公民的道德素质，使廉洁、诚信、勤俭、守法等道德观念成为广大群众普遍接受的行为准则。

（3）增强全社会参与反腐倡廉的责任意识。加强公民综合文化素质教育，提升其参与管理公共事务的实际能力；积极鼓励公民检举腐败行为，提高其监督责任意识，形成有利于反腐倡廉建设的广泛群众基础和良好社会氛围。

参考文献

［1］倪星，程宇. 北欧国家的廉政建设及其对中国的启示［J］. 广州大学学报，2008（4）.

［2］任珍民. 瑞典官员廉政透析［J］. 海外传真，2007（2）.

［3］舒东勇. 中国共产党党内监督的经验教训与现实思考［D］. 长沙：湖南师范大学，2006.

［4］刘庆智. 财产申报制度比较研究［D］. 上海：华东政法大学，2008.

瑞典在构建政府、市场和社会三角关系方面对我国的启示

张崇义

瑞典位于北欧，人口900多万，市场经济发达，人均GDP高居世界前列；社会和谐，被称为"民主社会主义国家"；政府机构精炼高效，分工明确，被誉为服务型政府。瑞典是如何构建政府、社会和市场三角关系的，对我们有什么启示呢？现就这些问题作一些探讨。

一、政府、社会和市场基本情况

（一）瑞典政府情况

瑞典政府体系分为三级，即中央政府、省级政府、市级政府。中央政府是由议会选举的首相组阁而成，中央政府管理国家，执行议会的决定，由2个办公室和12个部组成，具体负责国家外交、国防、警察、法庭、高等教育、医疗卫生、社会保障、能源环境等事务。中央政府共有4000多人（包括政府任命的部长），其中有1000多人在外交部门和外交代表团工作。政府各部门主要负责政府政策的制定和监督执行，具体执行由执行局负责。各部门分工十分明确，职能交叉很少。比如，农业部负责农业、农村发展、农业环境政策、生物能的生产、家畜卫生及福利、传染病的控制、水产业和畜牧业及其高等教育及研究、打猎管理、食品、生态产品、土地财产、萨米人及驯鹿的利益；在食品管理中，对生产、加工、流通进行了全方位的管理，拥有16家执行机构，包括食品管理局、消费者协会、农业理事会等，可员工才160人，真正实现了管办分开、精兵简政。

中央政府十分注意决策的民主性、公开性和透明性，决策来源非常广泛，有议会提出、有执行局反馈、有社会组织和民众提出等等，各部为了及时准确制定各项政策，有相对的独立权，可以建立临时调查委员会。由于调查委员会专项活动经费很少，组成人员一般实行自愿方式，可以是议员、教师、专家、

自己推荐等,基本没有调查报酬,当调查活动结束后就自动解散。政府决策出台比较复杂,必须反复酝酿、向社会公开,根据反馈意见不断修改完善,直到社会认可为止,结果政策一经出台,执行方面基本上畅通无阻。

省级政府称为省执行理事会。瑞典目前有 20 个省级执行理事会,主要负责本省范围的法规建设、宏观社会经济发展以及本省范围内对国家政策方针框架细则的补充,并具体承担医疗保健、区域通信等事务,有 25 万公务员。市级政府称为市执行理事会,目前有 290 个,主要承担具体事务,包括学前教育、小学教育、中学教育、老年人的照料、残疾人的照料、社会服务、市镇规划、房屋建造、市镇道路与公园管理、救援服务、垃圾和废弃物的收集和处理、水的供应和处理、体育与娱乐、图书馆与文化设施的建设管理等。

中央政府与地方政策明确各自的职责,各级有各级的预算,财权、事权对称;中央政府主要负责全国大政方针的制定;公共管理主要由地方政府负责,地方政府在职能方面具有相对独立性。

(二) 瑞典社会情况

瑞典被誉为民主社会主义国家,社会关系和谐,这种和谐的社会关系与政府决策调控有很大的联系,特别是民生方面的决策。下面就教育等关系民生的几个方面看看瑞典是如何实行政府决策调控的。

1. 教育方面

瑞典建立了十分完善的教育体系,国民教育普及面广,质量高,包括学龄前教育、小学教育、中学教育、高等职业教育、成人教育、大学教育、特殊教育等。教育政策由国家统一制定,国家财政收入相当大一部分用于教育,人均教育经费达到 5 万瑞典克朗。从幼儿园到大学本科,基本上实现全免费教育。具体操作是每一个国民学子一张学券,由自己选择学校。学校方面既有政府办的公立学校,也有民间办的私立学校,它们都可以进行合法招生,学校的运作(也包括教师的待遇)同学生数量有直接联系。如果学校教学得到社会认可,就容易招生,学生数量多,整个运作便良好;如果学校教学无法得到社会认可,就很难招生,学生数量少,运作困难,自然面临倒闭。这种教育政策促进各个学校之间相互竞争,提高教育水平,改善教育环境。瑞典对大学实行宽进严出的政策,大部分高中生都有机会读大学,但必须参加严格的考试才能取得毕业证书和学位证书,并给予补考机会,结果始终有人不能取得毕业证书和学位证书。至于读研究生,就必须参加严格的入学考试,读书期间视同职工,每月可以领取工资 1 万瑞典克朗左右。这种国家大投入的教育体系对瑞典的发展产生了非常重要的作用。目前,瑞典人口素质较高,科技发达,跨国企业竞争实力雄厚，是全世界人均拥有发明专利最多的国家之一，人人都在为实现自我而努力奋斗。

2. 医疗卫生方面

瑞典的医疗保障制度开始于 1955 年，1982 年通过《瑞典医疗卫生服务法案》逐步完善。该法案明确规定本国公民在患病或生育时均有资格领取由地方社会保险局支付的医疗费用补助。该医疗费用补助主要包括三个方面：一是医疗保健费用，包括治疗费、住院费、药费、往返医院的路费等。这些费用先由投保人支付，然后到医疗保险机构按规定的标准报销。二是疾病津贴。投保人从病后的第 4 天开始享受疾病津贴，疾病津贴一般无时间限制，但在 3 个月后需要进行检查，以确定能否改做其他工作。如确定可以改做其他工作，则接受再就业的职业培训；如确定不能重新工作，疾病津贴便由残疾年金代替。三是产妇津贴。产妇除享受一份医疗保健待遇外，还可以领取一份产妇津贴，又称为父母津贴。按规定，产妇津贴在 180 天内每天发 37 瑞典克朗；如父母有雇佣人员，则这期间可获得一份相当于每天劳动收入 90% 的现金津贴。

参加瑞典医疗保障制度的主要人员为年收入达到一定标准的在职者或已经登记的失业者，到外国工作不超过 1 年的瑞典人也可以参加；受雇于外国雇主的外籍人士如果有意，在瑞典工作 1 年以上，同样也可以参加医疗保障制度。瑞典医疗保障经费的来源主要是医疗保障基金，该基金由雇主、雇员和政府三方分担。1995 年，雇员缴纳的医疗保障费标准为其工资的 2.95%，自营就业者缴费标准为个人收入的 9.12%，雇主承担的费用标准为雇员工资总额的 6.23%，政府承担的标准为全部医疗保险所需费用的 15%。

3. 住房方面

瑞典作为高福利国家，在住房保障方面目标非常明确，就是人人享有机会，以公平合理的价格获得高质量的住宅，并居于可持续的安全环境中，住宅环境和建成环境应保证高尚的生活条件，尤其应为儿童和青年人创造良好的条件。规划、建设和管理应以生态、经济和社会的可持续发展为基础，促进社会和民族统一，制止分裂和社会隔离。住房的立法由中央政府统一负责，并提供住房领域的财政补贴、贴息、担保等业务；地方政府具体负责政策的实施。为实现总体目标，瑞典建立了多种住房形式，有租赁房（住房公司或私人拥有土地产权和住房产权）、自有住房（私人拥有土地产权和住房权）、合作社住房（合作社住房公司拥有土地产权，私人拥有全部或部分住房产权）等。为实现住房平等，政府通过补贴、贴息、担保和高税收方式调节和控制。经济条件不好的家庭可以通过申请住房津贴住上宽敞舒适的房子，住房津贴的金额由家庭孩子数量、住房大小和家庭收入来决定；28 岁以上且无子女的年轻人也有资格申请享受住房津贴。目前瑞典基本上实现人人有住房，并且环境优美，小区管理规范完善。

4. 就业方面

瑞典高度重视就业工作，努力保证适业人员能够充分就业。瑞典全国有300多个劳动职业介绍所，负责提供就业培训、咨询、指导和介绍就业服务。为保障介绍所正常运作，政府在经费方面有充分的保证。2008年以来，虽然发生了世界性金融危机，各国就业环境十分艰难，但瑞典还保持高就业状态。除了实施积极的就业政策外，瑞典还为失业者提供失业保险。失业保险由基本保险和自愿保险两部分组成。基本保险是为那些没有资格享受自愿保险的人提供的统一补贴，失业期每达到300天，就可以领取失业保险补贴，失业保险补贴可以达到以前上岗工资的70%；自愿保险是支付给失业保险基金成员的，保险补助数额最多为先前工作收入的80%。在这种高保险补贴的情况下，有人曾预测瑞典将出现大批的"懒人"。可事实证明并非如此，人人都在争取就业，这与人的素质情况有极为重要的关系。不过在目前全球经济氛围下，衰退带来的日益缩小的税基和日益增长的失业救济金以及福利服务，给瑞典中央政府和地方政府预算造成了巨大的压力。因此中央政府有可能削减成本，将来是否影响到其高福利，还有待观察。

（三）瑞典的市场情况

瑞典是完全市场经济国家，建立了规范完整的市场体系，在经济市场方面，瑞典历来奉行自由贸易和国际资本准入原则，并在此原则指导下建立了完善的自由市场经济体制，对外资企业采取开放的态度。作为欧盟、WTO和OECD等多边组织的成员国，瑞典实行完全市场经济和非歧视性原则，对不同产权和国籍的资本一视同仁，不会为保护本国产业而限制外国企业；同时，也不会针对外资实行特殊鼓励优惠政策。中央政府和地方政府很少直接干预市场，主要是服务导向，致力于在所辖领域提供协助和指导，积极开展劳工培训和再教育以及移民培训，为落后地区提供金融支持，资助有关新产品和新生产工艺的基础性专门研究。

瑞典政府管理市场的目标不是为个体的企业或产业部门服务，而是着眼于创造全社会的生产能力和良好的商业环境，至于个体企业或产业能否生存发展，取决于它们的创新力和竞争力。瑞典当地企业对外国投资者持积极肯定的态度，本土银行和其他金融机构都比较专业高效，没有针对外资企业的外汇管制，劳工组织对待外资也是开放中立的。总而言之，外资在瑞典享有与内资同等的地位，不会受到差别歧视待遇，也不会享有特殊的超国民待遇。瑞典也没有特殊的产业优惠政策，但政府致力于宣传推广其尖端科技和优秀产业，指导内、外资进入信息通讯技术、电子、汽车、生命与生物科技、食品与林木加工等五大行业。瑞典的所有产业都对私人资本开放，包括铁路、邮政、电信、广播、电视等曾为国家垄断经营的行业。在具体操作上，瑞典仅对一些有关国家战略利益的领域的投资项目加以限制，如军工、航空运输、海上作业、采矿、战略物资、银行及保险等。限制手段主要是以发放许可证和牌照的方式筛选具备实力和资质的企业，只有获得许可才有资格进入这些行业。瑞典不对外资所有权进行限制，允许100%的外资控股权；但依照欧盟规则，如果是并购投资，按瑞典法律需要报瑞典竞争署批准。

瑞典之所以成为工业强国和人均GDP最高的国家之一，与其发达和完善的产业结构密不可分，高科技、高效益、高附加值的"三高"产业在瑞典占据主导地位，如ICT信息通讯产业、生物医药业、无线电子业、机械制造业等。瑞典政府不会耗费资源去保护失去比较优势和发展前景的产业，而是集中力量投入到高等教育和对高精尖产品技术的研发中，促进科技创新，时刻保持优势行业的领先地位。为此，瑞典政府大力投资R&D（达GDP的4.3%），据2005年《世界竞争力年鉴》，瑞典的人均R&D支出排名世界第二。多年来，瑞典一直被评为世界最具创新能力的国家。

在瑞典，一些政府注资的机构专门从事新技术、新产品和新生产工艺的发展支持工作。在某些具体情况下，政府也会与私人投资者合资进行研发，或为某一高新技术开发项目提供风险资本和担保。例如，在一项为期10年的国家级"智能汽车系统"（IVS）发展计划中，瑞典政府与行业内的领导企业以及三所顶尖大学合作，提供R&D支持和独特的测试模拟环境，促进该计划的实施。

综合瑞典政府在经济市场中的做法可见，除了鼓励R&D投资和对人口稀少的落后地区投资外，瑞典政府不会介入产业发展或干扰公平竞争，而是让企业和产业自己寻求解决之道和发展之路。目前看来，瑞典政府不会改变其对投资鼓励范围和目标的态度，瑞典仍将是投资自由、竞争公平和科技创新的国家。在市场竞争中，瑞典反对商业贿赂的态度十分坚决，并建立了完善的运作体系。在瑞典人眼中，商业贿赂是非常羞耻的行为，很少有人借助于贿赂或受贿来发财，公平竞争的理念深入人心，企业与企业、企业与政府之间关系平等。据统计，瑞典是波罗地海区域诸国中累计吸引外资最多的国家。

二、瑞典构建政府、社会、市场三者纽带

从以上情况可以看到，瑞典政府、社会和市场三者之间是良性互动、相互

促进、共同发展的。那么三者之间是由什么纽带进行联结的？

（一）高素质国民

从瑞典社会可以看出，瑞典十分重视国民教育，教育体系十分完善，国民素质很高。在政府、社会、市场运作中，这种高素质的国民不但容易实现三个层面要素的活跃，更主要的是容易实现三者的和谐与发展完善。

（二）诚信合作

在瑞典，所有的公民，不论是公务员还是普通的工人、农民，诚信合作意识普遍较高。在政治生活、社会生活和经济生活中，一般都能自觉遵纪守法、遵守职业道德，很少出现言而无信、行而不实的情况。对每个人而言，如果有不良信用纪录，则会在从政、升学、就业、贷款、保险等方面付出很大的代价，甚至可能会终身受累，所以诚信成了人们的生活习惯。为完成任务，大家合作意识较高，沃尔沃发展到今天就是合作的一个典范。

（三）公平民主

瑞典流行"公平民主是瑞典国家的生命线，是瑞典前进的动力"的口号。的确，瑞典到处充满公平民主，人与人之间没有特权，贫富差距不大，人人都敢讲公道话、能讲公道话，不论是议会的选举、政府决策、执行局的执法，还是社会民间组织和企业决策，都体现了公平民主。特别是国家行政决策，为实现整个国家的公平民主，都要经过不断反复修改完善，直到社会广泛认可，在贯彻执行中基本上就畅通无阻。当然，要做到公平民主，就必须先做到公开透明。

三、瑞典经验对我国的启示

目前我国政府、社会、市场三者在和谐发展方面还存在许多不足的地方，政府决策还不够公开透明，少数人对政府抱着敌意，政令贯彻还不十分通畅；社会关系复杂，人们之间缺乏诚信，违法犯罪现象较多；市场监管力度远远不够，市场欺诈行为到处存在，假冒伪劣产品随处可见。同时，三者发展也不平衡，滞后现象常有发生。瑞典这种和谐的三角关系对我们有什么启示呢？

（一）大力发展教育事业，完善各种培训体系，提高国民素质

我国很早就进行教育行政体制改革，虽然建立了比较完整的教育培训体

系，但是由于人口众多、资源不足，教育培训效果难如人意。最明显的是我国已实行九年义务教育，结果许多学校收取择校费，明显就是教育资源分配不均，缺少公平合理。这明确要求改变现行教育体制，实现教育资源分配公平分开、公正透明，按应享受义务教育的原则将教育资源分配到个人，由受教育人员自行选择学校，而不应该由政府和学校自行决定，瑞典在这方面的做法就值得我们借鉴思考。同时，在教育中引进竞争机制，实现优胜劣汰。对于高校，不应该实行产业化运作，而应该让教学质量和科研成果成为高校的生命线，用社会和行业认可作为评价最主要的手段。广开职业和技能教育学校，广泛利用各种社会资源，加大建立培训机构，在运作中实行淘汰机制。目前，改变教育培训机构盲目追求利益的现象应该是教育改革最首要的任务，只有这样，才能真正实现通过教育培训达到提高国民素质的目的。

（二）加大诚信合作法规建设，促进社会公平民主

目前我国行政中的贪污腐败、社会中的违法犯罪、市场运作中的欺诈等现象，归根到底与人们的诚信合作意识有关，人们的诚信合作意识直接关系到国家和社会的稳定。瑞典社会和谐与国民诚信合作意识有很大的关系，全国建立了个人诚信档案，而我国目前还没有这方面的法规。不过在商业运作中，经常可以看到人们对诚信合作的期待，更是迫切要求建立这方面的法规。如果从国家战略高度制定诚信合作方面的法规，建立个人诚信合作档案，并将个人诚信合作情况面向社会公开，让没有诚信合作意识的人不论在生活中还是在工作中都难以立足，再配合诚信合作意识教育，让不诚信合作的人遭到社会谴责，给其他人以警告，人们自然会养成诚信合作意识，公平民主、和谐社会自然可以实现。

（三）转变政府职能，精减机构，科学界定政府职责

我国现行政治体制下，不同级别政府之间的职能划分缺乏统筹规划，存在交叉重复、职责不清现象，政府既当裁判员又当运动员的情况时有发生。瑞典在政府职能划分方面有许多做法值得我们借鉴，比如农产品，包括生产、加工、运输、销售、检测等，至始至终由农业部门负责进行全方位的跟踪，做到权责的高度一致。而我国的农产品生产由农业部门负责，农产品加工由技术监督部门负责，销售由工商部门负责，多头负责，结果是谁也不负责，这些教训应该引起相关部门重视。各级政府权责极不对称，越到基层越显得有责无权，所以经常有政策执行不力的现象发生。如何改革我国现行的行政体制，科学界定政府职责，适应社会和市场经济发展需要，建立起真正权责一致的服务型政

府，值得我们深深思考。

（四）积极培育非政府组织发展，实现社会、市场自治

我国是一个人口大国，社会事务繁杂众多，如何实现社会事务的有效管理？瑞典的许多经验是值得我们借鉴的。比如，瑞典为了方便社会事务的有效管理，实现真正意义上的"小政府，大社会"管理模式，组织众多非政府组织，其中最大的是工会，工人的福利待遇等都由工会解决，政府一般不参与。我国的机构改革也提出了"小政府，大社会"，建立服务型政府的目标。目前最迫切的任务是大力培育非政府组织，让它们在社会现代公共管理中提供服务、解决公共问题，反映社会诉求、规范社会行为。在培育发展非政府组织方面，需要各级政府大力支持，一方面提供经费、人员、法律等支持，使其能正常、合法运转；另一方面要保证其独立性，不干涉其内部事务，逐步消除已有非政府组织过分政治化、行政化、等级化的倾向。

总之，瑞典精炼高效的政府、和谐诚信的社会、完善发达的市场是通过几百年的努力才达到的。我国的发展是有目共睹的，实现善治目标还需要我们长期共同的努力。

瑞典国家创新机制及其对广东省自主创新的启示

邓 彦

瑞典是目前世界上最具创新活力的国家，通过采取加大投入、教育先行、完备法制等一系列政策措施，大力推动国家创新，实施创新强国兴邦战略，取得了明显成效。2010 年 6 月，笔者有幸参加第四期广东省公务员公共管理瑞典专题研究班的学习，期间对瑞典国家创新机制进行了较为全面的考察了解。

一、瑞典国家创新情况概况

瑞典是北欧最大的国家，位于斯堪的纳维亚半岛东南部，东北部与芬兰接壤，西部和西北部与挪威为邻，南部隔厄勒海峡与丹麦相望，东濒波罗的海。陆地面积 45 万平方公里，人口约 900 万。瑞典经济发达，人均 GDP 高居世界前列，同时又是西方高福利国家的代表，人人都能享受"从摇篮到坟墓"的社会福利。近年来，瑞典一直保持较高的经济增长速度，竞争力在 79 个工业国家中名列前茅。瑞典高速的经济增长、强劲的竞争力来自其突出的创新力所提供的强大支撑。多年来，瑞典诞生了诺贝尔、林奈、鲁德贝尔等世界知名科学家，创造发明了红磷火柴、雷管和炸药、汽车安全带、电脑鼠标、防滑机车、高压发电机、心电仪记录仪、伽马刀等影响深远的创新产品，培育了爱立信、沃尔沃、ABB、伊莱克斯、萨博等誉满全球的大企业。据欧盟委员会 2008 年公布的研究报告显示，瑞典创新能力排在全球首位，超过了以创新力著称的美国、日本和以色列等创新型国家。

二、瑞典国家创新政策及运行机制探析

瑞典议会与政府负责制定国家创新政策，教育科技部起草科技政策提案并全面协调各类相配套的政策。议会设立科技顾问委员会，由教育科技部部长主持，主要成员由学者、专家、科技人员和企业代表组成，主要职责是促进社会

成员关心科技事业,提高科学研究的社会影响力。科研经费的分配、下拨由政府与议会负责实施,科研人员对获得的资助经费拥有自主支配权。

(一)建立健全创新政策体系

1.《研究政策法案》

2000年由议会出台的《研究政策法案》,是瑞典国家开展创新活动的主要政策依据。该法案针对高等院校科研人员新老交替、专业和学科分类过细、研究力量太分散等问题,提出加强基础研究和研究生教育,鼓励开展跨专业、多学科的联合研究,特别提出集中力量加强生物、信息、材料、环境等重点领域的研究;提出通过组织机构创新,成立国家创新局,进一步完善国家创新政策的运行机制和管理体系。

2.《创新体系中的研究开发与合作》

2001年议会批准出台的《创新体系中的研究开发与合作》,进一步确立国家创新局、半公立性质的工业研究所等研究机构在瑞典国家创新体系中的地位和作用,阐明它们各自的功能及活动范围。该文件规定,国家创新局是政府部门内最主要的科研资助机构,对非营利性质研究机构进行项目评定审核及经费资助,也为工业研究所提供部分资助款项。该文件要求,通过重组半公立工业研究所以获得产业界支持,打造高效、灵活、具有国际竞争力的科研机构,将生物技术、信息技术、微电子和材料技术等作为优先研究发展领域。

3.《瑞典增长和复兴政策》

2001年议会出台的《瑞典增长和复兴政策》,是一个推动区域发展问题的政策性文件。该文件规定各省区必须依据中央政府的要求制定相应发展战略,确定对当地重点领域的经费投入,特别要求将推进和完善地区创新体系建设作为重要的组成部分。

4.《创新瑞典战略》

2004年,瑞典工贸部和教育科技部共同制定了一个重要的政策性文件《创新瑞典战略》,提出把瑞典建设成欧洲最具竞争能力、最具活力、以知识为基础的经济体的战略目标。其具体内容主要包括:创新知识基础,力争瑞典的教育和研究保持世界先进水平;创新贸易与产业,提高科研成果和创意的商业化水平;创新公共投资,促进公共事业的重组并提高其效率;创新人群,最大限度地激发人的潜能并利用其知识和技能。2005年,瑞典颁布了"为了更美好的生活"为主题的创新政策。2006—2008年期间,创新政策根据当前经济社会发展趋势和人类社会需求作出较大调整,其重点是加强支柱产业的科技创新活动,制定地区的创新发展战略,推出摆脱依赖性能源的新对策,推动全社会整体的科技进步。

（二）实施创新政策的机构及其职能健全

国家创新政策由高等教育部门及其他承担科研任务的机构具体负责组织实施，根据国家创新政策的要求，高等教育部门制定科技创新规划，提交执行国家创新政策的可行性方案，提出在自然科学、工程科学、医学、人文和社会科学等方面能够承担的科技创新项目及其实施在科学研究和用于研究生教育等方面所需经费的申请，经政府向议会提交并获准后，高等教育部门获得承担创新项目的研究经费，并自行分配安排。其他科研资助机构和研究基金会也承担一定的国家创新项目，按照国家创新政策精神制定本系统的发展规划和实施方案，组织下属科研单位或相关机构申请研究项目，政府组织项目审定，向确立的研究项目拨给科研经费。

实施创新政策的机构及其职能为：

1. 高等教育部门及其职能

高等教育部门是瑞典政府推进国家创新政策的主要部门。瑞典政府除拨出固定专款支持著名大学开展科研工作外，中小规模的地方大学也能获得一定的科研经费，这是瑞典发展地区科技和经济的一项战略措施。一直以来，瑞典所有高等院校在科学研究和研究生培养方面都能得到政府固定的经费支持。来自政府的科学研究拨款以及其他直接拨款占目前瑞典高等院校研发经费总额的一半以上，各种研究基金会对高等院校研发活动也有相应资助。多年来，瑞典高等院校在医学、工程科学和自然科学领域的研发投入经费占到研发经费的70%以上。由于政府重视，经费充足，高等院校智力积淀深厚，瑞典高等院校显示出雄厚的科研实力，承担了众多的重要科技创新任务。近年来，乌普萨拉大学、隆德大学、斯德哥尔摩大学、瑞典皇家理工学院、林雪平大学、马尔默大学、卡尔马大学等高等院校在完成和承担国家科研项目方面表现十分突出。

2. 研究理事会及其职能

国家层面的研究理事会，主要负责评审和资助各类基础研究项目，成员由学术界代表和社会公众代表两部分组成。同时对于一些重大基础研究项目，为了确保评审过程公正，同时又能达到国际先进水平，理事会常常邀请国外同行专家参与审核。2000年，政府对研究理事会实施改革，建立新的政府研究资助机构，强化了政府在基础项目评估和经费分配中的主导地位，加强战略研究，提高创新活动效能。这些新研究资助机构主要有三个：①国家科学理事会，是在合并原属于教育科技部的自然科学、工程科学、医学、人文和社会科学、研究规划和协调等五个研究理事会的基础上形成的，是所有新研究资助机构中最重要的一个，主要负责评审和资助各类重大自然科学和社会科学项目；②社会与劳动生活研究理事会，是在组合原来的社会研究理事会、劳动生活研究理事会的基础上建立起来的，着重资助探索社会生活与经济发展、劳动者生活、劳动力市场等问题，并对老弱病残人员的社会状况、移民与伦理道德关系等方面的研究进行规划和协调；③环境、农业和社区规划研究理事会，是在合并原来的建筑研究理事会、农林研究理事会、国家环保局研究资助机构的基础上建立的一个新组织，主要负责资助环境保护、农业资源开发与利用、生态可持续发展、社区发展与规划等领域的研究项目。

3. 科研资助机构及其职能

政府财政部、环境部、司法部、外交部、贸易部、农业部、卫生部、社会保障部、教育科技部、文化部、工商部和国防部，以及国家空间局交通运输局、国家工业与技术发展局等职能部门，都设有一个专门的科研资助机构，负责促进本部门设计领域的科学研究与创新活动。2001年，瑞典政府根据《研究政策法案》成立国家创新局，把原先分散在各部门的某些职能集中起来，资助对国家有战略意义领域的应用开发。国家创新局颁布了战略创新规划，提出把创新作为持续增长的基础，通过构建高效的创新系统，开展以问题为中心的研究，特别注重发挥商业、科技、政策三者的杠杆作用，提高国家研发投入的回报。同时，将通信系统、微米与纳米、软件生产、电子政务、家庭保健、IT技术、制药与诊断、生物技术、生物医疗工程、食品创新、合成与装配产品、木材加工、职能与功能包装、轻型材料与轻量化设计、新材料（含纳米材料）设计、可再生产的绿色材料、不同运输方式的车辆及系统创新、物流和货物运输系统创新等作为重点研究领域。国家创新局还推出另一个重要举措，在全国主要大学陆续建成25个优秀创新中心，以10年为期，由政府、大学、产业部门每年合计投入2000万瑞典克朗，重点加强生物医药、信息通讯、交通、材料等产业领域的研究。

4. 研究基金会及其职能

作为完善创新政策实施机制的一项举措，瑞典成立了许多研究基金会，作为科研资助机构，专门负责资助某些领域的创新活动。它们大体可分为两类：①科研资助资金主要来源于社会公共积累，具有一定政府职能的研究基金会。例如，瑞典战略研究基金，主要为自然科学、工程技术、医学生物等领域的科技创新提供经费资助。从2000年开始，实施为期4年的"未来科研带头人"个人基金计划，用来资助潜力很大的年轻学者，使其成为科技创新带头人。类似的知名度较高的研究基金会还有：瑞典知识与能力发展基金会，瑞典创新体系基金会，瑞典环境研究基金会，瑞典研究与高等教育国际合作基金会，瑞典环境、农业科学和空间规划研究基金会，瑞典卫生保健科学与过敏研究基金会，等等。②科研资助款项主要来自民间资金，属于非营利性质的私人基金会。主要有：瑞典瓦伦堡基金会，资产总值约 450 亿瑞典克朗，每年为瑞典科学研究和艺术界提供超过 10 亿瑞典克朗的资助，主要用于购置基础研究领域的大型昂贵设备；瑞典小企业研究基金会，拥有大量经费可以资助各类研发活动，还拥有 15 所大学的 50 多位专家，直接从事中小企业发展和企业家培养等方面的研究；瑞典银行 300 年基金会，主要以人类学、神学、社会科学和医学领域的研究项目为资助对象，自 1995 年成立来，资助经费已超过 70 亿瑞典克朗。

（三）科技成果的转化应用机制

根据《创新瑞典战略》，获得科研经费、承担科技创新任务的主要是大学和学院的科研机构、政府举办的民用研究所、瑞典国家实验室、各类独立的工业研究所以及企业设置的研究机构和其他非营利性质的研究单位等，这些科研机构推出的创新成果，只有很少一部分可以直接上市供消费者使用，绝大部分需要经过应用开发才能转化为市场新商品。政府不仅重视科学上的发现或发明，而且重视应用研究与开发研究，重视发明创造的科技成果向市场商品的转化，通过积极采取各种倾斜政策，直接或间接地支持创新技术的产业化、发明创造的商品化、创新成果的市场化。主要措施有：

1. 运用财政政策推进应用技术的开发研究

通过公共财政支出，在各高等院校提供的研究经费中，除了直接拨款支持必需的基础研究外，特意切出一块，主要用于大学特别是理工类院校的产品研发项目，促使各类科研机构的创新成果直接转化成能为企业服务的技术或产品。

2. 运用税收杠杆促进创新成果的市场化

为了鼓励高新技术企业成长，使其能把实验室的发明创造推向市场，开发出适销对路的产品，瑞典政府先后推出各种优惠税收政策，包括：免除资助高新技术企业开展研发活动的基金会所得收入的资本所得税；延长高新技术企业的设备折旧年限最长为 5 年，计算机等更新换代快的设备折旧年限为 3 年、使高新技术企业的平均折旧年限不到普通企业的一半，以减少相当数量的收入所得税；免征非营利研发机构在从事创新成果开发和创新技术时的转让、咨询、服务、承包、入股、合资联营等方式所得收入的所得税。

3. 扶植中小企业加强应用开发

通过投入少量扶植资金，促使中小企业与大学和科研院所结成互动合作伙伴，使中小企业遇到技术难题时能够及时得到科研机构的帮助；科研机构也可以根据企业要求推进技术创新，同时还可以把自己的新发现或新发明，委托企业进行应用研究和开发研究，形成市场新产品。

4. 运用产业政策支持高新技术产业的应用开发

瑞典是世界上人均拥有发明专利和专利申请最多的国家之一，也是世界上最重要的高新技术研发国家之一。这些专利大多数产生于高新技术的研究与开发，得益于政府的产业扶植政策。一直以来，瑞典政府颁布的产业政策将信息通讯、生命科学、汽车、清洁能源和环保等列为重点产业领域，围绕重点产业，政府编制规划和发展目标，实施高强度和多渠道的投资计划，完善风险资本市场机制，保障种子基金的资金供给，积极引导、促进和推动他们的技术创新和产品开发。这些产业政策有力地推动了瑞典的通信设备、汽车电子通讯、光电技术、嵌入式系统芯片、生物技术、医疗器械、重型汽车、垃圾燃烧发电技术、生物能源技术、固体垃圾回收与处理技术等高新技术和创新产品推陈出新。

5. 依托欧盟科技框架计划实施创新发展

欧盟科技框架计划是当今世界规模最大的官方综合性研发计划之一，自1984年开始实施。每期计划时间长短不一，大多是4年，资助经费和研究主题根据实际情况略作调整，但基本要求、原则及相关内容不会变化。瑞典是欧盟科技框架计划的主要参与国，在所有领域都承担了研究任务，特别在第七期国家合作领域的食品、能源、农业和生物技术、信息通讯技术、纳米技术、材料科学和新生产技术、环境和气候变化以及空间科学等领域占有极大的研发份额，对推动本国创新成果向世界各地扩散发挥了重要的桥梁作用。

三、瑞典国家创新机制对广东省自主创新的启示

从瑞典创新体系成功的经验，结合广东省经济社会发展和自主创新的实际，有如下启示。

（一）进一步明确自主创新的方向和重点

广东省提出了"加快转型升级，建设幸福广东"的战略目标，坚持以自主创新为中心环节，联动推进技术跨越战略、品牌战略、知识产权战略和标准化战略，加快建设创新型省份，是加快经济转型升级的重点工作。为此，要紧贴未来广东省现代服务业和先进制造业以及产业融合发展的趋势和方向，进一步明确自主创新的方向和重点，从项目组织、平台建设、资金投入、政策扶持

等方面，加强经济科技对接，改革科研成果市场化机制，切实发挥科技创新在推动自主创新、促进经济转型升级中的核心作用。

（二）整合政府创新资源，形成扶持自主创新的合力

近年来，随着各级政府对自主创新重视程度的不断增强，广东省各级政府的创新投入也不断加大，各种有利于创新的资源不断积累，但扶植资金的使用分散，难以形成合力，急需扶持的企业仍然得不到应有的支持。因此，需要进一步加强对各级各部门创新扶持资源的整合。从长期看，可以借鉴瑞典的方式，政府部门主要负责政策制定，成立专门的创新执行机构作为政策的实施单位。

（三）大力培育具有广东特色的创新型企业

创业投资可以为发展创新型经济提供重要的资金来源，必须积极探索具有广东特色的创业投资发展路子。可考虑按照国际通行办法，设立或进一步扩大政府创业引导基金，采用市场化方式进行规范运作，引导更多民间资金进入创新型企业发展。同时，要进一步完善支持各类风险投资机构的财税政策，吸引包括个人、大型企业、金融机构等在内的民间各类资本参与企业创新发展。

（四）积极探索有效载体，大力培育创新文化

创新文化培育需要从长计议，建立健全长效机制并常抓不懈。从瑞典经验看，创新文化的建设除了文化传统长期潜移默化的影响外，寻找合适的载体"虚功实做"也是一个重要方面。从广东省的情况看，要把创新文化建设切实纳入文化大省建设。具体有以下一些载体值得考虑：①加强企业创新文化建设，鼓励企业创造平等的交流氛围、顺畅的信息传递渠道、融洽的人际关系，给予员工更大的自由发挥的空间，从而促进创新。②通过评选创新文化示范型企业，推动企业创新文化建设。③加大对创新人才的培养和引进力度。应当学习西方先进的教育经验，改变中小学应试教育的现状，改革大学教育和科研体系，推动创新人才培养，使广东省的教育体系为建设创新大省服务。应当遵循市场经济的规律，发挥广东"留交会"的人才效应，加大创新人才的引进和留住力度。可考虑推广华为公司前期发展的做法，通过股权等激励方式吸引和留住创新人才。

（五）必须积极推动研究机构发挥作用

瑞典研究机构不但积极参与国家科技计划、欧盟重大计划的有关项目，还

以承担有偿的共性技术研究任务、开展合同研究、提供产品开发与咨询服务、生产小批量产品等多种方式获得收益，支持研究工作的持续发展。广东省许多科研院所进行企业化转制后，由于各种原因很难维持生存，仍然依赖政府的大量投入。政府部门应逐步完善政策环境，鼓励科研院所多渠道、多方式获得经费，保障充足资金，促进研究机构在推动广东省自主创新中发挥作用。可以考虑推动研究机构发展衍生公司，不仅在瑞典，在我国部分地区也有比较成功的创新模式，联想集团就是成功案例之一。广东省应该鼓励科研院所以技术转让、知识产权入股、提供初始资金等多种方式培育衍生公司，同时为科研院所提供资金的退出途径，尽量避免出现"以企业养院所"的情况。此外，瑞典非营利性质的科研机构接受政府资助，在执行政府政策方面发挥了很重要的作用。我国的科研院所改革已经明确将一部分社会公益类院所转制为非营利性机构，但是在实际改革中遇到了一些困难，主要是转制后经费来源得不到保证。如果政府部门能择其优者，以多种形式提供相对稳定的资助，将有利于这些科研院所发挥自身作用，服务于社会公益科研事业。

参考文献

［1］张明龙．瑞典高效的创新政策运行机制揭秘［J］．科技管理研究，2010（16）．

［2］中国科学技术信息研究所．创新美国［EB/OL］．http：//www.sba.gov/sbir/indexsbir-sttr.html.

［3］马颂德．充分发挥创新基金的引导和支撑作用，大力推进科技型中小企业的健康发展［EB/OL］．http：//www.innofund.gov.cn/_resource/200504/20050413X0.htm.

［4］约翰·亨尼斯．大学是创新和社会进步的源泉［C］//教育部中外大学校长论坛领导小组．中外大学校长论坛文集．北京：高等教育出版社，2006．

和谐发展

——瑞典经验的借鉴意义

黄 文

瑞典有一句格言:"深度存在,但不可见。"19世纪末,瑞典是欧洲最贫穷的国家之一,经济以农业为主,主要作物是土豆,有高达1/4的人口因为饥荒而流浪到北美。目前,瑞典在世界经济论坛《2011—2012年全球竞争力报告》中排名"全球最具竞争力的经济体"第3位,中国内地排名第26位。根据瑞士信贷集团(Credit Suisse)年度全球财富报告,瑞典在世界最富有国家评选中名列第6。该项排名以每个成人拥有的金融和实物资产减去负债为标准,瑞典人均28.5万美元。

瑞典于1950年5月9日和中国建交,是最早与新中国建交的欧洲国家之一。1992年以来,中瑞关系不断发展,高层互访频繁,各部门、各级别的交流与合作显著增加,增进了两国的相互了解和友好关系。现在,中瑞关系发展到了一个非常有活力的繁荣时期,经济与贸易成为促进两国关系发展的重要推动力。笔者很荣幸获得了一次赴瑞典斯德哥尔摩大学学习的机会,以下浅显地谈谈自己的认识和体会。

一、瑞典文化中的"lagom"追求

如果你问瑞典人,瑞典这个民族有什么特性?他们十有八九会告诉你一个瑞典语单词"lagom"。在瑞典语和英语字典中,这个词的解释是"不多不少,恰恰正好"。这个词的来源已无法考证,据说与海盗有关。维京时期(800—1050年),海盗们在漫长的航海和征战途中,常常要坐下来喝喝酒。当第一个海盗拿起盛蜂蜜酒的牛角时,他不得不考虑后面等着喝酒的兄弟们,因而他必须把握住适当的量,以便让每一位海盗兄弟都能得到大体相同的酒。由此,"lagom"更像是一种分配模式。现在,"lagom"的语义延伸为对完善的追求。在生活中,瑞典人常用这个词来表达对某件事的完美赞誉。比如,有瑞典人来你家中做客,你问他这菜做得如何,他很可能会回答说:"Lagom!"意思就是

"恰到好处"。

当今,瑞典企业中有以下几点文化共识:自然俭约、平等待人;加班说明有问题;带病上班不是模范;领导不是专家,是沟通者;解雇人是大事,培训是重要问题;避免大做广告。在企业文化和领导风格上注重:平等、民主;有秩序、诚实;仔细、缓慢、不张扬;理性、务实;注重过程和连续性;不咄咄逼人和对立。

要向瑞典学习,不仅需要了解它的历史,更需要理解和把握它的"lagom"文化追求。正如中山大学的一位教授所言:"向瑞典的借鉴,这可能不只是一个经济或政治模式选择的问题,而是一个涉及更深层次的社会心理、民族思维方式和民族范式的问题。"

二、瑞典模式

关于经济发展的"模式"说早已有之。比如,以德国、瑞士、挪威、瑞典等为代表,强调政府作用和福利社会的"莱茵模式",或者称为"民主社会主义模式";以美国、英国为代表,强调自由竞争市场经济的"盎格鲁—撒克逊模式",或者称为"自由资本主义模式";以日本、韩国等为代表,强调政府主导市场经济的"东亚模式";以墨西哥、阿根廷等为代表,强调践行经济"私有化、非调控化、自由化"为特征的"华盛顿共识"的"拉美模式"。

瑞典社会民主党成功执政的重要秘诀之一即是福利型社会,他们所创造的瑞典模式核心内容包括:劳雇和谐(Labor Peace)、充分就业(Full Employment)、左右翼政党协调(Compromise and Political Consensus)、强大的社会(The Strong Society)、全民的福利社会(Universal Welfare State)、集中的国家机器(Centralized State Apparatus)、合作制度(Corporatism)、女性工作的权力(Women's Right to Work)。

瑞典在不同时期有三个模式:一是 1870—1970 年,没有多少公共部门的成分,政府规模小,社会开支也少,福利也不比其他国家高,经济增长很快。二是 20 世纪 70 年代到 90 年代中期,这时公共部门扩大,政府扩大,福利发展很快,经济发展明显放缓。瑞典从 70 年代位列世界最富国家第 3 名,至 1995 年降为第 18 名。三是 1995 年以来,是经济自由化时期,减少了某些过于慷慨的福利,经济增速又加快了,瑞典劳动生产率的世界排名也有所上升。那种认为瑞典在保持一个大公共部门的同时还保持了经济快速增长的理论,是一种误解。大政府时期是在第二阶段,经济发展很慢。

瑞典模式并非一成不变,而是顺应经济发展趋势与调和社会矛盾而不断作出调整。目前，修正后的瑞典模式体现了以下几个特点：①从确保每个人有工作转变为控制失业率及通货膨胀率；②从调和状态进入两极化状态，但所谓两极化在福利层面仍然保持一致性，即平等；③从强大的中心社会转向选择性、个性化的社会，这点从教育中显现出来，即公费教育但给予受教育者选择权；④公共部门庞大，运作开支太昂贵，地方政府改革，合并小机构。

瑞典体制的最独特之处在于，它是以一种集体主义的、寻求妥协与中间立场、避免暴力冲突的方式实现了社会的前进。

三、瑞典体制的法制化和公务员的原则及价值观

（一）瑞典体制的法制化背景

要了解瑞典的体制，必须理解它形成的背景，那就是一切必须形成一个法律框架并在其下运行。

《出版自由法》、《言论自由法》、《政府组织法》（1974）是瑞典公务员必须遵守的三项重要法律。《出版自由法》对文书工作的透明性提出了一个明确的要求。

所有公权力源自民众。瑞典的立法、司法、执法三个层面都独立拥有自己的权力，即所谓自我管制的体系。在功能划分体系下，公务员不是权力拥有者，只是被雇用在法律框架下运作；当然，他们是议会和政府的选择，但保持独立。

人民不直接行使权力，而是通过平等的选举体系实施。议会主导国家机器，行使立法权，主要体现在国家财富的分配上。地方议会是地方最高权力机关。议会控制政府的重要方式是监察专员、质询（质疑）、国家审计师、TK（瑞典语）政府律师。

法院体系由最高法院（民事与刑事）和行政法院（行政事务）组成，分中央、省、市三个层级。95%的民事案件在律师办公室办理完结。涉及行政法院的诉讼是免费的。

执行局负责解释法律，独立工作，受法院和议会监察专员、国家审计师及其他行使控制职能的机构控制。

（二）瑞典公务员共同遵循的原则及价值观

（1）所有公权力在法律下行使，即合法性原则。合法性原则是最重要的原则，如果某一行政决策的合法性受质疑成功，则民众可以通过法院改变它。

深化广东的改革开放：瑞典经验借鉴

（2）宪法控制体系防止公权力的滥用。
（3）公民的自由和权力必须得到保障。
（4）所有人必须得到平等公正对待。此项原则与瑞典的国家历史一样悠久。
（5）法院和政治实体间保持独立地位。
（6）公众对官方的文档有权查阅的原则。这是瑞典较独特的古老的原则。
（7）所有公务员必须帮助及引导公众的原则。例如，公民到任何一个公务部门办事，部门公务员有义务帮助他找到经办部门。

四、瑞典经验

（一）立法层面的制度设计

1. 议员的参政议政方式

宪法规定一切权力来自民众，政府的构成由议会中的席位决定，政府对议会负责。议员通过质询（质疑）的方式向政府的部委提出问题，质询是书面的并召集部长讨论，这种讨论可根据需要随时进行。其工作流程是：问题→议员→质询→通过讨论形成议案（民众可以旁听讨论）→提交议会审议→表决通过议案→法案。每4年就某一领域提出一个大的议案。

2. 咨询是瑞典立法中的重要部分

议会负责立法，议会根据不同领域划分为15个常设委员会，每个委员会相当于一个微型议会。如果有议案难以定夺，委员会将其递交政府进行咨询，等待政府修正后重新提交委员会审议。咨询流程如下：①政府因咨询成立相关委员会，成员由议员及相关领域专家组成，在1～2年内提交观点；②向执行局和NGO等相关组织进一步咨询；③高层公务员回应；④提交政府各部门回应；⑤综合集体意见，反馈回议会中的委员会。

（二）政府管理层面的特色

1. 集体决议

任何部长不能独立作出行政决策，各执行局局长也一样。每周四针对工作中遇到的各种问题进行讨论，因此，每一个行政决策都是集体商议后作出的。

2. 平等务实

瑞典中央政府有一个极具魅力的特色——即使你在公务员中担任一个很低的职位，同样有机会与部长就工作问题进行探讨，这在很多国家是一件难以想象的事。

3. 专家任部委公务员

政府各部委工作人员要求有很强的分析能力，并能够提出解决问题的方案，实际上是各领域的专家，他们并不随政权更替而变迁。在工作中，他们还注重是否有违宪的情况发生。

4. 重视高等教育普及化

43%的瑞典人在25岁前接受过高等教育，政府每年在高等教育中投入超过几十亿瑞典克郎。高等教育领域雇用公务员人数最多，达5万人。

5. 执行局的设立

执行局是各级政府下属专门负责执法的机构。设立一个新的执行局程序如下：成立调查委员会→政府审定→议会审议→批准成立。

（三）教育管理层面的特色

瑞典的教育理念是"A School for Everyone"。瑞典社会民主党的教育理念是让每一个人有权力选择生活。

在国家层级上，设立四个管理教育类的执行局，分别负责大学、残疾人、提高教学质量、跟踪与评估资格。

整个教育体系中最值得瑞典人自豪的是学前教育和成人教育。政府确保每周15小时的免费教育学习时间，目的在于解放父母；并对成人教育予以大量的投入。

瑞典对所有学校的评估评分不作排名，但会在网上公布评估信息。

（四）瑞典社会福利体系

英国《卫报》称瑞典是"有史以来最成功的社会"，理由是瑞典成功地在社会平等和经济发达之间找到了平衡。瑞典在联合国"人类发展指数"排行榜上一直名列前茅，该排行榜根据平均预期寿命、教育和生活水平等指数对世界各国进行排名。

瑞典的平等主义有着悠久的历史。最早的社会福利保险起源于1847年出台的《贫困人口救济法》（*Original Poor Law*）。瑞典根据1891年通过的立法为自愿性医疗保险项目提供政府拨款的行为也走在世界前面。自愿参加的保险基金形式出现得更早，是一种由工人自发组织的相互救助，国家提供基本补助。1901年第一次引进工作意外险。1916年出台国家强制性规定的意外险，由雇主支付大部分费用，国家担负行政管理责任。《萨尔斯巴登协议》是瑞典社会福利体系构建过程中的一个重要里程碑，该协议在1938年由工人和雇主联合会双方达成，为延续至今的劳资关系定下了基调，体现了合作与相互尊重的精神。

瑞典社会保险政策制定的理念是：应对因贫困遭遇的风险。其制定社会政策的出发点是保障人民的生活，只有与人民的观念相符合，社会才是可持续的。自由贸易是瑞典社会安全体系中非常重要的一个方面，随着竞争趋势的加剧，社会安全体系显得尤为重要。

瑞典的福利与税收密不可分。瑞典人工作时间越长，得到的福利越多，这是激励工作的很好的体现。只有在未知风险的情况下，试图将所有可以预测的风险纳入保险体系，将风险群体化，把每个人纳入相应的风险群体中，才能构建一个朴实的社会保险体系。

（五）瑞典的民主对话现状与方式

瑞典的民主体制在过去的20年间发生了很大的变化，主要表现在以下方面：一是党派积极分子数量在锐减；二是政党对年青人及移民的吸引力在下降；三是选举投票人数数量变少，有的城市只有40%的人投票，有的地方甚至只有5%～9%；四是只有11%的人充分信任政治家；五是以自己的喜好选择服务；六是一个瑞典人每天花6小时在媒体上，然而对政府的运作却一无所知；七是年青人对政治意识形态不感兴趣；八是国民对安全的民主体系产生了惰性。

与此同时，政府与民众之间的对话缺乏系统的沟通体系，而市民与政客谈话的建议难以进入决策层面。

为解决这个问题，瑞典政府采取了以下对话方式以加强沟通：①在50个城市设立电子专家服务项目，目的是通过网络了解市民的喜好；②鼓励市民参与式预算，以此作为一种创新的政策制定和预算编制方式，通过举办各种讨论会等形式使预算过程透明化、公开化和公众化，让社会公众参与分配资源；③鼓励市民参与提升服务计划；④决策过程吸纳市民意见。

五、瑞典经验的借鉴意义

一个国家依靠一套向全体国民提供安全感的社会保障体系和鼓励创新的教育机制，由开明的政府在广泛的公众参与和监督下，培育宽容和开放的社会心态，进而最大可能地发挥所有国民的创造性。

中国影响着世界，世界也影响着中国。中国30年来以年均9.8%的经济增长率主导了人类历史上最耀眼的经济革命，改变了1/4人类的生活状态和生活方式，形成了自成一体的变革方式，"中国模式"随着中国迅速崛起和强大而受到全球广泛关注。"中国模式"与"瑞典模式"之间有着许多值得相互学习借鉴之处。

瑞典经验的重要启示在于：必须坚持将实现共同富裕作为改革的最终目标；必须坚持以人为本的改革观，即改革成果能够为社会成员普遍认同及普遍分享；必须以公平和正义作为全社会的核心价值取向；必须着重致力于教育公平与社会保障体系建设，让每一位公民的创造活力得到充分激发；必须坚持社会治理的法治化，一个充满活力的和谐社会首先是一个法治社会。

考察学习瑞典公共管理的几点思考

陈志良

按照建设有中国特色社会主义的要求，立足于对中国特殊行政生态的了解，用科学观、辩证法以及开放的思想，对西方发达国家公共管理改革经验进行学习和借鉴，通过比较、鉴别、有选择地吸收，更好地改善和解决我国公共管理中存在的问题。

笔者通过在第四期广东省公务员公共管理瑞典专题研究班的学习，在中山大学聆听了23名国内顶级专家教授讲授的公共管理、公共政策等课程，在瑞典斯德哥尔摩大学学习和了解北欧发达国家公共管理的体制机制、运行机制、政策措施及成功的经验，受益匪浅，使我视野更开阔、知识面更宽，真正体会到孔子"学而时习之，不亦乐乎"的感受和境界，同时也产生了如下几点思考。

一、向北欧发达国家学习公共管理应处理好"四个关系"

半个多世纪以前，公共行政大师罗伯特·达尔（Robert Dahl）在《行政学的三个问题》中谈到："从某个国家的行政环境归纳出来的概论，不能够立刻予以普遍化，或被应用到另一个不同环境的行政管理上去。一个理论是否适用于另一个不同的场合，必须先把那个特殊场合加以研究之后才可以判定。"实践也证明了不存在放诸四海皆准的行政准则。由于各国政治、经济、文化等方面存在着差异性，导致了各国行政管理多样性的特点。从我国国情来看，我们必须按照建设有中国特色社会主义的要求，立足于对中国特殊行政生态的了解，以开放的思想对待国际的经验，通过比较、鉴别、有选择地吸收，应用和服务到中国社会中去。对此，在学习国际经验的过程中，我们应注意处理好以下"四个关系"。

（一）应处理好学习与批判的关系

学习外国经验应注意避免把国外的不合适的经验和做法机械地搬到中国

来，应用批判性思维去观察、学习发达国家的经验。何为批判性思维？简单说来就是一种善于质疑辨析、抓住要领、基于事实、合乎逻辑的创新性思维，其要诀就是以科学的态度对待一切事物。只有破除对批判权的垄断，放开批判的权利，才可能更准确地了解和学习发达国家的经验和做法，才能为我所用。改革开放初期，不少人总是认为"外国的月亮比中国圆"，这正是一个轻率鲁莽、缺乏批判性思维的典型表现。众所周知，瑞典是世界上社会保障体系最优秀的国家之一，国民生活水平在住房、劳动生活、教育、儿童保育、医疗、老人福利等方面均处于世界领先地位。2005 年瑞典社会福利支出占 GDP 的 30.7%，并以高工资、高税收、高福利著称，正是瑞典社会经济高水平发展和政治制度的特点决定了其较高水平的社会保障制度。但是我们也应清醒地看到这种制度存在的弊端：高福利和高税收导致微观经济主体活力不足，人们不做或少做照样可以生活得很好，不利于社会勤勉精神和良好工作道德的建立；沉重的赋税使瑞典人逃税、偷税现象日益严重；国家财政连年赤字；高福利和高税收政策导致成本的大量提高，抑制了国外投资；等等。

（二）应处理好学习与创新的关系

创新是一个民族进步的灵魂，更是一个国家兴旺发达的不竭动力。这是人类历史发展的经验反复证明的客观真理。在学习外国先进经验和好做法时，我们应结合中国国情，敢于创新，洋为中用。例如在新的历史条件下，我们党所处的执政环境发生了深刻变化，与北欧等发达国家的其他执政党面临着许多相同的课题，我们党同样在一个市场化、全球化、信息化、社会分层化和利益多元化的环境下执掌政权。我们应积极借鉴和吸收北欧发达国家的政党所创造的政治文明成果，为我所用，这可以使我们少走弯路，减少制度创新成本，加快推进执政方式民主化的进程。又如在权力制衡方面，历史和现实都已经证明，西方国家按照"以权力制约权力"的原则所建立起来的权力分立和权力制衡制度，在防止执政党滥用公共权力方面取得了非常显著的效果。权力的过度集中是我们执政体制中的一个重要特征，监督在权力集中面前显得苍白无力，权力的失控是腐败现象难以得到有效遏制的一个重要原因，当前我们还没有创造出一套行之有效的办法来对公共权力进行有效控制。"三权分立"的政治制度模式我们当然不能照搬，但是"三权分立"背后蕴含的"权力必须科学设置、彼此能够有效制约"的原则是很值得我们进行全方位学习的，其在民主政治中所具有的核心价值和现实意义应当予以充分肯定。因此，我们可以在"以权力制约权力"的思路上，大胆学习、借鉴北欧的权力分立和权力制衡的具体办法，并结合国情有所创新。

（三）应处理好本国、外国国情间差异性的关系

"知己知彼，百战不殆。"向发达国家学习首先要做到"知己知彼"，才能找准学习的结合点和切入点，才能取到真经，为我所用。我国国情与瑞典国情相比较，其差异性可以归纳为以下"四个不一样"：一是政治制度不一样。人民代表大会制度是我国的根本政治制度，是我国的政体；我国实行的政党制度是中国共产党领导的多党合作和政治协商制度；民族区域自治制度是我国的一项基本政治制度。而瑞典现行宪法由《政府法典》（1809年制定，1974年修订）、《王位继承法》（1810年制定，1979年修订）和《新闻自由法》（1949年制定）三个基本法组成，此外还有《议会组织法》（1866年制定，1974年修订）。宪法规定瑞典实行君主立宪制；国王是国家元首和武装部队统帅，作为国家象征仅履行代表性或礼仪性职责，不得干预议会和政府工作，国王的最年长子女是法定王位继承人；议会是国家唯一的立法机构，由普选产生；政府是国家最高行政机构，对议会负责。议会为一院制。二是法制基础不一样。中国法制建设时间较短，人们的法律意识相对淡薄，法律制度及体系不如瑞典等发达国家完善。三是市场经济发展的成熟性不一样。我国建立市场经济体系时间较短，与瑞典等发达国家的市场经济相比差距还较大，还存在这样或那样的问题有待解决。四是人文素质不一样。中国具有五千年的历史文化，沉淀了自己独特的文化底蕴，倡导中庸之道，是个多民族的国家；瑞典是一个单一民族国家，国内没有民族、种族、宗教之争，瑞典总人口中约90%的人信仰基督教，素有"乐善好施"和"济贫救助"的文化传统，对腐败坚持的是"零容忍"的态度。

（四）应处理好东西方文化间差异性的关系

在学习过程中，彼此之间应相互尊重和理解东西方文化间的差异性，"存在就是合理"是有一定道理的。例如，瑞典人喜欢在大庭广众下"天体日浴"，我们可不能认为这是伤风败俗，对他们来讲这可是最美好的时光，那是因为瑞典气候冬天夜长昼短、夏天昼长夜短而形成的文化意识形态。只有相互尊重和理解东西方文化间的差异性，才有助于我们融合东西方文化，更好地吸收和借鉴西方文化和经验；尤其是在认识事物的方法上，我们更应加以注意。又如，中国由于受到儒家、道教等传统文化的影响，人们对事物的认识态度是中庸和模糊的。如赌博，赢了人们会说"恭喜发财"，输了人们就会说"破财消灾"，反正都是好事。可瑞典人不一样，他们认识事物的态度"是就是是，非就是非"。还有，瑞典社会充分体现以人为本的精神。比如，在瑞典的家庭

中是不能雇用保姆的，他们认为那种行为是在剥削他人；男人也可以享受"产假"，养儿育女是夫妻双方的事；每个职业人都可以享受"free year"，就是自由选择一年脱产外出做自己喜欢做的事，企业还必须保留其职位。这些文化是瑞典人的特性，无可厚非。

由此可见，只有有效处理好以上"四个关系"，才能有助于我们学习和借鉴发达国家公共管理的经验；才能站在国际视野，以本土化的角度去认识问题、提出问题、解决问题；才能从我国实际情况出发，建立起适应我国社会主义民主政治发展、适应我国社会主义市场经济发展、适应我国社会不断进步要求的、具有中国特色的公共管理新体系。

二、应向瑞典公共管理学习和借鉴的内容

"管理有原则，但管理无定式"，这是因为任何国家都有自己的行业特点、地域特点、人员特点、发展基础特点。因此，在向发达国家学习时，应着重学习他们的管理原则和理念，千万不能盲目模仿他们的具体做法，具体做法只可借鉴，不可照搬。瑞典公共管理及其模式对于我国市场经济的发展和行政改革的深化，对于在市场经济条件下处理好政府与市场、企业与社会的关系，完善宏观调控机制，形成新的管理模式，提高政府行政效率具有一定的参考价值，特别是以下六个方面的内容更值得我们关注。

（一）北欧区域合作的经验

以丹麦、瑞典两国跨境组成的"奥瑞桑德区域合作"（Oresund Region）为例。这个区域合作是欧盟国家跨国合作的成功范例，它被经合组织（OECD）称为"跨境区域合作的佼佼者"。奥瑞桑德区域合作之所以取得如此巨大的成功，最关键的因素就在于这种合作有一整套健全的制度和法律安排作保障：

一是构建多层次、网络状的组织架构，加强组织领导。丹麦、瑞典两国成立"斯堪的纳维亚国家部长理事会"和"奥瑞桑德发展委员会"，在国家层面加强合作。奥瑞桑德发展委员会负责区域合作的行政执行工作，以促进经济发展、日常整合和区域联合。奥瑞桑德发展委员会成员组织共有13个行政单位，包括5个县、3个城市、2个自治区、1个区域市政局、1个地区和1个镇，该委员会的日常运作主要靠这13个成员组织的财政支持。

二是形成多样化的协调模式，有利于成功合作。两国官方机构全方位加强合作，如丹麦的经贸部、环境部、大哥本哈根当局与瑞典的外交部、斯堪的纳

维亚县政当局平时紧密合作,平等协商,甚至为共同利益和未来发展达成了新的关税协议,设立了特别税收办公室。此外,奥瑞桑德区域合作的所有活动,自始至终都是基于地方、区域和国家层面的紧密对话。而这些对话的行动者,包括来自市场、公民和政府各个层次的合作网络,形成了多样化的协调模式,有利于解决合作中存在的问题。

三是有完备的法律约束,确保各项工作有法必依,落实到位。这些区域合作的协调政策奠基于宪政和相关法律条文,有利于各部门之间按约定完成各自的任务和工作。

由此看来,要想更加有效地实现2008—2020年珠江三角洲地区改革发展规划纲要的目标,推进珠江三角洲区域经济一体化,也可借鉴其经验。例如,构建政府推动、市场主导、社会协同、公众参与的组织网络体系,设立具有综合指挥协调功能的区域委员会、区域合作司法协调委员会,建立健全法制机制、各区域利益协调机制、资源互补机制、信息共享机制、区域规划协调机制、绩效评价机制,等等。

(二) 瑞典透明政府建设的经验

瑞典的政治体制比较稳定,归功于透明的政治运行规则。瑞典是世界上第一个实行政务公开的国家,早在1766年,瑞典议会就确立了政务公开的原则。该项法规也被视为世界上最早的官员申报制和"信息披露法"。一个民主的、负责任的、有能力的、高效率的、透明的政府行政管理体系,无论是对经济发展还是对整个社会的可持续发展都是不可缺少的。瑞典实行"三权分立"的政治体制,行政透明公开,舆论监督到位,权力得到有效制约和监督。他们的政治制度和体制并不适合我们的国情,但是政府行政透明公开的做法很值得我国借鉴。

北欧五国皆是"透明国际"每年公布的"最清廉的国家"。自1995年起,"透明国际"每年发布世界各国清廉状况排名,北欧国家的清廉指数一直名列前茅,如冰岛已有几十年几乎没有出现任何腐败现象了,芬兰、瑞典、丹麦、挪威腐败案件每年仅有几十件。可以说,行政透明公开的做法起到了很好的作用。透明与公开是北欧国家政府行为的一个主要原则。芬兰、冰岛和丹麦的公共部门一切公开,所有档案都对公众开放,接受市民和媒体的监督;公共机构对社会透明,公务员岗位向每个人开放;公务员的公务行为和经济收入都是透明的,公众在网上可以查到;公务员对经济收入瞒报或延迟申报,将会因此丢掉工作。在这种制度下,公务员凡事必须小心谨慎,如履薄冰,不敢越雷池半步。北欧国家普遍推行政府官员财产申报、登记和财产信息公开制度以及金融实名存款制度，成为名副其实的阳光政府和透明官员。在北欧，公务员是一种很受欢迎的职业，社会地位较高。一位公务员如果因腐败被揭发，就会被从整个工作、社会生活圈子中剔除，代价高昂。由于机制健全，加之人员素质高，工资水平较高，丹麦、冰岛和芬兰很少有官员行贿受贿。财政预算信息公开最早发端于瑞典，现在已经成为市场经济国家的通行做法，并引起了国际社会的普遍关注，国际货币基金组织（IMF）对财政透明度重要的衡量标准就是公众能够获得全面的政府财政信息。许多国家法律规定政府必须满足公众对预算信息的要求，除非这些信息涉及国家安全、外交关系等确需保密的特定领域。

（三）瑞典创新能力建设的经验

2008年欧盟委员会委托专业机构进行的一项调查显示，瑞典是最具创新能力的西方国家，其表现不仅超过其他欧盟成员国，也优于瑞士、以色列、日本和美国等国家。我国作为新兴经济体，发展速度超过了历史上的任何先例，但谈及创新能力，依然鲜有建树。

在学习瑞典创新能力建设时，至少要注意以下三个方面：

一是提高社会整体协调能力。对于瑞典而言，创新成功很大程度上是整体协调的结果。它尝试将价值链上的各个参与者——政府、企业、研究机构联成一体，形成创新群落。企业自身也绝不拘泥于单打独斗，甚至能够与竞争对手合纵连横，使用外部孵化器来进行自我扩张，构建有效的合作网络。瑞典创新局完全是基于加强创新能力的目的而设立的。创新局负责协调企业、大学、研究机构及其他各方面力量的合作，致力于加强社会、地区乃至整个国家的创新体系。如在一个名为"瑞典卓越中心"的创新局项目中，SKF、斯道拉恩索、沃尔沃、爱立信都是政府的合作伙伴。该项目由创新局、大学、企业和其他合作伙伴共同出资建立，资源为其所共享。这一项目成立10年间，同时面向基础和应用科学，确保在前沿知识和技术的推动下产生新的产品、服务和流程。

二是加大基础教育投入，保证创新的必备知识。保证稳固的知识根基、能力和资质，适应市场和技术的变迁，对于保证可持续创新至关重要。其中一个先决条件就是在知识储备方面的持续投入，包括科研和各种类别的教育。自1842年开始，除高等教育之外的所有教育都是免费的。在瑞典的学校中，老师不是上帝，孩子们被鼓励提问和质疑，以提高独立思考的能力。所有学生享有同等受教育的机会，没有重点学校和重点班级之分。这同时得益于瑞典长久以来在高等教育和基础研究领域的倾力投入，大量本土成长起来的研发型跨国公司以及完善的科研基础设施得以成为可循环的孵化土壤。

三是提倡开放式经济，鼓励竞争。保持长期创新的决定性因素是开放式经济和对竞争的鼓励。瑞典支持跨学科研究，以保持在解决复杂性和系统性问题上的优势地位，推动学院和产业之间的互动，以及跨部门、跨学科、跨国的人才交流。同时，借助跨国公司在世界各地建立研发中心，吸收各国精华，为己所用，为创新提供了更加宽广的视野。

（四）瑞典工会组织集体协商的经验

瑞典有强大的工会组织，工人的利益可以通过谈判获取。瑞典的社会力量达到一种新的平衡，当工会、雇主协会和政府三方代表坐在谈判桌前时，实际上很多时候是在决定着这个国家的命运。他们三方的工资协议为确保国家经济的运转寻找到了一个最佳的结合点。政府所扮演的只是"中间人"的角色。瑞典在当今西方市场经济国家中，不仅工会组织最为强大，而且集体谈判方面堪称"国际样板"。工资问题是集体谈判内容中的永恒主题。值得注意的是，尽管不少西方市场经济国家在法律中都规定工会在集体谈判陷入僵局后有发动局部经济性罢工的权利，然而，各国工会对此往往都持非常谨慎的态度，绝不轻易行使。为避免劳资双方冲突加剧，瑞典工会还主动与雇主签订"工业和平协议"，以积极合作的姿态，与政府雇主加强协作，实现"双赢"的最终目的。集体协商，是保障劳资关系和谐发展的"安全阀"，是缓解劳资冲突以至社会冲突的"减压器"，是避免社会动荡的"消火栓"，其作用已被西方发达市场经济国家的实践证明。而在深圳富士康"×连跳"自杀事件的背后，我们却没有看到工会组织的作用，实在令人深思。如何建设一个功能完善、促进社会和谐的工会组织，是我们党和政府必须思考的新课题。

（五）城市规划建设管理的经验

城市规划建设管理最重要的理念是城市文明向农村辐射，城市基础设施建设向农村覆盖，城市公共服务向农村延伸，农村居民与城市居民共享现代文明成果。在瑞典看不到炒房投机的现象，住宅区合理分布在城市周围。反观我们的城市，现代化十足，却无力在短时期内足额反哺农村，呈扩大之势的城乡差距迫使越来越多的农民走进城市，人为地制造拥挤、污染的城市。

瑞典城市规划建设理念主要表现在以下七个方面：

一是注重城市的历史文化保护。瑞典具有悠久的历史，至今仍保存着大量不同历史时期的古建筑，这些古建筑是瑞典历史的缩影和文化的精华。欧洲人慎待历史建筑，对旧建筑物以维修为主，使它"延年益寿"，保持城市记忆，如维京（Viking，海盗）文化时期的建筑保存。

二是注重城市建设的使用成本，延长寿命。欧洲的房屋一般可保留百年以上甚至上千年。在欧洲，房屋里外均有保温层，门窗多为双层玻璃，房屋的热导系数仅相当于我国的20%～33%，隔热能力强，供热、降温效果好，节能效率较高。交通设施重在质量，规划长远，欧盟的高速公路少有维修，非常畅通，且使用寿命长。反观我国的高速公路则频频出现维修路段，建设成本与维修费用合计，最终的建设成本远远超过欧洲。

三是注重城市的地下管理建设。就地面建设而言，我国许多城市不比欧洲城市差，有的甚至更漂亮，如深圳、三亚、青岛等地；但地下基础设施建设在整体上相差甚远，表现为忽视地下基础设施的长远规划、地下管线无序纵横、承载能力问题日益突出、"开膛破肚"现象时有发生、雨污分流尚未实施等。

四是注重城市的绿地保护。在保护区范围内，凡是有绿地的地方，房地产开发商都不得开发占用，需保持地质原貌和绿地的完整，从而有效地保护了城市绿地。

五是建立了发达的道路交通网络。瑞典既注重机动车道建设，又注重非机动车道和人行道建设。公共交通非常完善，城市地铁纵横交错、四通八达、快捷而准时，保证郊区住宅区在步行十分钟内，可以到达公共交通站点；公交车、小火车、地铁、轮渡等公共交通车票实行"一卡通"，方便了市民出行。欧洲城市的道路多给予人、少让给车，道路安排的人性化和环保倾向突出。城市的步行道普遍铺垫防滑花岗岩，各主要大街的自行车专用道必不可少。而我国有些城市反其道而行，取消非机动车道，有的道路不分机动车和非机动车道。这是在交通压力较大情况下忽视人性化的一种体现，应给予纠正。

六是注重突发公共事件应对能力。在瑞典，笔者亲眼目睹一次交通事故的处理。事故发生后，警察很快就到达出事地点。十分钟后，救护的直升机也赶到现场，并迅速将伤员运送到最近的医院，使伤员得到及时的治疗。在直升机飞走后，警察迅速恢复交通秩序，前后不到半个小时。应对速度之快让人对比出国内的交通应急应对能力的滞后性。

七是注重城市生态环境保护。瑞典大气环境质量上乘、空气清新，居住环境优美，这都应归功于瑞典政府和国民长期重视绿化和环保的结果。城市绿化除皇家园林追求规整的构图、宏伟的气势外，一般不做刻意的雕琢，自然大方，不拘一格。城市中随处可见的绿地、草坪、树林配以情景雕塑、艺术雕塑和喷泉点缀，使城市生机勃勃，具有艺术欣赏的价值。瑞典境内河流、湖泊众多，城市规划中特别注意绿化与城市水系相结合，许多城市是生态花园，乡村成为城市花园的扩展和延伸。瑞典人强烈的环保意识为生态的保持与可持续发展提供了保障。

(六) 侧重民生、讲平等、保护弱势群体的经验

"平等、关心、合作和互助精神"是瑞典社会的核心价值。在瑞典社会中随处可见这种现象：议员和平民一起坐公交车上班；残疾人的停车位比普通人的停车位大，且设在离购物中心最方便的出入口；国民觉得公主下嫁平民是正常的事；等等。瑞典政府非常重视民生，关注弱势群体，其中一个重要职能就是要完成就业培训指导、教育、医疗、养老等领域的资源统一、公平分配。瑞典实行全民医疗保险、全民养老体系、全民免费教育、人人有房可居。早在19世纪中叶，瑞典就为弱势群体制定了《济贫法》、《工伤赔偿法》、《全民养老金法案》、《病假保险法》等，立法进步是社会保障体制的基石，为缓解劳工冲突和社会两极分化奠定了基础，保障了劳工更稳定的工作、更体面的生活。目前，瑞典失业率连续保持30年的稳定，从未超过3.5%，这在西方国家中也极为少见。

三、当前我国公共管理中急需解决的突出问题

党的十一届三中全会以来，我们党不断推进行政管理体制改革，在转变政府职能、优化政治组织结构、推进决策科学化民主化、加强依法行政、健全行政管理体制机制、推动反腐倡廉建设等方面取得了明显成效，积累了宝贵经验，政府职能得到很大转变，行政机构和人员得到优化精简。从总体上看，我国的行政管理体制基本适应经济社会发展的要求，有力地保障了改革开放和社会主义现代化建设事业的发展。但是，我们也必须清醒地看到，30多年的改革还存在一些深层次的问题没有完全解决：政府职能转变依然比较滞后，政策制定相对侧重于"治标"，社会管理、公共服务相对薄弱；涉及老百姓切身利益的问题还没有得到根本性的解决；尚未形成有效的权力制约结构，腐败问题还相当严重；等等。因此，当前在我国公共管理领域中应着重解决以下三个方面的问题。

（一）提高政府公共管理政策分析和制定的能力

当前，尽管实行了大部制，政府职能转变仍然相对滞后，政府部门之间权责交叉，遇事相互推诿扯皮，部门利益还比较突出。有的部门主导着政府公共政策制定过程，必然会导致公共政策扭曲、变异，政策制定的成本高、周期长、效率低、内耗严重，决策代表公众利益的价值取向大打折扣，最终会把部门利益凌驾于公众利益、国家利益之上。从公共管理理论角度上讲，政府行政

体系与市场体系成为控制社会、影响社会最大的两股力量。公共政策是政府的一种政治输出,任何政党、政府的管理理念、执政方略都是以各种公共政策的形式表现出来的。人们通过这些公共政策的优劣来判断、评估政府的绩效和能力,从而影响到政府管理的正当性和有效性。

2008年金融危机发生以来,如住房、贫富不均、社会保障等民生问题已摆在政府工作的重要议程上来,政府正面临着前所未有的挑战,制定科学的公共政策成为关键。

当前中国的房地产政策也遭遇一些专家的质疑,认为房地产市场与经济的增长模式存在问题,当前的经济是依靠房地产来实现GDP的增长。独立经济学家谢国忠曾提出:当前的楼市政策变化相当频繁,而抑制的对象也在不断调整。政府往往以处理"家庭纠纷"的态度来看待楼市的调整,哪一个孩子或者哪一个群体利益诉求更强烈,政府就会制定相应的倾斜政策,说明一些部门在住房政策分析和制定能力上可能存在一些问题。

例如,昆明市制定的《昆明市居住证管理规定(草案)》引发争议。该草案明确规定:"任何单位不得使用和聘用无居住证的流动人口。单位招用、聘用流动人口,应当对流动人口的居住证、婚育证明等有效证件进行登记";"若出租房主或用工单位违反相关规定的,公安机关将给予50元以上5000元以下的罚款"。对此,有专家认为,劳动是《宪法》赋予公民的权利,不以是否办理居住证为条件。《宪法》规定公民有居住和迁徙的自由,《劳动法》规定劳动者享有平等就业和选择职业的权利,《就业促进法》规定各级人民政府要创造公平就业的环境,消除就业歧视;农村劳动者进城就业享有与城镇劳动者平等的劳动权利,不得对农村劳动者进城就业设置歧视性限制。根据我国法律规定,该草案无权以未办理居住证为由剥夺任何中国公民在昆明租房、工作的权利。外地公民只要持居民身份证,在昆明遵纪守法地生活和工作,就应当受到法律地保护。该草案的这些限制,歧视了外地公民的合法权益,违反了《宪法》原则。

再有湖南"暴利药"事件也很说明问题。一盒出厂价15.50元的芦笋片,经过诸多环节卖到患者手中时,价格涨到了213元,利润近1300%。这一事件直接针对现行药品集中采购制度,很值得引起进一步的反思。政府投标报价指导价远高于企业出厂价,政府招标价又远高于药品零售价,这都明确无疑地反映出现行药品集中采购制度不仅未能很好地实现控制虚高药价等政策预设目标,反而进一步加剧了药品市场的混乱局面。药品集中采购制度被视为顺利推进医卫体制改革的重要保障。如今,该项制度在实际运作中却弊病丛生,走向了改革的反方向。这究竟是制度本身的原因,还是一个好制度却被现实利益所扭曲？不能不引起政府的重视。可见，提高政府的公共管理决策力非常重要，它影响到政府的效率和形象问题。

预见性的能力在制定政策中显得非常重要。就拿中国经济增长模式来讲，我们应该可以预见到它即将迎来的新的变化轨迹：出口和房地产曾经主导了中国过去的经济增长，但由于人力资源成本的急剧上升以及外部环境变化等因素，这样的增长具有不可持续性的特点。当以粗加工为主的出口和房地产拉动经济增长的双引擎都无法继续发动，"消费"将"一枝独秀"，在经济增长中扮演着重要角色。

（二）增强政府对社会财富公平分配的调控能力

目前，要消除体制性障碍，努力缩小贫富差距，建立符合中国国情的社会保障机制。收入分配问题不仅影响着人民群众共享改革成果，更事关社会稳定，已成为当前改革的焦点问题之一，整顿收入分配不公迫在眉睫。

国际上通常认为，基尼系数超过0.4，该国可能发生动乱；有些国际组织认为中国的基尼系数已超过0.5。可见当今我国社会贫富差距较大，已经超过相对合理值的上限。世界银行报告还显示，美国是5%的人口掌握了60%的财富，而中国则是1%的家庭掌握了全国41.4%的财富。中国的财富集中度甚至远远超过了美国，成为全球两极分化最严重的国家。严重的城乡差距和贫富差距是造成泰国现今政治动荡的主要根源之一。据统计，泰国60%的人口仅掌握25%的全国财富，这60%的人大部分集中在泰国东北部农村地区。泰国的问题值得我们重视和思考。

我国的收入分配表现出四大失衡：一是政府积累财富的比重越来越大而个人收入占比越来越小。据统计，在我国，"政府存款"项目下的资金额从1999年的1785亿元一路上升到2008年的16963.84亿元，猛增了8.5倍！二是财富越来越向少数人集中而工农大众收入偏低。从我国与发达国家小时工资水平比较看，中国大约是0.20美元，欧美国家是25～30美元。三是垄断行业收入远远高过社会平均收入。四是城乡收入差距不断拉大而农民消费严重不足。由于大多数农民收入低，加上缺少社会保障和医疗保险，消费能力被极度压抑。我国城乡人均收入差距之比已从改革开放初期的1.8∶1扩大到2007年的3.33∶1。

对此，我们应解决两个问题：一是应解决地区发展不平衡的问题。区域经济不平衡与实现共同富裕的社会主义本质特征相违背。"不患寡而患不均"是我国比较普遍的社会心态。就拿广东来说，作为一个只有17万平方公里的省份，居民承受"不均"的能力是有限的，区域差距过大，还可能激起一系列的矛盾,不利于社会稳定。地区发展不平衡,使得落后地区的经济发展空间狭小,市场日益萎缩,从而导致区域经济关系的扭曲,影响经济运行的效率,反过来也拖累了发达地区的经济发展速度。落后地区容易产生埋怨甚至抵触情绪,影响了这些地区的工作积极性。二是应消除体制方面的障碍,建立健全社会保障机制。我国社会保障体系的改革初见成效,养老保险保障、医疗保险保障、非农劳动者的工伤保障,以及面向乡村数千万贫困人口的最低生活保障制度等基本形成,老年人福利、残疾人福利等各项福利事业也有一定的发展,但距离广大人民群众的实际需求还相差甚远。由于管理体制方面的差异,人为地以户籍把人分成两个阶层(城镇和农村),造成我国现行的社会保障制度存在以下缺陷:规定的待遇水平较低、远未实现全覆盖、严重的城乡失衡、进城务工农民工及其家属的社保问题突出、对贫弱人群的发展权保障严重不足、对弱势人群的福利服务严重不足等。国家有关部门2010年的统计数据显示:全国抽样调查的10084个农村60岁以上老人样本中,不享受养老保险的占96.9%,享受养老保险的仅仅占3.1%。目前,全国城镇居民享受低保人数约2200万人,属于在低保标准很低的基础上制度覆盖的最困难人群。全国老龄人口已超过1.3亿人,其中农村老龄人口约9000万人,生活主要依靠子女供养。

因此,一个完整的社会保障制度,需要有一整套相互协调的管理机构进行管理、监督和执行。借助瑞典的经验,中央政府可对各社会保障项目的建设提出目标要求,由中央和地方社会保障部门对保障基金和分配进行有序的管理、监督和执行。此外,还应采取以下措施:①参照国际惯例,实行在职人员工资上升幅度与物价上升幅度相挂钩的原则,进行社会保障待遇的合理调整;②大幅度提高在职人员的最低工资水平,使其与低保拉开较大距离,增强就业对低保对象中有劳动能力者的吸引力,减少乃至避免"福利依赖"的弊端;③大幅提高职工收入个税起征点,取消低收入者的纳税,让富有者为社会平安提供补偿。

根治收入分配不公,必然涉及一系列权利和利益的重新调整和安排,包括建立人人等同的社会保障和创业、择业及就业机会等,涉及财政体制、就业制度、教育体制、医疗卫生体制等多方面的改革。只有不断深化经济和政治体制改革,消除束缚城乡协调发展的体制性障碍,才能从根本上缩小城乡差别,缓解收入分配不公的诸多社会问题。

(三) 提高反腐能力,完善内外部腐败控制机制

近年来,我国虽然不断加大反腐败的力度,采取了许多措施,如制定党内监督条例和党内纪律处分条例、对中央部委的纪检监察实行垂直管理、中央对

地方实行巡视制度等，但腐败现象仍然频频爆发，有些政府部门及其工作人员依法行政观念不强，执法违法现象屡见不鲜，权力滥用、权钱交易、官商勾结现象严重，形式主义、官僚主义、弄虚作假、奢侈浪费等问题仍然比较突出。正因为如此，中央领导非常清醒，胡锦涛同志在党的十七大报告中针对反腐败斗争进行论述："中国共产党的性质和宗旨，决定了党同各种消极腐败现象是水火不相容的。坚决惩治和有效预防腐败，关系人心向背和党的生死存亡，是党必须始终抓好的重大政治任务。全党同志一定要充分认识反腐败斗争的长期性、复杂性、艰巨性，把反腐倡廉建设放在更加突出的位置，旗帜鲜明地反对腐败。"与瑞典反腐方面的规定相比较，我国的反腐制度更多，而我国的大案、要案、窝案现象为何屡禁不止？为何会造成反腐制度的失效或失灵？主要原因之一就是对腐败态度的宽容造成的。比较两国对腐败的态度就可一目了然。

瑞典对官员财产进行公示被认为是无可非议、天经地义的事。瑞典政府或公共机构的书面公务资料、公函、财务报告等，只要不属于国家机密，都必须向公众和媒体开放。而任何一个瑞典公民都有权查阅任何官员、企业高层管理人员甚至王室成员的资产和纳税情况。在瑞典，不论政府更迭还是新官上任，均会被媒体或公众寻根究底；就是在职官员，如果被目击甚至被怀疑有什么不当行为，也要接受公开调查。瑞典政府高官与普通公务人员都必须按照法律规定，将购买房屋等大宗家庭资产的情况"广而告之"。他们在当地买房子时必须刊登公告，进行公示，包括房屋所在地点、交易时间、买卖双方的姓名、交易价格、房屋面积及修建情况等，以备当前或今后有兴趣了解购房者财产状况的人查询。

反观我国，官员对待财产公示的态度却大相径庭。某省一位政协官员就官员财产公示制度接受记者采访时反问记者："如果要公布，为什么不公布老百姓财产？那些企业老板的利润为什么不向工人公布？"这也反映了部分官员思想意识上还抵制官员财产公示制度。

瑞典人民对腐败的态度是"零容忍"。1995 年 10 月，时任瑞典副首相的萨林误用公务信用卡购买了几盒巧克力，就被一个瑞典记者一直追查到银行，并调出萨林的全部刷卡消费记录，有根有据地指责萨林"挪用公款"，迫使这位前程看好的年轻副首相引咎辞职。2006 年，瑞典首相新提名的几位大臣，因被邻居、家电销售商、记者等举报有偷漏雇主税、不缴纳电视费等行为，而先后递交辞呈。再看广东最近发生的一起腐败窝案中，相关部门对腐败的处理意见和态度：英德市原教育局局长窝案中，自首后涉嫌收受"劳务费"的校长有 98 名；同时，全市几乎所有中小学校长涉案。这些校长向检方交代，他们收受了校服供应商几千元到万余元的"劳务费",检方考虑数额不大,校长们也已悉数上交赃款,免予起诉,所以大部分涉案校长至今仍在职。办案人员认为查处了市教育局局长,再处分这些校长,学校还怎么准备中考、高考?认为这个案子更应强调社会效果。这充分体现了当前国人对腐败的"宽宏大量"。这就是我国和瑞典反腐态度的最大差别。

据瑞典前议会监察总长克劳兹·埃克伦德介绍,在瑞典,因受历史和文化的影响,腐败行为被认为是天理难容的事情。很少有人会幻想通过受贿来发财,因为那是不可能、也是非常羞耻的事情。如果一位官员被发现用权力做交易,那他将为此付出惨重的代价。因此,只有营造"零容忍"的社会氛围,构筑反腐内部管理机制,建立透明政府,推行官员个人财产公示制度、公共财政公开制度,同时,加大外部监督力度,实行网络问政、新闻媒体监督等制度,才能进一步让广大群众的监督更加有效,才能进一步构建高效、透明、有限和服务型政府,才能进一步抑制腐败问题的发生。

参考文献

[1](美)威廉·N. 邓恩. 公共政策分析导论[M]. 谢明,等译. 北京:中国人民大学出版社,2002.

[2](澳)欧文·E. 休斯. 公共管理导论[M]. 北京:中国人民大学出版社,2001.

[3]陈瑞莲. 区域公共管理理论与实践研究[M]. 北京:中国社会科学出版社,2008.

瑞典经验对完善我国公务员绩效考核制度的启示

张文雅

公务员绩效考核作为一项有效的管理措施,在公共行政中受到了广泛关注。绩效考核是提升公务员整体水平的重要一环,是公务员管理的一项重要基础性工作,在我国的公务员建设中有着重要的作用。然而,目前我国公务员绩效考核制度的不健全,严重影响了公务员队伍的健康发展,影响了公务员的执行力。本文针对我国的公务员绩效考核制度及其实施过程中存在的问题,借鉴瑞典公务员绩效考核制度推行的成功经验,提出了完善我国公务员绩效考核制度的基本思路。

一、公务员绩效考核的含义

所谓绩效考核,是指考评主体对照工作目标或绩效标准,采用科学的考评方法,评定员工的工作任务完成情况、员工的工作职责履行程度和员工的发展情况,并将评定结果反馈给员工的过程。

绩效考核是绩效管理的一个核心环节。在知识和信息全面发展的时代,在公共部门及其人员发展中,公务员绩效管理成为组织战略管理的重要组成部分。在战略管理的框架之下,对公务人员的绩效考核不仅为个人提供了其工作情况的反馈,而且也使得组织的目标更加清晰;同时,这种考核对公务员的能力和努力也作出了更准确的评价,因而也产生了更加有效的引导。

我国公务员绩效考核是机关公务员管理部门依照管理权限,根据《中华人民共和国公务员法》(以下简称《公务员法》)和《公务员考核规定(试行)》,对所属公务员的思想品德、工作成绩、工作能力、工作态度、廉洁状况等进行考察和评价,并以此作为调整公务员职务、级别、工资以及奖励、培训、辞退公务员的依据。

二、我国公务员绩效考核制度及其存在的问题

(一) 我国公务员绩效考核制度

1993年10月1日,《国家公务员暂行条例》施行,标志着我国公务员制度的正式确立,同时标志着我国现代公务员考核制度的全面建立和正式实施。随后,《国家公务员考核暂行规定》、《关于实施国家公务员考核制度有关问题的通知》、《关于实施国家公务员考核制度有关问题的补充通知》、《关于进一步加强国家公务员考核工作的意见》等综合性法规和政策指导性文件相继出台。2006年1月1日,《公务员法》施行;2007年1月4日,《公务员考核规定(试行)》施行。考核法规制度不断充实和完善,基本形成了比较系统完备的公务员绩效考核制度体系。然而,随着干部人事制度改革的不断深入,考核实施过程中存在的一些问题也逐渐凸显出来。

(二) 公务员绩效考核制度实施过程中存在的问题

1. 考核制度设计方面的问题

(1) 考核目的不清晰,激励功能缺失。一般认为,公务员绩效考核主要有四种功能:管理功能、激励功能、评价功能和监督功能。而激励功能被认为是整个人力资源管理工作的核心,它直接关系组织的生存与发展。任何一种无绩效任命和晋升都会使有能力的雇员产生受挫折感,对于那些惯以恩赐或裙带关系方式任命人员的组织而言,想把优秀人员吸引进来是很困难的。因此,无论在私营部门还是公共部门,激励功能的失效也意味着个人绩效考核工作的失败。当前我国公务员绩效考核工作的最大问题即激励功能的失效,主要表现为:其一,奖惩不明显,"干好干坏一个样、干与不干一个样"、"有福同享,有难同当"等现象仍然比较严重,致使组织内部缺乏活泼的竞争局面。其二,个人绩效等级与其对部门绩效的贡献率不对应。在绩效考核中,由于各种因素的作用,致使考核结果不能真实反映被考核者的组织贡献率是比较普遍的现象。这种状况很容易挫伤公务员的工作积极性。其三,人为因素左右考核。即考核结果缺乏权威性,容易受到领导意愿、人际关系等人为因素的干涉,不能确保考核结果的客观性。

(2) 考核指标模糊,难以量化。公务员绩效考核指标的设计是否科学合理,直接关系到考核的准确性和有效性。长期以来,我国的公务员绩效考核指标一直沿用了新中国成立初期的干部考核体系。《公务员法》对公务员的考核

是从"德、能、勤、绩、廉"五个维度进行的，但维度必须落实到具体的指标才有意义，否则，考核容易陷入"假、大、空"的困境。另外，我国的公务员队伍庞大，人数众多，职位种类繁多，职务层级复杂，如果不能对各个维度进行充分细化与具体化，以此适应各个层级的各类公务员，就会导致考核结果的粗糙、模糊。目前的公务员考核制度中规定的"德、能、勤、绩、廉"五项标准只是原则性的规定，绩效测评标准过于笼统，只有大的方面，没有把这五方面细化、量化。虽然有的部门出台了一些细则，但由于工作性质、工作特点差异大，部门之间、被考核者之间缺乏可比性，让考核者无所适从。例如，目前实施的年度考核民主测评，审计局局长、教育局局长使用相同的测评指标，显然不切合实际。过于笼统的考核标准往往导致了考核结果的失真，严重损伤了考核的公正性与有效性。

2. 考核具体实施方面的问题

（1）考核方式、方法单一化。《公务员法》第三十四条、第三十五条，以及《公务员考核规定（试行）》第五条都对公务员考核方式方法作出了规定。但是法律对考核方式、方法、手段等的规定简单、粗糙，而且没有反映出信息时代的特点。当前公务员平时考核形式不多，操作不够规范，有些单位自行制定一些平时考核方法，要么比较烦琐，难懂难记，加重负担，要么与年度考核相脱节，不能为其提供有效的依据，有的甚至根本就没有平时考核。公务员的平时情况无法得到客观反映，一定程度上助长了只要人缘好，干好干坏一个样、干与不干一个样的风气，抑制了公务员工作积极性的发挥。目前，我国的公务员考核还处于极低的水平上，对于计算机网络技术（如数据微机处理、信息网上传递、群众网上评议、结果网上公示）、数学模型处理数据等运用很少，甚至从未运用。有些单位采用群众无记名投票表决，这种方法看似公平，但政绩突出、平时却得罪人多的公务员的考核便大受影响，而一些工作平平、专攻人际关系的人却可能被评为优秀。公务员考核依然是公式化、概念化、简单化。

（2）考核程序基本流于形式。尽管《公务员考核规定（试行）》对考核程序有明确的规定，但基本上流于形式，很多部门单位都不能严格执行程序，通常的做法是被考核者在小组里进行简单的述职，然后全体员工对本组织内的每个成员进行打分，具体地说就是一个人在这个单位里一年的工作结果让全单位的人凭良心去打分。有些单位为了简化手续，就简单地让全单位的员工直接"打钩"选择被考核者的等次。这种单向考核模式很容易造成评估的不公正和腐败滋生，甚至发生打击报复的现象。一些单位为减少单位内部矛盾，以一团和气代替竞争，"轮流坐庄"，大家平分秋色或利益均沾，考核程序形同虚设。

3. 考核沟通反馈机制方面的问题

（1）考核主体与被考核者之间缺乏沟通机制，评估信息不对称。绩效考核是一种双向的交流活动，考核主体与被考核者应当建立一种刚性的沟通机制，保持评估信息的对称，才能保证考核的公正性和可信度。但目前我国许多政府部门对公务员的绩效评估通常是在不公开、不沟通的情况下进行的，造成考核主体与被考核者之间信息不对称，往往是凭个人感觉乃至私人感情去评价别人，造成考核结果严重失真。

（2）考核的反馈作用不明显，结果兑现难。公务员考核的激励功能就体现在通过考核确定等次，然后根据工作成绩大小、好坏，有赏有罚，有升有降，并且将这种赏罚升降同物质利益联系起来。但我国公务员考核在兑现环节上缺乏力度，对优秀公务员的奖励力度不够；同时，考核与晋升、培训等环节脱钩现象比较普遍，对不称职公务员的处理也比较难。

公务员绩效考核中存在的种种问题不仅会直接挫伤广大公务员的积极性，而且由于考核不公平，会给公务员制度本身带来一定破坏作用。用这种考核结果作为公务员升降的依据，则难以选出优秀人才；以此作为公务员奖惩的依据，则奖优罚劣、奖勤罚懒的目标难以实现；同时，不公平的考核掩盖了政府机关管理制度上的漏洞，也不能帮助公务员了解自己工作中的缺陷和不足并及时加以改进和补救，更不能鼓励公务员之间相互比较、公平竞争以提高工作效率。所有这些，都无益于公务员制度作用的发挥。如果任其发展，不仅公务员制度本身的权威性会受到损害，而且党和政府的形象也会受到影响。

三、瑞典公务员绩效考核制度特点及其可借鉴之处

（一）瑞典公务员的概况

瑞典政府采取分级管理方式，共有三级政府，即中央政府、地区政府和市政府。各级政府各负其责、各为其政，协同配合。共有21个地区政府和289个市政府。公务员有157万余人，其中，中央政府公务员24万余人，地区政府公务员36万余人，市级即地方政府公务员96万余人。中央政府、地区政府和市政府这三级政府公务员的比例为1∶1.5∶4，公务员大约占瑞典整个劳工市场的39%。

瑞典公务员的范围非常广泛，大学教师和医生都被划定在公务员范畴之内。瑞典在法规和管理制度方面相对简化，公务员法、公务员管理办法等法律文件相对较少，管理风格上体现出一种权力下放的态势。这种较少的制度约

束，提高了人员的积极性、主动性和创造性。瑞典公务员的管理具有科学、民主、公开、尊重、务实等特点。

（二）瑞典公务员绩效考核制度的特点

瑞典公务员绩效考核是整个公务员管理链条的中心环节，考核结果直接决定着公务员的薪酬、任用、培训、流动等，甚至最后决定组织的整体绩效。瑞典公务员绩效考核呈现以下特点。

1. 公务员考核目的性强

瑞典公务员的考核一般有定期评估、实习公务员评估、出现空缺职位进行选拔的临时评估，以及更换岗位等特殊情况下进行的中期评估。通过这几类考核主要达到以下四个方面的目的：一是了解公务员的工作表现，作为公务员晋级和增加工资的依据；二是了解公务员的现实能力和潜在的能力，作为任用公务员的依据；三是使公务员明了自身不足，促使其主动克服；四是与培训培养、职位调动有机结合，在了解公务员专业和技能方面的优势和弱点的基础上，正确制定和实施公务员培训计划，提高公务员的业务素质。

2. 公务员考核主体呈现多元性

瑞典公务员考核的主体主要来自三个方面：一是来自上级主管的考核。瑞典公务员考核主要采取主管负责制的考核管理体制，即由部门主管对其下属公务员进行考核和公务员自评方式进行。各个层级之间采用分层管理、逐级负责的方式对整个组织负责。政府人事部门则负责考核工作的政策的制定。二是来自社会公众的考核。政府会在每个考核周期向社会公众发放系列问卷对公务员的业绩进行评估，作为绩效考核的主要依据。三是来自专业考核公司的考核。为了保证考核的科学、公正，针对某些特殊的、重要的岗位，也会借助于社会上专业的考核公司对公务员进行考核。

3. 公务员考核内容丰富

瑞典公务员考核的内容主要为业绩考核和综合能力评估两项。通常情况下，业绩考核主要包括工作态度、责任心、工作效果和质量、工作方法、专业知识、合作能力等，主要评估其是否胜任工作；综合能力评估主要包括理解能力、思维判断能力、决策实施能力、谈判技巧、创造性工作能力、沟通交流能力、对工作压力的承受能力、学习能力等，主要评估其发展潜力和方向。

4. 公务员考核程序简单

瑞典公务员考核程序非常简单，每年年初由主管和公务员之间制定工作目标说明书，中间进行不定期的沟通，年底进行一次正式的谈话，综合社会公众评价得出考核结果，考核结果直接与薪酬挂钩。同时，根据考核结果决定下一年计划，以及针对发现的胜任力弱的部分进行及时的、有针对性的培训。

5. 公务员考核反馈作用明显

瑞典公务员的考核工作，既为公务员管理决策提供客观依据，又能促进公务员自我改进。考核结果直接体现在雇员工资的增加与否上，直接决定是否继续聘用、是否晋升以及采取什么样的有针对性的培训。

6. 公务员考核理念成熟

瑞典公务员考核的具体方法体现了瑞典公务员考核的基本理念：一是体现了以人为本的考核理念。瑞典政府尊重公务员，重视公务员的人性需求、身体健康、幸福指数等，真正体现了以人为本。二是体现了和谐的理念。瑞典非常重视公务员的合作精神，重视上级主管和公务员之间的沟通、交流、协调，体现和谐的理念。三是体现了效率的理念。瑞典公务员考核非常重视效率，一方面重视降低考核成本支出，另一方面强调提高考核绩效，以较低的成本获得较大的回报，具有效率理念。四是体现了民主的理念。从整个社会的角度看，瑞典公务员考核非常重视社会公众的评价，反映了其全面民主理念。

（三）瑞典公务员绩效考核的可借鉴之处

1. 考核制度设计的改进空间大

瑞典公务员考核目标制定得具体而细致。在每年年初，上级和公务员经过讨论制定详细的书面的工作任务书，明确做哪些工作、达到如何的目标，具体而细致的目标就是考核的依据。下达的任务书直接对人，据此进行考核、决定工资等，具有非常强的针对性和有效性。考核表上的内容都非常实际、可测，上级通过与公务员面对面的沟通、交流，指导作用非常大。

2. 考核具体实施过程中的注重沟通与以人为本

瑞典公务员考核注重沟通，主要是公务员与其上级之间一对一的沟通。除了年底一次重要正规的考核，一年当中有不定期的谈话和交流。交流的内容一是涉及工作，二是涉及个人的心理健康。通过上下级谈话，上级可指出下属应该学习补充的知识，并建议下属选择相应的培训学习。同时，公务员也可以结合自身实际提出培训需求。

公务员考核的目的不是选出最优或最差员工，而是以人为本地考核员工是否适合这个岗位，需不需要换岗，缺哪方面的技能，可以通过什么样的培训补缺。考核等次没有百分比控制（优秀百分比），但直接与工资挂钩。

3. 考核反馈机制的强大作用

一是瑞典公务员考核非常重视考核结果的反馈，以促进公务员自身智识的提升，以及作为加薪升职的依据。

二是注重社会公众的评价机制。瑞典公务员绩效考核唯一的量化评价指标就是社会评议。瑞典公务员虽无量化的内部考核指标体系，却有着丰富的对服务对象的调查反馈表，反映公务员在工作中的不足并及时矫正。

由此可见，瑞典公务员的绩效考核制度中的亮点，符合我国现阶段提倡的科学发展观及以人为本、和谐发展的理念，应当大力借鉴并用以完善我国现行的公务员绩效考核制度。

四、完善我国公务员绩效考核制度的基本思路

综上所述，不难总结出完善我国公务员绩效考核制度的一些思路，以此提高公务员管理水平与效率。

（一）制定科学、有效、详细的公务员考核标准

制定考核标准是公务员考核工作的评价依据，绩效考核指标的设计是否科学合理，直接关系到考核的准确性和有效性。

要建立标准化的绩效考核指标体系。首先，要在工作分析的基础上设立指标。对每个机构的职位先进行工作分析，明确每个职位的具体职责，然后结合该部门的战略目标和所属的系统设置指标。其次，要增强现行考核标准的针对性，考核内容要和岗位职责一致。对不同级别的公务员的要求不尽相同，如果根据职务性质和业务要求，将对公务员的考核与不同岗位责任制和目标责任制相结合，依层次的不同而有所侧重，就能够使考核标准具有较强的针对性，增强考核的可操作性。再次，要建立定量分析和定性分析相结合的绩效评估体系。不能局限于德、能、勤、绩、廉等大致方面的考核，而应制定考核测评表，细化为许多小的方面，成为可量化的指标。绩效指标的设立应实事求是，能予以量化的均用数量化表示，不能的则采用描述表示。例如，文秘的工作能力就该包括打字速度及正确率，接电话的能力，整理资料、处理文件、起草文稿的能力，等等。最后，考核指标的制定应由考核专家和考核对象共同参与完成。考核专家应充分听取考核对象的意见，在正式确定考核标准之前，尽量争取他们的同意。只有这样，制定出的考核指标才有针对性和可操作性，也更易为考核对象所认同，使之自觉接受考评。

（二）全方位立体考核公务员

科学的考核方法是客观、公正、全面、准确地考核公务员的重要手段。要使考核做到科学有效，必须在思想上重视考核作用，应严格遵守考核程序，多

角度、全方位综合考核。首先要分类考核，即由组织人事部门具体负责，按公务员的职务和级别分类进行考核。其次要建立目标考核和电子考核，使公务员考核工作不断规范化、科学化、现代化。随着社会的飞速发展，办公室自动化、电子政务、计算机数据处理等现代化方法、手段被大量引入政府的日常工作与管理中，这不仅有效地提高了政府的工作效率，同时改变了政府与社会的沟通方式，因而这些科学技术也应充分运用于对公务员的考核。最后要建立立体考核机制，即应当不断拓宽考核领域，采取全方位的立体考核方法，重点考核公务员的工作圈，对公务员的生活圈、社交圈、娱乐圈等也应有所涉及，从8小时内考核延伸到8小时之外，从不同角度和侧面对公务员的德才表现进行全面了解，作出客观评价，保证公务员考核结果的全面性和真实性。

（三）健全考核流程，重视考核结果的反馈环节

公务员绩效评估是一种专业性较强的管理活动，只有设计出科学合理的评估程序才能保证评估结果的公正性和可信度。我国现行公务员评估方式一般采用自上而下的评估模式，这一过程并没有进行评估人与被评估人之间的有效沟通，被评估人仅仅作为一个被动的客体接受评估主体的单向评价。

应该制定严格的考核程序，尤其应该强调面谈。在被考核者的上级部门负责人最终决定考核等次之前，应该由考核者与被考核者进行考核后面谈，将考核的初步结果反馈给公务员，指出工作中存在的问题，讨论改进的方法，同时应该允许被考核者对考核结果提出异议，并可向考核者的上级提出复议和申诉。通过反馈面谈，可以指出问题、总结经验，有利于改进公务员的工作，进而提高行政组织的绩效。

（四）确保考核结果落到实处，充分发挥其激励性

公务员考核结果的使用是整个考核工作的终极目的和发挥考核作用的主体环节。从根本上讲，考核是为了使用。如果考核仅仅是作出评价，不能兑现结果，不能成为合理使用公务员的一种手段，考核也就失去了激励性和导向性。对表现出众的公务员应给予相应的奖励，如晋升职务、提升工资等，还可以参考一些企业的做法，选送优秀的人员去参加培训；对表现一般、工作能力一般的公务员，应如实给予考核评价，必要时将其送到职业培训中心进行相应岗位的培训；对不称职的公务员，应敢于动真格，给予减少工资、降级甚至辞退的处罚。这样才能真正发挥公务员考核的力量。《公务员处分条例》将惩罚分为警告、记过、记大过、降级、撤职、开除六个等次，并规定了明确的受罚时间。公务员的考核结果可以与之相联系，对不称职的公务员视其情节轻重，给

予相应等级的处分。

（五）建立社会公众评价机制

为突出我国建立服务型政府的目标，一切工作以人民满意作为出发点和落脚点，因此，我国公务员绩效考核指标体系中应加入社会评议的内容，并且逐步加大这一权重，尤其是针对一线基层公务员。社会公众的评价直接反映了公务员的工作绩效，直接影响社会和谐。具体做法一是把评估重点放在直接服务对象的满意度上，二是通过专门力量直接和间接地收集民众的反映。

（六）坚持"以人为本"的考核理念

考核要真正成为一种先进的、代表未来发展趋势的现代考核制度，除了要求管理的科学性、规范性外，还需要在考核过程中坚持以人为本的理念，实行人性化的考核管理。考核并不是最终目的，只是挖掘个人潜能、提高工作效率的一种手段。只有始终坚持以人为本，充分关注每一个考核对象的价值与差异，理解、信任考核对象，并积极主动地做好考核过程中的沟通与交流工作，才能最大限度地发挥考核在改进我国公务员考核制度中的重要作用。

目前，我国正处在加快转变经济发展方式，推动科学发展和深化行政体制改革的关键阶段，公务员绩效考核工作也必然会面临更多的新情况、新问题。因此，只有不断完善公务员绩效考核制度，坚持与时俱进，才能把我国公务员绩效考核工作推上一个新的台阶。

参考文献

[1] 林金奕，徐晓丹. 对完善中国公务员考核制度的探讨 [J]. 海峡科学，2007 (11).

[2] 许冰凌. 浅析我国公务员考核评价机制面临的主要问题及对策 [J]. 商情，2009 (4).

加强公务员队伍建设　构建社会主义和谐社会

刘泽鹏

党的十六大以来,以胡锦涛同志为核心的中央领导集体鲜明地提出并不断深化构建社会主义和谐社会理论,构建社会主义和谐社会是我们党从中国特色社会主义事业总体布局和全面建设小康社会全局出发提出的重大战略任务,反映了建设富强民主文明和谐的社会主义现代化国家的内在要求。当前,我国仍处于从计划经济体制向社会主义市场经济体制转型时期,社会经济各个方面发生着深刻变革,社会矛盾大量存在且部分呈现出进一步激化的趋势,严重影响社会主义和谐社会构建。我们知道,构建社会主义和谐社会是一项艰巨的系统工程,需要多方面的努力,其中,加强公务员队伍建设就是一项特别重要的工作。通过参加第四期广东省公务员公共管理瑞典专题研究班培训学习,特别是在瑞典学习期间,亲自见闻瑞典在建设福利国家方面尤其是在加强公务员建设方面的经验做法,笔者深受启发。本文从构建社会主义和谐社会中加强公务员队伍建设的意义、当前我国公务员队伍建设的主要问题及社会的主要问题、加强公务员队伍建设的对策等三个方面进行探讨,希望对社会发展有一定意义。

一、构建社会主义和谐社会中加强公务员队伍建设的意义

胡锦涛总书记在中共中央举办的省部级主要领导干部提高构建社会主义和谐社会能力专题研讨会上的讲话中指出:"我们所要建设的社会主义和谐社会,应该是民主法治、公平正义、诚信友爱、充满活力、安定有序、人与自然和谐相处的社会。"这是对社会主义和谐社会内涵的深刻概括,也是对社会主义和谐社会特征的科学解释,同时,这六个方面也是和谐社会对公务员素质要求的突出表现和集中反映。其中,民主法治是社会政治文明的核心要求,在民主和法治的关系中,人民当家作主是社会主义政治的本质要求,二者共同表达了"人民主体论"的政治价值观,体现了公务员要时刻具备为人民服务的理念。公平正义是一个社会的道德主题,要求公务员要妥善解决人民内部矛盾,保证人民的收入分配公平、机会公平以及制定的社会规则和机制公平。诚信友

爱是公务员的基本道德规范，要求公务员必须用自身的政治道德理想、信念和行为，来激励人与人之间形成诚信友爱的氛围。充满活力是指公务员要尽力创造充满活力的和谐氛围，使人民能够各尽所能、各得其所。安定有序是指公务员不仅要制定有序的规则，而且在行政活动中也要尽力保持相对稳定的秩序。人与自然和谐相处就具有更为广泛的道德内涵，公务员也要更加追求和实现这一特征。人是最活跃、最革命的因素这个特性决定了公务员是构建社会主义和谐社会的主体，它直接影响着政府行政管理职能的发挥，影响着政府提供公共服务、公共物品的能力。所以，公务员素质如何，对于构建和谐社会具有极其重要的作用。公务员队伍建设得好，将有利于促进和谐社会的建设；反之，将阻碍和谐社会的建设。

二、当前我国公务员队伍建设及社会的主要问题

改革开放以来，尤其是我国实行公务员制度以来，我国公务员队伍建设取得了长足进步，整体素质不断提高，年龄结构、学历结构趋向合理，管理体制机制不断完善。但是，与构建和谐社会的要求相比，我国公务员队伍建设还存在不少问题。

（一）服务意识不强，作风建设有待加强

随着国内外政治、经济形势的不断变化，政府管理工作的对象、范围和方式发生了深刻变化，但不少公务员的思想观念仍停滞不前，习惯于过去计划经济条件下的工作方式和行为方式，部分公务员的精神状态和工作作风仍存在着形式主义、安于现状、不思进取、追求安逸、创新意识不够等问题，有法不依、执法不严、服务意识不强等现象仍较严重，影响了政府在人民群众中的形象和威望。

（二）公务员的能力水平不能很好适应新形势的需要

从整体上看，目前公务员的学历水平比以前有了很大的提高。特别是公务员制度推行之后，由于向社会公开招录公务员工作的深入开展，越来越多较高学历的人才进入公务员队伍，使公务员队伍的年龄结构、学历结构都有了较大的改善。截至2002年年底，我国近500万名公务员中，大专以上人员占总数的比例已经上升到69%，比1993年的32%提高了近37个百分点；近年来，大专以上学历的公务员占公务员总数的比例更是呈现逐年提高的趋势。但我们应该清楚认识到，在公务员队伍中，有很大比例的公务员是通过在职进修取得

电大、党校或其他各类形式的大专以上学历,与通过全日制教育取得的学历还是有一定差别的。我国加入WTO之后,国际、国内环境更加复杂,需要更多适应经济全球化的各类人才来驾驭复杂的局面,但目前这类人才还相当缺乏,特别是在市级(含市级)以下的公务员队伍中问题更加突出。

(三)公务员管理制度有待完善,队伍缺乏活力

目前在公务员管理制度中还存在不少问题:一是公务员的激励机制还未较好建立,如在公务员考核方面,由于未能使考核各项指标量化(事实上量化工作目前也很难实现),不少地方的考核工作流于形式,工作表现各方面比较突出的往往评不了优秀,而人缘好但工作表现一般的却常被评为优秀。与此同时,被评定为基本称职或不称职的人员比例少得脱离现实,除非是人缘特别差或发生违纪违法行为等原因才可能被评上。据统计,1996—2003年8年间,共有19374名不合格(不称职)公务员被辞退,全国公务员年辞退率约为0.05%。可以说,考核工作未能很好地发挥应有的激励和惩诫作用,一定程度上造成公务员出口不畅,使"干好干坏一个样"的观念仍在队伍内部广泛存在,影响了公务员队伍的建设。二是公务员的流动性较弱且缺乏计划。目前公务员流动主要是组织部门任命后的工作调动,以及不同地区部门之间公务员所谓工作需要的调动,等等,同一部门上下级之间的公务员真正因工作需要而有计划地流动的却不多,特别是上级部门从下级部门选调优秀公务员这种情况更少。这样就造成了上级机关缺少有丰富基层工作经验的公务员,同时又不利于调动基层公务员的工作积极性,对上级机关的政策制定水平和基层机关的执行效果都有很大的影响。

正是由于我国公务员队伍建设还存在上述诸多问题,改革开放以来,虽然我国社会经济发展取得了举世瞩目的成就,但社会经济各领域还有很多影响社会和谐稳定的问题。例如,在就业方面,农民工、下岗职工、大学生的就业问题就很严峻;在医疗卫生方面,群众对看病难、看病贵等问题意见很大;在住房方面,房价居高不下,城乡居民背上沉重的负担,不少人沦为"房奴",群众的不满情绪很高,生活幸福感较差;在安全生产方面,食品药品安全问题接二连三出现,矿难事件也时而发生;在生态环境方面,资源枯竭、环境恶化的趋势还没有得到完全遏制,城乡发展不平衡、区域发展不平衡,行业收入分配严重不均;治安方面,一些地方社会治安不稳定甚至个别地方黑恶势力横行,一些领域的腐败现象特别是官场腐败仍然比较严重;等等。这些问题都是社会不和谐的表现,是建设和谐社会的绊脚石,必须得到根本性的解决;否则,建设社会主义和谐社会将不可能实现。

深化广东的改革开放：瑞典经验借鉴

三、加强公务员队伍建设的对策

在本次学习中，笔者了解到：瑞典是一个900多万人口、面积约45万平方公里的"小"国家，但在经济社会发展、政府廉洁行政、科学技术创新、信息化建设等许多方面都走在国际前列，社会富有，人民和谐共处。瑞典这些成绩的取得，与其有效的公务员能力建设密不可分。这个事实也证明，建设社会主义和谐社会不是凭空臆想，而是可以实现的，我们应该学习借鉴国外成功的有关经验。针对目前我国的实际，笔者认为应着重抓好以下几方面工作。

（一）抓好公务员学习培训工作，建设学习型公务员队伍

随着经济社会的发展，公务员的素质必须及时得到提高，才能适应工作的需要。因此，必须制定科学的培训规划，有计划、有针对性地对公务员进行全员培训，让公务员了解新形势下各类须知须会的知识，开拓全体公务员的视野，扩大公务员的知识面；同时，各系统各部门必须加强公务员的专门业务培训，使公务员及时更新业务知识，提高业务能力水平。在此基础上，还要积极创造条件鼓励公务员进行自学或参加在职进修，如一些地方对在职进修并取得符合规定条件的国家承认的高一级学历证书的公务员给予报销学费等优惠措施。实践证明，这种长期自觉学习的方法对提高公务员业务素质水平其实最经济实用，也最有效，是建设学习型公务员队伍的根本。有条件的地方还应该选派级别较高的优秀公务员参加时间较长的全脱产培训，培养储备各类人才。如广东省开展的广东省公务员研究班等高研班，就是在省委的高度重视下的省政府人才培养战略的实施结果。其表现为有选择性地与一些国家建立公务员培训交流基地，一方面，通过交流加强公务员对国外的了解，开拓视野，学习借鉴外国的先进经验或吸取教训；另一方面，增进彼此之间的友谊。这对于提升公务员的领导决策能力和管理水平效果明显、意义深远，今后更要进一步加强、推广，使更多符合条件的公务员能从中获益。

（二）加强公务员交流，保持公务员队伍的健康活力

公务员交流是保持和加强公务员队伍活力的一项重要工作，只有让公务员队伍实行有计划的有序流动，才能保持队伍的健康活力。目前，除了正常的公务员流动，尤其要重视有计划地加强同一部门上下级公务员间的流动，使上级部门在某一时点上能保持一定数量且比例合理的、有丰富基层工作经验的公务员，而不是通过招录高校毕业生或调入对开展工作没有较大作用的公务员等方

式补充人员，这样才有利于更好地掌握下级的情况，以提高政策的制定水平，保证工作的高效率、高质量。此外，应该重视在同一单位任职时间较长的领导干部的交流。因为领导干部在一个部门呆久了，往往容易产生倦怠情绪，工作积极性、创造性不强。甚至有的领导干部为了一己私利，在单位内部搞小集团、小派别，产生互相勾结、包庇的恶劣现象，挫伤一大批勤岗敬业的同志的工作积极性，也将一批意志不坚定的同志拉下水，这是官场腐败现象不容忽视的一个因素。这种现象目前已不少见，严重地影响了机关工作的正常开展。因此，对这样的领导干部应及时给予调离或惩处，以保证公务员队伍的健康。

（三）抓好干部晋升特别是领导干部选拔任用工作

当前世界上经济发达国家一般都有一套比较完善的制度来确保政权的顺利交接，国家社会经济的发展一般不会因为某个当权者的轮换而发生混乱或衰退。但从我国目前的国情和体制看，很长一段时间内，中国的繁荣稳定对一个强有力的精英政府有更迫切的要求，即要求各级政府机构的主要领导干部个人能力强，有大局观念，能加强团结，因为只有这样，才能确保政局稳定，进而促进经济发展。因此，抓好干部晋升特别是领导干部选拔任用工作显得尤为重要，这是一件关系公务员队伍建设、关系党和政府生死存亡的大事。一直以来，我国非常重视这项工作，不断出台选拔任用领导干部的新制度、新办法。但在国民整体素质不高、社会风气未能根本性好转的情况下，制度、办法本身的不健全让某些人有空可钻，买官卖官的事不时见诸媒介，个别地方甚至严重到需要对政府部门进行大清洗，老百姓对此深恶痛绝，也令公务员队伍中的正直人士扼腕叹息，在公务员队伍中和社会上造成极坏的影响。因此，除了要不断完善更具可操作性的制度，使有关制度不致沦为摆设外，关键是要把好被选拔者的素质关，才能选好用好干部。一是保证被提拔干部的基本素质。可进行全省或某个地区性的资格考试，考试合格的才具备被提拔的资格，确保其具备提拔到某个级别的基本素质。二是尽量通过公开公平的竞争选拔干部，但应尽量减少人为因素的影响。如在笔试前须对参试者先进行资格认定或经群众评议确定进入笔试的资格，再以笔试成绩确定被选拔对象。三是可由各单位党组决定推荐拟提拔人选，人选须按资历条件高低顺序选定，且最好不搞差额，避免竞争者之间的恶性竞争，并因此造成单位内部出现小集团、小派别，不利于公务员队伍的稳定和团结。

（四）高度重视制度建设，为公务员队伍保驾护航

制度是管人管事的根本保证，好的制度将能大大减少人力、物力、财力消

耗，提高工作效率；相反，不完善的制度不仅不利于管人管事，而且往往是使人走上违法违纪道路的诱因。因此，加强公务员队伍建设，必须把制度建设放在突出的位置上来抓，把制度建立健全起来。但目前，不少地方、不少部门在制度建设工作上存在如下不良现象：一是领导对制度建设的重视停留在口头上，往往制定制度的人员或机构平时得不到单位领导的真正重视，影响对制度制定的积极性、自豪感和使命感；二是制度的出台不够严谨认真，不少是今天决定要制定某制度，就要求尽快制定出来，没有深思熟虑，也没广泛征求意见，便仓促出台；三是有的部门在制定制度时，不是考虑国家或集体的利益，而是考虑部门或个人的利益，故意在制定制度时预留利益通道，为日后违法违纪提供方便或退路。因为上述因素的存在，使我国好的制度数量不多，影响了行政管理的效能。这种情况必须引起高度重视，特别是各级领导干部应从自身做起，起模范带头作用，认真做好制度建设有关工作，以确保各项制度实事求是，有较强的操作性，能经得住推敲，真正在社会经济管理中发挥应有作用。

（五）加强公务员的法律学习和警示教育，提高依法行政的自觉性

公务员是依法行政的践行者，其法律素质的高低，直接影响着政府的法治建设，影响着社会文明发展的程度。提高公务员的法律素质，直接关系公务员能否恪尽职守、廉洁奉公、依法执政、执政为民，关系党和政府的威信。但目前，我们的工作不少还停留在浅层面，比较形式化，法制宣传教育缺乏深度力度，法律学习的约束力不强，这是造成部分公务员有法不依、执法不严乃至以身试法的重要原因。因此，我们必须系统全面地加强法律知识学习，使公务员法律学习经常化、制度化，有效改变重经济理论业务知识的学习、轻法律知识的学习，重文化素质的提高、轻法律素质的提高的局面。

一是加强全体公务员应知应懂的法律知识学习，同时结合本系统本部门的实际，深入学习专业法律知识。二是加强考核，确保学习效果。通过把法律知识学习列入公务员录用考试、资格考试以及初任培训、任职培训和更新知识培训、职务晋升的重要内容，并通过笔试等方式进行考核。对考核不通过的，应限其在某一时间补习，再次进行考核，考核仍不通过的应采取不予提拔或降级降职等相应处理，以改变其法律学习的随意性，提高其学习的自觉性和效果。三是加强警示教育。如采取观看警示教育片、学习反面典型人物的教育材料等方式，时刻加强对公务员队伍的警示教育，提醒公务员必须依法行政、干净干事。同时，从政府官员腐败的例子中我们可以看到，不少是由于官员家属的原因导致官员腐败。因此，对公务员特别是领导干部的家属也应抓好警示教育工作，使他们成为官员廉洁的保护者、监督者，而不是官员腐败的诱导者。四是

加大社会宣传力度。导致官员腐败的原因很多，除了个人、家属外，还有其他社会因素，因此，要发挥政府新闻媒介的作用，普及国民的法律知识，积极宣传正反两方面的典型案例，宣传违法违纪的危害性，在全社会营造人人遵纪守法、个个懂法学法的良好氛围，从根源上减少甚至铲除违法犯罪的土壤。只要上述各项措施落到实处，就能有效促进公务员队伍法律素质的提高，从而建立一支恪尽职守、廉洁奉公的公务员队伍。

（六）充分发挥监督作用，促进阳光政务建设

在瑞典，官员都是透明的"水晶人"。在近年来的透明国际清廉指数排行榜上，瑞典一直名列前茅，被誉为世界上最廉洁的国家之一。之所以会如此，除了历史、文化、管理等一般因素外，在制度方面比较突出的有以下两点：一是信息公开制度。早在1766年，瑞典议会就通过了一项法律，其中最主要的条款就是"公开所有非涉密的公共文件"，瑞典因此成为世界上第一个执行政务公开的国家。目前，瑞典政府或公共机构的书面公务资料、公函、财务报告等，只要不属于国家机密，都必须向公众和媒体开放。任何一个瑞典公民都有权查阅任何官员、企业高层管理人员甚至王室成员的资产和纳税情况。为了限制政府对信息的自由裁量权，瑞典还专门制定了《保密法》，极为详细地列举了哪些信息属于国家机密、哪些信息可以公开，这就避免了相关部门以国家安全为由，有意隐瞒非涉密信息。二是监察专员制度。监察专员是一种公共官员，由议会任命，任何公民都可以向监察专员写信，就公共部门带来的麻烦提出意见。这样的制度设计将全民参与、他律与自律有机结合起来，形成有效的制约机制。

这些措施是瑞典政府廉洁奉公的保证，值得我们借鉴。孟德斯鸠曾说，人一旦有了权力，就会滥用权力；为了防止滥用权力，只能用权力制约权力。没有监督的权力必然产生腐败。当前，我国也在积极推行政务公开、领导干部个人财产申报制度等工作，取得了一定的成效，但有的工作还没有得到很好的落实，其中一个重要环节就是没有充分发挥监督的作用。其实，要建设阳光政务、廉洁政府，就是要管好公务员的行为，要让公务员成为"透明人"。最好的办法就是除了让职能部门监督之外，充分发挥社会的监督作用，特别是发挥新闻媒体的监督作用，鼓励他们依法将公务员的日常工作生活置于监督之中，对公务员施加一定的心理压力，促使公务员不敢乱干事、乱说话，有效规范公务员的言行举止，确保公务员廉洁自律、干净干事。

参考文献

[1] 傅兴国, 吴文武, 张仁峰. 瑞典公务员能力建设及启示 [J]. 中国人才, 2007 (17).

[2] 四川规定公务员考核基本称职须离岗培训 [N]. 华西都市报, 2008-12-05.

第二部分　公共部门发展的探索与启示

从"瑞典模式"谈地方公共财政建设

詹文光

至 20 世纪 70 年代，瑞典经济社会发展已取得举世瞩目的成就，人均国民生产总值达到世界一流水平，成功开创的"瑞典模式"也因此闻名于世，成为欧洲福利国家的楷模。在此过程中，瑞典科学地处理好经济增长和社会发展的关系，使本国在经济高速发展的同时，社会建设也取得非凡成就。当前，广东省正处于深入贯彻落实科学发展观，加快转型升级，建设幸福广东的重要时期，学习"瑞典模式"对于探索促进广东省地方经济社会协调发展的有效途径，不断完善公共财政体系有着十分重要的借鉴意义。基于此，本文着重结合"瑞典模式"的内涵、经验进行阐述，并对广东省地方公共财政建设提出一些粗浅的建议。

一、"瑞典模式"的基本内涵

瑞典位于北欧斯堪的纳维亚半岛东南部，面积约 45 万平方公里，人口 929 万（2009 年统计数据）。经过近 200 年的和平发展，瑞典已经成为一个物质文明和精神文明高度发达的国家。在 1932—1976 年社会民主党执政期间，瑞典从一个落后的农业国建设成人均国内生产总值和社会福利水平均达到世界一流水平的发达国家。也正因为这样，人们把自 1932 年瑞典社会民主党上台执政以来，所推行的一系列具有瑞典特色的经济社会发展模式，形象地称为"瑞典模式"。"瑞典模式"的突出特点是"生产领域资本主义，分配领域社会主义"，也就是把市场资源配置机制和由国家实施的社会福利分配结合起来，通过市场经济的手段来实现产品和服务的充分供应，通过政府调节，为不同社会群体提供相对平等的公共服务和社会福利，从而达到最大限度地增加生产，又尽可能公平合理地分配社会财富，促进经济社会健康持续发展和建设幸福社会的目的。就基本内容而言，"瑞典模式"包括三个层面。

（一）政治层面的资产阶级民主制度

瑞典是君主立宪制国家，政体是议会制，其基本政治制度可概括为多党竞争、议会民主和三权分立。瑞典十分重视公民的言论自由，早在1776年就成为世界上首个允许新闻出版自由的国家，1991年瑞典又制定了《言论自由基本法》，并将其列为宪法性文件。在政治管理方面的一个显著特色是政治妥协，特别是自社会民主党上台以来，执政党十分重视阶级间合作，注重在重大问题决策上与其他政党达成政治妥协和共识，最具代表性的是"由社会民主党政府主导的国家公共部门、全国总工会同全国各个协会之间通过协商实现政治平衡"。通过这种政治妥协机制，社会各阶层之间减少了对立，和谐共处，社会平静，很少出现波动。

（二）经济层面的混合经济制度

瑞典的混合经济制度实质上是生产领域充分发达的市场经济和分配领域计划调节的有机结合。瑞典本质上是资本主义国家，瑞典经济的绝大部分是私有经济，工商业的90%为私人所有。瑞典的社会生产是以资本主义生产方式来组织的。但在社会分配方面，瑞典实行国家高度参与再分配，即通过高额税收，将个人和企业收入中的很大一部分集中起来，再通过社保、医疗、教育等庞大的公共部门体系为社会提供范围广泛的社会福利和公共服务。这样能较好地解决社会收入初次分配的不平衡，实现了社会收入二次分配的公平合理。这种混合经济制度，既充分发挥了市场经济的活力，又维护了社会的相对平等，对瑞典经济社会的健康发展有决定性作用。

（三）社会层面的高福利制度

从1928年瑞典社会民主党提出"人民之家"理念以来，社会福利市民普遍享用的原则得到了很好的贯彻，并以此为理论基础建立了一套"从摇篮到坟墓"的社会保障和福利体系，其范围之广、人民受惠之深，堪称开创先河。在这套体制下，在我国现阶段出现的看病难、住房难、入学难、就业难问题一概不存在，瑞典几乎成了一块没有烦恼的乐土，人们过着舒坦的日子，社会繁荣、和谐、稳定。

二、"瑞典模式"的基本理念

瑞典社会学协会前主席沃特·科比认为,"瑞典模式"是瑞典社会民主党连续 44 年执政期,即 20 世纪 30 年代初期至 70 年代中期出现并影响至今的瑞典社会发展模式。一定程度上讲,它是瑞典社会民主党成功实施其政治纲领的产物,充分折射出瑞典社会民主党的执政理念和政府施政的价值取向。这就是民主、自由、平等、合作,追求公平和效率的统一,以人为本和可持续发展等价值理念。

(一) 坚持民主、自由和平等

瑞典是一个崇尚民主的国家。社会民主党认为,无论何种情况下,专制都是不能接受的,社会改革必须以人民意愿和民主为基础,因为民众积极参与下的改革有着决定性的长处,可以保障改革的持久性。在民主宪政框架内,瑞典社会民主党依靠正确的施政策略和措施,充分推行民主、尊重民意,并因此连选连任,实现了连续执政 44 年的传奇,其执政理念深得民心。

瑞典十分重视保障公民的自由,并致力于建立一个名符其实的自由社会。瑞典主要通过三部法律保护公民的基本权利:《政府组织法》、《新闻出版自由法》和《言论自由基本法》。根据瑞典法律,公民所拥有的基本自由和权利包括表达自由与新闻自由、知识权利、集会自由、游行示威权利、结社自由、宗教自由、迁徙自由,而政府公共权力的行使必须以尊重个人的自由与尊严为基础。

瑞典的民主是建立在平等的基础上的。在瑞典,平等的理念有着极其重要的地位,无论是政府决策还是社会管理,都彰显着平等的理念。这在就业、教育、性别、年龄、肤色和社会分配等机会平等方面体现得尤为明显:一是就业机会平等。充分就业一直是社会民主党历届政府追求的最高目标,瑞典通过实施积极的鼓励就业政策,促进全民就业,努力使人人都参与社会财富创造,防止因失业造成的不公平,从基础上促进整个社会的公平。二是瑞典政府长期致力于促进性别、年龄、肤色、机会平等。三是社会分配公平,同工同酬。瑞典从 20 世纪 30 年代的分配制度改革开始就把公平问题放在第一重要的位置,它的目标是使全国无论男女,无论工人、农民、官员,也无论职位、级别高低,都能够比较公平地享有社会发展的成果。1993 年联合国发展计划报告称瑞典是"世界上最平等的国家"。正由于社会公平,人的各项潜能得以充分释放,瑞典成为人才辈出、创意丰富的创新型国家。

（二）讲求合作

社会民主党将合作看作前进的路径。作为执政党，社会民主党十分重视阶级合作，不论是独立执政还是与其他政党联合执政，都注重在重大决策方面与其他政党达成政治妥协和共识，并为此建立起若干有效的妥协机制，大大增加了与其他政党的政治合作空间。此外，社会民主党十分重视非政府组织的作用，特别是充分促成劳资双方合作。从 20 世纪 30 年代起，瑞典劳资妥协已走上制度化轨道。总工会每隔一两年就工人工资问题与雇主协会达成基本协议，由各行业工会执行。当工会和雇主协会有明显分歧并不可调和时，由政府介入，充当仲裁角色，进行积极有效地协调。

（三）公平和效率并重

"瑞典模式"的一个显著特点是恰当地处理公平和效率的关系。20 世纪 80 年代以来，瑞典在国民经济取得高速发展的同时，建立了普惠的高福利社会保障体系。根据联合国开发计划署公布的人类发展指数，瑞典 2009 年基尼系数为 0.25，排在工业化国家的前列，属于世界上收入差距最小的国家。这与社会民主党制定经济社会政策所坚持的"公平第一、效率第二"原则是分不开的。难能可贵的是，虽然瑞典政府强调公平，但并未以牺牲发展效率为代价，而是在公平和效率之间找到了平衡点。

（四）注重以人为本

在瑞典，全社会对人的成长和生活十分重视，建立了惠及终身的教育制度，从小学至大学都实行免费教育。在对待儿童成长方面，不管是政府组织、官员、企业家，还是普通市民，都把孩子的健康成长看成第一要事。在瑞典，人们把接送小孩放学当作一件理所当然的事情，到了小孩放学的时间，瑞典人都会停止公务活动去接小孩放学，即便是政府官员和公司高管也是如此。近年来，为了让家长能有更多时间陪伴子女，瑞典出台了育儿津贴政策，为陪伴子女的父母提供经济补贴，最高额为每月 3000 瑞典克朗。在对待老人方面，法律给予老人许多政策优惠和生活便利，如收费公共场所或者乘坐汽车，对老人只收取 80%的费用；老人如果生病，他的任何一个亲戚或朋友可以有 2 个月的带薪假期来照料老人。随着老龄化的不断加快，为使越来越多的老年人过上高品质的生活，瑞典政府不断加大对老年人口的资源投入，其投入占 GDP 比重位居世界第一。在对待残疾人方面，瑞典政府更是无微不至，如在公共场所设置残疾人专用洗手间，在宾馆安排残疾人专用房间，停车场最方便的位置是专为残疾人准备的，等等。为使残疾人和正常人机会均等，瑞典明确提出要确保残疾人对自己的日常生活有支配权和影响力。目前，瑞典政府的工作重点已从社会和福利方面转移到民主和人权领域。

（五）可持续发展理念强

可持续发展是瑞典政府内政外交的核心原则。瑞典制定了最迟需要在2020年实现的16项环境质量目标，以保证瑞典成为一个不再有重大环境问题的社会，目前已在多个领域取得了巨大成功。除了注重环境保护之外，瑞典的能源忧患意识特别强，2006年瑞典政府发表了《迈向2020的无油国家》宣言，力争成为以替代能源为主的"无油经济体"。为了促进能源有效使用，瑞典290个市政府各配备了一名能源顾问，免费为老百姓提供节能咨询服务。为了支持新能源产业的发展，政府明确要求企业和居民能源消耗中的可再生资源必须达到一定的比例。在绿色能源使用方面，2006年，瑞典可再生能源消耗已占到本国能源消耗的29%，比欧洲平均值高4倍多；2007年，该比例更是提升到53.6%，是世界上可再生能源利用率最高的国家之一。其中，第三大城市马尔默市争取到2020年实现零碳排放，到2030年争取实现100%使用可再生能源。此外，瑞典还是世界上首个要求国有企业编制可持续发展报告的国家。

毫无疑问，上述执政理念和价值观是"瑞典模式"的灵魂和指针。正是有了这些理念和价值观的指引，才得以成就举世闻名的"瑞典模式"，并使之随着时间的推移而不断丰富和发展。在21世纪的今天，这些理念和目标依然闪耀着人类社会发展的智慧。

三、"瑞典模式"和公共财政

财政是政府履行职能的物质基础和政策手段。"瑞典模式"的成功离不开瑞典健全的公共财政政策。2008年，瑞典财政部长安德斯伯格就曾指出："瑞典模式"在过去的成功是建立在一系列基础的经济原则之上的，而其中一个重要原则是健全的公共财政政策。瑞典通过长期的可持续的公共财政政策，保障了高福利制度的正常运作，促进了社会公平正义，为经济增长和全民就业创造良好的条件，使全社会能够健康和谐可持续地发展。

（一）实行高税收高福利

自20世纪60年代以来，瑞典主要实行扩张性公共财政政策。为了消除竞争所带来的负面影响，追求社会公正，瑞典以高税收为手段，将经济发展成果的很大一部分用于发展全体国民普遍的、全面的社会福利。据统计数据显示，瑞典2004年税收收入占GDP比例为50.7%，位居经合组织成员国的第一位，社会福利支出占GDP的比例达38.2%。

（二）全力支持就业，加大对促进全民就业方面的投入

为了加强对分配起点的调节，瑞典公共财政不断扩大对就业的资金支持力度，并通过各种有效的、人性化的措施，如通过补贴政策鼓励企业雇用就业能力低下的人群，通过税收减免、疾病补助以降低企业聘用请长期病假的工人的成本，等等，促进劳动力充分就业，有效减少因失业造成的初次分配不公，从基础上努力实现社会公平。目前，瑞典用于就业项目的资金已达GDP的1.5%以上。

（三）强化税收调节，促进社会分配的公平

实现全体国民公平享有社会财富是瑞典执政党施政的基本目标。瑞典政府通过较高的个人所得税税率来实现"劫富济贫"，调节个人收入差距。瑞典个人所得税制度对劳动所得、资本所得和经营所得三类收入进行征税，实行累进的个人所得税税率，个人收入边际税率很高，能有效地缩小收入分配差距。如果将中等收入指数设为100，则2005年瑞典最高收入指数为175，最低收入指数是65，将最富的10%人群的收入与最穷的10%人群相比较，差距为3：1。因此，瑞典被认为是欧洲税收再分配最平等的国家。除此之外，瑞典还注重运用转移支付手段，实现地区基本公共服务均等和居民可支配收入趋于公平合理，缩小社会收入分配的差距。

（四）发挥财政调控作用，促进可持续发展

为了促进经济社会的可持续发展，瑞典建立了比较完善的能源税收体系，通过税收调控实现环境保护的目标。早在20世纪70年代石油危机期间，瑞典就开始实行能源税，包括一般能源税和专项的环境税。一般能源税最初的主要功能是筹集公共开支资金，但其环境保护功能也逐渐增强；专项的环境税主要为了实现环境目标，实际上也兼备筹集资金的功能。瑞典在2000年决定实行税收绿色转型，即把征税重点转到能源消耗和污染排放上来。2004年，瑞典的能源税和环境税征收合计占全部税收收入的10%。与此同时，瑞典政府也不断加大对环保科学研究和推广的投入，在替代能源开发方面，每年都能资助400~500个研究项目。

（五）注重人的发展

瑞典公共财政积极致力于人性化服务和促进人的发展，在落实国家对待儿童、老人、残疾人等相关政策方面，每年都投入大量的财政资源，为瑞典国民提供良好的教育、就业、医疗和公共交通等公共服务，使全体国民都可以过上高品质的幸福生活。正是在这种生活无忧无虑的社会环境下，国民整体素质得到较好的发展，使瑞典成为世界上为数不多的创新型国家。

从上述情况不难发现，作为一种成功的探索，"瑞典模式"与瑞典通过高税收大规模集中财力是分不开的。但在瑞典的国民看来，为了维持健全的福利制度和社会和谐，高税收是一种能够接受的代价。因此，尽管"瑞典模式"也带来了诸如赤字增加、经济增长减缓、通货膨胀压力增大等挑战，但相比其巨大的成就和广大国民的整体幸福感来说，所有这些都显得微不足道了。

四、对地方公共财政建设的几点思考

改革开放以来，广东省经济发展取得举世瞩目的巨大成就，公共财政建设的步伐不断加快，公共财政体系不断得到完善。但同时广东省也面临城乡发展不平衡、公共服务水平不高等问题，特别是在教育、医疗和社会保障等方面存在诸多突出的矛盾。为此，我们可借鉴瑞典的成功经验，转变思维方式，深化财政改革，充分发挥财政职能作用，更好地促进经济社会健康稳定发展，提高全体市民的幸福感。具体可从以下几个方面着手。

（一）民主理财，科学决策，提高资金使用效益

民主理财，就是依法按照民众意愿，通过民主程序来决定政府的各项收支。当前，从中央到地方都提出构建和谐社会的目标，民主法治、公平正义成为和谐社会的基本要求，预算民主则是构建和谐社会的基石，其重要性不言而喻。公共财政要求纳税人的钱要用在公众最需要的关键领域，解决市民最直接、最关心、最密切的利益问题，促进公共服务水平的不断提升。预算民主可以充分吸收市民的智慧，让公众参与并监督财政资金的筹集、分配和使用，实现公共财政用于公共目的，解决公共问题，并有效减少财政资金浪费，提升财政资金的使用效益。目前，我们可以在加强公众参与和监督上求突破，在公开透明中求规范，建立民主的公共财政决策机制，通过财政信息公开制度，将公共财政打造成一个开放、透明、阳光的决策系统。使财政预算反映不同阶层的声音，综合各方面的意愿，让财政资金能发挥更大的效益。

（二）注重税负公平，依法组织收入

税收是国家为实现其职能而向市民强制征收的财物。税收作为一种分配工具，在调节收入分配、促进社会公平和稳定方面具有重要作用。税收包括财政原则、公平原则和效率原则三个方面。财政原则就是通过税收获取收入，满足财政支出的要求；公平原则就是情况相同的纳税人缴纳同等的税收；效率原则包括行政效率和经济效率两个方面，行政效率要求税务部门的征税费用和纳税人的缴纳费用要低，经济效率要求税收能促进资源优化配置，有利于经济稳定增长和经济效益提高。与经济发达国家的税制相比，我国税制存在政策结构复杂、名义税负高而实际税负低、依法征税难度大、税收征收成本高等特点，建议可以向简税制、广税基、低税负、易监督的方向改革，这有利于降低税收征管成本和实现税收公平。通过建立严格的税收征管体系，使纳税成为市民的自觉行动。公众通过纳税，更加关注政府的各项财政收支，有利于促进财政管理水平不断提高。

（三）注重以人为本，建设幸福社会

发展为了人民，发展依靠人民，发展成果由全体市民共享。公共财政应从建设幸福社会的高度，投入更多的财政资源，着力为市民提供基本的幸福保障，着力为全体市民提供优良的基础教育、公共卫生、公共交通、医疗及养老保险等公共服务。随着市民对幸福追求的不断提升，幸福社会建设不再单纯体现为物质上的保障，社会公平正义是市民幸福追求的更高层次。社会公平正义，确保市民享有起点公平和机会平等，是人类追求的目标，是政府的重要职责。因此，构建幸福社会、维护社会公平正义是一项重要内容。要立足地方经济发展的实际水平，正确理解"民生优先"理念，不仅要把财政资金用在社会福利事业上，还要从长远出发，按照轻重缓急，把资金用在人的成长、生活等各方面最关心、最直接、最现实的利益问题上，坚持全覆盖的原则，保证公共产品和服务的公益性、福利性和均等化，确保分配的公平公正，使市民能舒心、安心地享受生活。

（四）积极鼓励充分就业，致力从基础上改善民生

就业是民生之本，是经济社会发展的基础，也是增加市民收入，使市民过上幸福生活最有效的手段。政府应该把充分就业作为目前和今后的重要战略目标，通过科学合理的可持续的鼓励就业政策，为全民就业创造良好的条件，努力使人人都参与社会生产，通过工作收入分享到社会经济发展的财富和成果。

我国人口众多，劳动力资源丰富，保障就业任务十分繁重。政府要在大力发展第三产业的基础上，投入更多的资源促进就业，创造更多的就业机会，使每个人都各尽所能、各得其所，让所有劳动者的活力和创造力都得到充分迸发。具体是：加强公共就业服务，通过免费职业技能培训、创业辅导服务、发放免息小额创业贷款、运用财政政策等，鼓励社会雇用就业能力较低的群体，建立科学便捷的劳动力需求电子平台等措施，促进市民积极就业和自主创业。

（五）坚持可持续发展，以现在赢得未来

可持续发展是既满足当代人的需求，又不影响后人生产生活发展能力的发展。可持续发展的核心要求是提高人口素质和保护环境、实现资源永续利用。可以说，保护环境和教育是可持续发展的两大基石。

第一，保护环境关系到我国全局和长远发展，是造福当代、惠及子孙的事业。我国是制造业大国，环保压力重，更曾为粗放式的发展方式付出了沉重的代价。无数的事实证明，我们必须把环境保护摆在对国家、对民族、对子孙后代负责的高度，做好环境保护工作。要加强对大自然生态保护，加大污染治理力度，依靠科技创新，鼓励促进节能减排。

第二，人类社会发展的历史表明，教育关系一个国家和民族的兴衰成败。对于中国这样一个人口众多的发展中国家，教育显得尤其重要。要通过广泛征求社会公众意见，解决教育领域公众最关心的突出问题，改革现有教育体制，办群众满意的教育。这不仅要求公共财政加大对教育的投入，充分运用财政手段促进教育公平，也要求全社会都关心支持教育工作，推动教育质量和全民受教育水平实现大提高、大飞跃。通过办一流教育，出一流人才，建设一流国家，实现中华民族的全面复兴。

深化广东的改革开放：瑞典经验借鉴

瑞典地方政府财力均等化机制对广东省的启示

陈 琼

瑞典作为西方发达国家公共服务方面的"优等生"，全国绝大部分公共服务如学校、医疗等均由地方政府提供，地方政府支出占GDP的比例高于世界上其他任何一个国家。由于居民收入、就业情况和人口结构的不同，瑞典地方政府提供服务的能力和资源条件存在巨大的差异，政府完成任务（提供服务）的条件同样如此。为使所有地方政府在一个平等的财力基础上提供服务，2005年起，瑞典推行全新的地方政府财力均等化机制并取得了较好的效果。

2009年12月，广东省政府印发了全国第一个基本公共服务均等化规划纲要——《广东省基本公共服务均等化规划纲要（2009—2020年）》（以下简称《规划纲要》）。据测算，2009—2020年12年间，全省共需投入基本公共服务均等化领域的财政资金预计为24812亿元。按照《规划纲要》的要求，实现基本公共服务均等化，最基础的保障条件是区域间政府基本财力的相对均衡。为实现这个宏伟目标，广东财政体制机制该做怎样的调整和完善呢？2010年6—7月，笔者远赴瑞典，尝试通过解读瑞典的财政体制寻找答案。

一、瑞典地方政府财力均等化机制的制度设计

全球化、市场化背景下，政府的角色和责任是什么？

20世纪80年代以来，面对政府规模扩大、财政经济压力加剧、社会问题增多等问题，包括瑞典政府在内的西方主要发达国家开始了大规模的政府再造运动，这种潮流被称为公共管理或新公共管理。

欧文·E.休斯在其著作《公共管理导论》中，对全球化、市场化背景下政府的角色和责任问题进行了深入探讨并提出，"政府具有不同的角色，其整个活动范围是难以测量的……而公共部门所扮演的一个重要角色就是为大多数人制定基于政府服务的实际生活标准——教育、医疗和社会保健的质量，环境，公共交通，法律和秩序，城镇规划和福利设施等——其质量要求至少等同

于日常消费的商品和服务。"①

从瑞典地方政府财力均等化机制中可以一定程度地看到新公共管理的影子，其设计的主要目的是：通过资源调配，为地方政府提供服务设置更为公平的前置条件。在制定相关政策的过程中，注重绩效性，充分考虑各方特别是纳税人的需求，积极发挥社会团体的作用。

（一）瑞典地方政府财力均等化机制的变迁

瑞典地方政府财力均等化机制始于1966年，此后历经1993年、1996年、2000年、2005年和2008年五次较大变革，形成了如今相对稳定的模式。从开始仅仅着眼于收入均等化，到目前全面覆盖收支和制度化的微调机制，体现了政府管理理念的变化，也体现了瑞典地方财力均等化机制的不断完善和财政管理日益精细化、科学化和法制化。其演变历程如下：

第一阶段：1966—1992年。财力均等化机制包括两个部分：收入均等化和分类的均等化补助（即高税率、高补助和低税率、低补助）。期间几经修改，但总体变化不大。

第二阶段：1993—1996年。该阶段实际为地方政府财政体制改革。根据地方政府财政委员会的建议，瑞典中央政府于1993年对市（municipalities）②一级的补助机制做了较大改动，最主要的变化是以一般性补助取代部分专项补助。新均等化补助机制分为三个部分：收入均等化、支出均等化和对人口剧减的市的额外补助。该阶段机制的不足之处在于，对支出均等化的参数选择争议较大，以及未能覆盖所有的市，人均税收收入超过保底水平的市被排除在补助体系之外。

第三阶段：1996—2000年。新的财力均等化机制增加为四个部分：收入均等化、支出均等化、一般性政府补助和过渡调节补助。与旧机制不同的是，新机制覆盖了所有的市和郡议会（county councils，相当于省，以下简称"省"）。对中央政府而言，均等化是中性的，因为收入和支出均等化的资金全部来源于地方政府（即市和省）。人均税收收入低于全国水平或结构性支出高于全国水平的市和省将获得补助，反之则向中央政府上交费用。总体而言，补助总额等于地方政府上交总额。该原则也适用于支出均等化（又称为标准支

---

① （澳）欧文·E.休斯：《公共管理导论》（第三版），张成福等译，中国人民大学出版社2007年版，第85页。
② 瑞典政府分为中央、省、市三级，但省、市间没有行政隶属关系。瑞典全国分为21个省和290个市，按照人口规模，市又分为大都市、卫星市、大型城市等9种类型。

出法），即通过构建若干参数模型，如特定服务的支出模型或大多数服务的通用支出模型，对地方政府提供服务的支出进行均等化。

第四阶段：2000—2005年。从2000年起，对支出均等化机制部分支出领域进行修订，并新增一个补偿模型，对因特殊原因（如移民学生）导致支出偏高的市进行补偿。

第五阶段：2005—2008年。财力均等化机制演变为五个部分：收入均等化、支出均等化、结构性补助、过渡性补助和调整性补助/上交。

第六阶段：2008年至今。在支出均等化机制中新增一个额外费用补偿模型（某些地区的工资支出较高）；对市的居住结构支出模型进行转换，以更好地反映建筑支出差异；对省的健康和医疗保险模型数据进行更新，以反映实际医疗福利支出。

（二）现阶段瑞典地方政府财力均等化机制的制度设计

2008年起实施的财力均等化机制由五部分组成（如表1、图1所示）。由于市政府承担的支出占GDP的比例更高，因此补助资金向市一级倾斜。

表1　2008年瑞典地方政府财力均等化机制补助、上交情况

单位：10亿瑞典克朗

项　目	市	省	合　计
收入均等化机制补助	52.0	16.9	68.9
收入均等化机制上交	-3.7	-2.1	-5.8
支出均等化机制补助	5.2	1.4	6.6
支出均等化机制上交	-5.2	-1.4	-6.6
结构性补助	1.5	0.7	2.2
过渡性补助	0.3	0.2	0.5
小计	50.1	15.7	65.8
调整性补助/上解	-4.2	0.9	-3.3
合计	45.9	16.6	62.5

1. 收入均等化机制

（1）目的是缩小地方政府人均税收收入差距。补助资金来源：中央政府承担了均等化所需的大部分资金，其中，大部分来源于原有的一般性补助和专项补助，少数来源于市或省向中央政府上交的收入均等化费用。

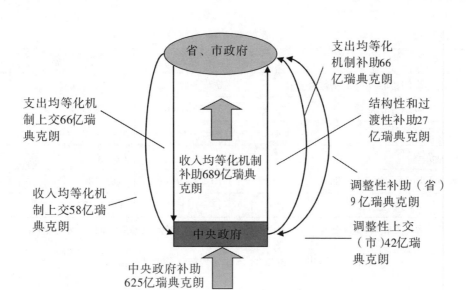

图 1 2008 年瑞典地方政府财力均等化机制

（2）补助/上交分界线：市＝115%×全国（市）人均税收收入的平均值，省＝110%×全国（省）人均税收收入的平均值。超过标准的市和省向中央上交费用，反之则获得补助。补助基数：市＝95%×2003 年全国平均税率，省＝85%×2003 年全国平均税率。

（3）上交基数：市/省＝85%×2003 年全国平均税率。

（4）税收变动率指因 1991 年省、市之间事权调整而引起的财权变动。如原由省承担的老年健康福利转移至市承担，市相应增加税收，反之亦然。

（5）计算举例：详见 Svedala 市和 Vellinge 市 2008 年收入均等化的补助计算的演示（表 2、表 3）。

表 2 Svedala 市 2008 年收入均等化补助计算演示

单位：瑞典克朗

项 目	序 列	金 额
修正的本市税收额	1	3299754888
本市人口	2	19104
本市人均税收收入	3＝1÷2	172726
全国（市）平均人均税收收入	4	175415
本市人均税收收入率	5＝3÷4	98.5%

续上表

项　目	序　列	金　额
修正的全国税收均等化基数百分比	6	115.0%
本市税收均等化基数	7 = 2 × 4 × 6	3853797384
均等化补助基数	8 = 7 − 1	554,042,496
省税负率	9	19.7%
本市人均收入均等化补助	10 = 8 × 9 ÷ 2	54573186
本市收入均等化补助	11 = 10 × 2	109146372

注：省税负率 = 95% × 全国（省）人均税收收入率 + （本市税收变动率 − 全国平均税收变动率）。

表3　Vellinge 市 2008 年收入均等化补助计算演示

单位：瑞典克朗

项　目	序　列	金　额
修正的本市税收额	1	6854276541
本市人口	2	32575
本市人均税收收入	3 = 1 ÷ 2	210415
全国（市）平均人均税收收入	4	175415
本市人均税收收入率	5 = 3 ÷ 4	120.0%
修正的全国税收均等化基数百分比	6	115.0%
本市税收均等化基数	7 = 2 × 4 × 6	6571265169
均等化补助基数	8 = 7 − 1	−283011372
省税负率	9	17.6%
本市人均收入均等化费用	10 = 8 × 9 ÷ 2	−1529087
本市收入均等化费用	11 = 10 × 2	−30581.74

注：省税负率 = 85% × 2003 年全国（省）人均税收收入率。

（6）实施效果：2008 年共有 11 个市和 1 个省向中央政府上交收入均等化费用，大部分为斯德哥尔摩省的卫星市。收入均等化机制实施效果明显（见表4）。

表4　2008年实施收入均等化前后效果对比

单位：瑞典克朗

市	均等化前与全国平均线相比	税收收入	收入均等化	均等化后的税收收入	均等化后与全国平均线相比
1	2	3	4	5 = 3 + 4	6
A	82.2%	29873	11323	41196	113.4%
B	90.7%	32942	8404	41346	113.8%
C	101.5%	36855	482	37337	114.3%
D	105.5%	38341	3268	41609	114.5%
E	120.0%	43576	-1532	42044	115.7%

2. 支出均等化机制

支出均等化机制的实质不是在于补助，而是在于对支出进行均等化。

（1）目的：将地方政府无法影响的服务支出进行均等化。

（2）基本原则：通过标准支出法计算支出，即明确目标，运用量化参数，计算差异化环境和需求下的结构性支出。该方法不考虑地方政府提供服务的实际支出，仅考虑在支出均等化机制下地方政府（市、省计算标准一致）结构性因素的平均支出，即同一服务水准、收费和效率下的支出。模型数据每年更新一次。

（3）补助资金来源：每个支出模型的补助均来源于地方政府，即低于该支出模型平均支出的地方政府向高于平均支出的地方政府缴纳均等化费用。

（4）补助/上交分界线：补助/上次分界线的计算模式如表5所示。

表5　2008年最高和最低结构性支出及其补助/上交

单位：瑞典克朗/人

地方政府	项目	值	补助/上交（-）
省	最高结构性支出	18619	926
	最低结构性支出	16672	-1021
	平均结构性支出	17693	—
市	最高结构性支出	40506	10409
	最低结构性支出	26192	-3905
	平均结构性支出	30097	—

（5）支出均等化机制包括年龄结构、种族、社会经济条件和地理条件，2008年还包括特殊结构支出如工资，如表6所示。

表6 地方政府支出均等化机制模型

提供者	服务类型	结构性因素
市	学前及校外福利	年龄结构、父母活动评级、人均税收收入、人口密度
	义务教育及学前班	年龄结构、移民儿童数量
	高中教育	年龄结构、计划选择、居住结构
	老年福利	年龄结构、性别分布、职业背景、社会身份、非北欧背景和边远地区
	个人及家庭福利	海外出生的难民及其近亲、其他非北欧和非欧盟出生的人口、没有失业救助的失业人口、单亲母亲、低收入男性比例和居住密度
	移民儿童	0～19岁的移民儿童
	人口变化	过去10年人口减少超过2%、在校学生的变化（增加或减少）、因人口增加而导致的减收补偿
	居住结构	供暖（能源指数）、街道（天气和路面铺设）、建筑支出（建筑工人工资及天气的工资支出指数）、额外支出如管理、交通、边远地区应急救助
	工资结构	邻近地区工资、单亲家庭的平均收入、活动评级
省	健康和医疗福利	需要福利的群体、性别、年龄、社会身份、就业状况、收入、居住类型、工资结构、边远地区服务
	人口变化	因人口增加而导致的减收补偿
	工资结构	省民企行业的工资、真实医疗费用
共同提供	公共交通	地域边远程度、工作出行情况和城市结构

（6）实施效果。总的来讲，位于瑞典北部的边远地区、小型市是补助的主要受益者，大型城市多是上交方。但是，由于各模型支出不同，没有一个市在每一个模型上都获得补助，但有一些市在每一个模型都须上交费用。

3. 结构性补助机制

结构性补助机制为原均等化机制中的地区性政策补助，但这些政策在新的均等化机制中已取消。

（1）目的：对人口稀少和/或存在就业问题的市、省进行补助。

（2）基本原则：一是低人口市促进商业和就业的标准支出，以及在 2004 年以前（含 2004 年）享受补偿的小型省的补助额；二是 2005 年实施新政后减收超过一定水平，就其限额以上的部分进行补助。

（3）补助资金来源：中央政府。

（4）补助/上交分界线及计算举例：减收超过 0.28% 的省和减收超过 0.56% 的市，可就超出部分获得补助。按人均计算，省、市人均补助分别为 425 瑞典克朗和 850 瑞典克朗。

4. 过渡性补助机制

（1）目的：对实施新政导致税收收入损失的地方政府在 6 年内（2005—2010 年）给予过渡性补助，便于其调整支出。

（2）基本原则：市年减收不超过税收基数的 0.08%（人均约 120 瑞典克朗），省年减收不超过税收基数的 0.04%（人均约 120 瑞典克朗）。

（3）补助资金来源：中央政府。

5. 调整性补助和调整性上交机制

（1）目的：调节地方政府宏观经济和中央政府财政的需要，以及由于中央和地方政府间事权调整、地方政府承担主要支出责任时，议会须对中央政府的补助总额进行控制。

（2）基本原则：如果补助总额减去上交总额小于中央政府拟转移支付总额，那么所有的地方政府将获得相应的补助差额；如果补助总额减去上交总额大于中央政府转移支付总额，那么所有的地方政府将向中央政府上交相应的补助差额。补助差额按人头计算分摊。

（3）补助/上交分界线：市年收入下降超过税收收入 0.08%、省年收入下降超过税收收入 0.04%，即可获得补助，按人均计算，市、省补助额分别为 120 瑞典克朗和 60 瑞典克朗。

二、瑞典地方政府财力均等化机制主要特点和运行效果

（一）主要特点

总的说来，瑞典地方政府财力均等化机制具有以下五个主要特点：

1. 政府职责定位明确

政府从直接的经济活动退出,集中力量做好基本公共服务和基本保障(图2),如位居地方政府支出前五位的分别为老年福利(21%)、义务教育(19%)、其他服务(15%)、学前教育和学龄福利(12%)和残疾人福利(10%),上述五种支出占地方政府总支出的77%。

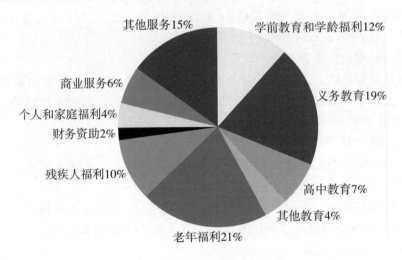

图2 地方政府支出分配

2. 中央和地方政府财权和事权划分清晰,政府间财政关系法制化

中央政府与地方政府提供服务的责任配置各不相同,与民众联系最紧密的服务管理事项直接下放给基层(图3)。与此相匹配,大约地方政府支出的70%来源于地方税收,只有少部分来源于中央政府的拨款(2006年平均水平为17%),所有的机制改革都必须在提交议会审议通过后才实施,进一步提高了中央和地方政府财权和事权的法律保障。

3. 指标体系科学完善

瑞典财力均等化机制通过对收入和支出分项测算、分项均衡,从而推算出转移支付的金额。其测算模型充分考虑了经济运行、社会生活各方面的因素并凸显民生因素。如健康和医疗福利支出模型涵盖了群体类别、性别等9种要素,老年福利涵盖了年龄结构、性别等6种要素,测算数值相对准确。与此同时,注重引入第三方评价如咨询委员会制度等,使测算结果更具有公信力和可操作性。

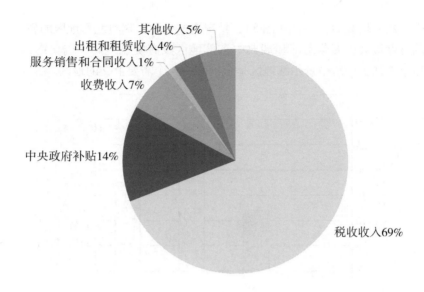

图3 地方政府收入来源构成

4. 财力均等化的重点在于收入调节

瑞典地方政府财力均等化机制的重点在于对地方政府的收入进行调节，收入均等化的补助绝对值为747亿瑞典克朗，远大于其他机制的补助绝对值，是中央补助总额625亿瑞典克朗的1.2倍。

5. 注重渐进式改革

一是逐步推进改革，避免政策过激或剧变。瑞典推行地方政府财力均等化至今已40多年，从开始仅仅着眼于收入的均等化，到2008年细分为收、支和结构性、过渡性、调整性补助等五个机制，可以说是一个长期的、稳定的改革过程。同时在制度设计时对改革受损地区预留一定的过渡时间和给予一定的损失补偿，对改革受损方利益给予一定补偿。二是注意听取各方声音，避免了社会内部冲突，在政策制定过程中，广泛引入咨询委员会制度。例如于1999年设立地方政府财力均等化机制简化专家组，对不同的机制简化方案进行审核，其部分建议在随后的机制改革予以采纳；又如，成立省市均等化机制持续发展代表团，对机制的不足和优化提出建议。

（二）总体实施效果

尽管在人口年龄结构、社会经济条件和地理条件上存在着相对较大的差异，但总体而言，地方政府在征税方面的地区差异是获得均等化补助差异的主要原因。从补助总额看（图4），瑞典南部获得的补助金额最大，斯德哥尔摩地区为净上交。从人均补助金额看（图5），情况有些变化，瑞典北部地区的省/市一级获得的补助最大；瑞典南部和瑞典中东部地区没有明显差异，瑞典南部省一级补助比重增加了。斯德哥尔摩地区是全国唯一一个需要上交的地区。

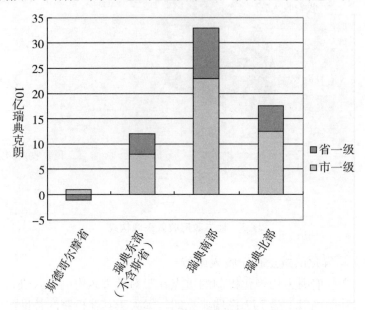

图4　瑞典分地区补助总额比较

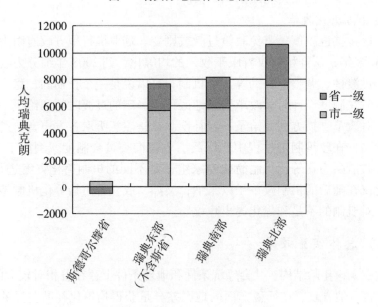

图5　瑞典分地区人均补助比较

三、对广东推进基本公共服务均等化财力均衡机制的启示

始于40多年前的瑞典地方政府财力均等化机制,历经多年的修订和完善,对其均衡地区财力、缩小地区差距、实现公共服务普遍覆盖等起了重要的推动作用。有关数据显示,2008年瑞典均等化转移支付占中央对地方转移支付的72.2%。从转移支付结构看,瑞典财力均等化机制类似于我国的均衡性或一般性转移支付机制,对广东省均衡财力制度设计具有积极的借鉴意义。但我们必须清醒地意识到,由于经济发展水平、文化背景、社会制度等主客观条件的不同(表7),在学习瑞典经验过程中,不能盲目照搬,而应取舍有度。

表7 2008年瑞粤两地情况对比

	项目	瑞典	广东省
概况	常住人口(万)	925.6	9544.0
	面积(万平方公里)	45.0	18.0
政治	体制	议会民主制	人民代表大会制
	政府架构	中央、21个省和290个市(省市没有隶属关系)	省、21个地级市、121个县(区、市)和1150个乡镇,省以下地方政府权力来源于上级政府并隶属于上级政府
经济	GDP(亿元)	32130.6	35600.0
	人均GDP(万元/人)	34.7	3.7
	人均一般预算收入(万元/人)	6.1	0.3
	最高人均一般预算收入(万元/人)	31.0	0.62
	最低人均一般预算收入(万元/人)	13.7	0.04
	最高/最低	2.3	15.5

深化广东的改革开放：瑞典经验借鉴

续上表

项目		瑞典	广东省
批准机关	地方政府财力均等化/基本公共服务均等化	国家议会	省政府

注：1. 为简化计算，瑞典克朗与人民币按1：1计算。
　　2. 瑞典一般预算收入为税收收入数据。
　　3. 广东最高、最低人均一般预算收入剔除深圳市后最高为珠海市，最低为揭阳市。
　　4. 瑞典人均税收收入最高和最低的两个市为Danderyd和Arjang。
瑞典数据来源：瑞典国家统计局网站；广东数据来源：2009年《广东统计年鉴》。

（一）立足省情，稳步推进

瑞典财力差异主要体现在区域人均税收收入差异，以人均税收收入最高和最低的两个市Danderyd和Arjang为例，前者约为后者的2.3倍。广东的国土面积仅为瑞典的1/3左右，但广东财力差异同时体现在地区差异和城乡差异上，并且差距更大——全省人均一般预算收入最高的市（珠海市）是最低的市（揭阳市）的23.41倍；即便是经济发达地区的珠三角，最高的市（珠海市）是最低的市（肇庆市）的7.97倍（表8）。

表8　2008年广东分区域人均预算收入比较

单位：元

区域	平均	最高	最低	最高÷最低
全省	2188.11	9127.88	389.92	23.41
珠三角	4136.90	9127.88	1145.37	7.97
东西两翼	645.25	1013.11	389.92	2.60
粤北山区	840.29	1232.46	613.82	2.01

注：1. 珠三角包括广州、深圳、珠海、佛山、惠州、东莞、中山、江门和肇庆9市。
　　2. 东西两翼包括汕头、汕尾、阳江、湛江、茂名、潮州和揭阳7市。
　　3. 粤北山区包括韶关、河源、梅州、清远和云浮5市。
数据来源：2009年《广东统计年鉴》。

广东的地区发展差异和财力差异决定了广东建立财力均衡机制面临着更大的挑战，需要更强的政治智慧、更大的政治决心和更多的耐心，在推进财力均衡机制的过程中必须循序渐进，正确处理好效率和公平、改革与稳定的关系。

瑞典经验表明，均等化机制需要相对坚实的经济基础和财力基础，均等化机制首先是从收入均等化起步并且以收入均等化为重点,通过"劫富济贫"的方式实现收入均等化。由于广东经济基础相对薄弱,区域差异大,在现阶段乃至以后较长一段时间内的主要任务是做大蛋糕,所以,财力均衡机制首先是完善激励型收入机制,即在保持相对发达地区发展优势的同时提高欠发达地区的收入增速,然后通过纵向和横向转移兼顾公平,以促进区域间均衡。

(二)规范政府间财政关系,提高转移支付资金使用效益

瑞典地方政府财力均等化机制的改革和政策实施必须事先获得议会批准,具有最高的法律效力。瑞典经验表明,清晰、法制化的政府间关系有助于推进均衡财力制度。目前,广东省和省以下地方政府的事权与财权划分边界模糊,专项转移支付占上级政府对下级政府转移支付比例过大,造成政府间职责不清。因此,清晰界定政府间的责、权、利,降低专项转移支付比例,将有助于调度广东省以下地方政府的积极性,并规范资金使用。

(三)建立和完善支出指标体系,提高财力均衡机制的可操作性

广东省的均衡性转移支出主要依照(标准财政支出-编制财政收入)×转移支付系数的公式进行分配,其中,标准财政支出包括人员经费、公用经费和社会事业发展支出三部分。随着民生政策的不断推进,标准财政支出的覆盖范围已难以满足地区民生发展的需要。在财力均衡机制支出测算方面,其完整性、科学性和客观性考虑不足。例如,仅以基本公共服务支出占一般预算支出的比例作为考核标准(表9),缺乏各地区基本公共服务成本的测算,也没有剔除相对发达地区援疆、援藏、援川等横向转移支出的因素;与此同时,受信息公开和统计数据不完整等因素限制,财力均衡机制的指标体系相对单薄。因此,在数据模型、参数选取和制度上都应积极借鉴瑞典经验。

表9 人均基本公共服务支出变动

单位:元

项 目	2008年	2011年	2014年	2017年	2020年
各市小计	766	1151	1731	2608	3935
珠三角	1034	1499	2176	3156	4580
东西两翼	573	821	1288	2020	3168
粤北山区		1003	1574	2468	3871
珠三角与全省平均线的比例	135%	130%	126%	121%	116%

续上表

项 目	2008年	2011年	2014年	2017年	2020年
东西两翼与全省平均线的比例	75%	71%	74%	77%	81%
粤北山区与全省平均线的比例		87%	91%	95%	98%

注：各市小计即全省平均线。
数据来源：《规划纲要》第83、84、85页。

（四）缔结社会共识，积极推进财力均衡机制

瑞典地方政府财力均等化的目标是通过资源调配，为地方政府提供服务设置更为公平的前置条件，从而有助于"实现社会公正，缩小贫富差别，强者帮助弱者，体现社会平等、团结一致精神"①。瑞典的政治妥协和阶级合作机制实现了制度化，各政党长期以来达成了一个广泛的共识，即无论其居民居住在瑞典哪个地方，他（她）都拥有平等享有公共服务的权利。因此，在瑞典公共服务均等化既是社会共识，也是政治共识。但在广东乃至全国，先富帮后富的责任意识不强，对于基本公共服务均等化对促进生产要素自由流动、创造公平公正竞争环境和建设和谐社会等方面的重要意义认识不足。因此，积极引导社会舆论，促进社会共识，有助于加快建立财力均衡机制。

四、完善广东基本公共服务均等化财力均衡机制的若干思路和建议

（一）明确财力均衡机制建设的目标和路径

按照《规划纲要》提出的"省分税分成财政体制制度设计在总体上……不作大的调整，在此基础上着重对转移支付制度、体制运行机制、资金分配方式等进行调整完善"的改革设计原则，广东基本公共服务均等化财力均衡机制的目标是促进基本公共服务均等化，其路径主要包括：①完善激励型财政体制，增强地方基本公共服务提供的能力；②建立县级基本财力保障机制，提高地方基本公共服务保障能力；③建立横向转移支付机制，完善纵向支付均衡能力；④财政管理层级扁平化，增强省级宏观调控能力；⑤分步实施财力均衡，即区域内财力均衡（或按照珠三角和其他地区划分为两个区域，或按照主体

---

① 杨迟：《瑞典模式的演变及当今瑞典社民党的政治定位》，载《国际论坛》2002年第6期。

功能区规划进行区域划分，后者似更合理），然后是区域间财力均衡。

（二）完善支出模型，合理评估支出

地区服务支出因区域内的人口结构、地理状况、民族特点等因素而异，因此，如果仍以基本公共服务支出占一般预算支出的比例作为考核标准，应同时考虑各地区基本公共服务支出（并不是实际支出，而应该是最低服务支出）。

（三）提高资金分配透明度，完善制度建设

增加资金分配的透明度，包括可供分配的资金量、资金分配决策过程以及相关经济财政收支数据等。建立多渠道的利益表达机制，引入第三方的咨询委员会，减少社会内部冲突。提高基本公共服务财力均衡机制的法律保障力和约束力，提高违约成本。

瑞典产业发展模式对广东产业结构调整的启示

陆小环

由于国际金融危机的影响，广东经济受到严重冲击，经济结构中长期存在的问题暴露无遗。目前，广东经济正处于回升向上时期。站在新的起点上，对广东而言，加快产业结构调整升级，提高自主创新能力，营造新的经济增长点，变得更加迫切。综观先进国家的发展历程，产业结构有其特定的运行轨迹。如瑞典，在近百年的发展中，产业结构经历了多次大的变革和调整，大大推动了经济的发展。瑞典人口仅为广东的1/10，但拥有与广东相当的经济总量，创新能力处于世界前列。本文分析了广东产业结构演变特征，阐述了瑞典产业结构调整策略，通过比较广东与瑞典产业结构发展模式的异同，剖析瑞典产业结构调整策略，借鉴其成功经验，探寻广东产业结构调整升级路径。

一、广东产业结构的演变与特征

按照国际经验，产业结构演进的一般规律是：由"一二三"模式，经过"二一三"模式和"二三一"模式，转变为"三二一"模式。这里的"一二三"指第一产业占GDP的比重最大，第二产业次之，第三产业最小，其他模式依此类推。经济学家认为，产业结构演变过程一般要经历三个阶段，即重工业化阶段、高加工度化和高附加值化阶段以及知识技术高度密集化阶段。这一理论在发达国家也得到了印证。由于广东工业化进程起步较晚，产业结构高级化过程并不是界限分明地按上述三个阶段来演进，更多地表现为各个阶段的演进和过渡比发达国家经历的时间要短。总体看来，广东产业结构的发展呈现以下特征。

（一）第二、三产业快速发展，结构调整初显成效

改革开放以来，广东经济蓬勃发展，经济总量不断扩大。地区生产总值从1978年的185.9亿元增至2009年的39482.56亿元，年均增长13.6%。在经济发展的同时，产业结构也得到了调整。第一、二、三产业占GDP的比例结构由1978年的29.8∶46.6∶23.6，转变为2009年的5.1∶49.2∶45.7，产业

结构逐步优化。从产业变化趋势看，第一产业占 GDP 的比重逐年下降，第三产业逐步上升，第二产业呈现小幅波动式上升趋势（图1）。

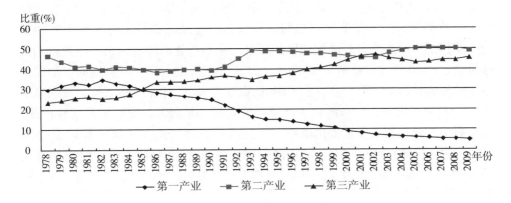

图1　广东三次产业占 GDP 比重（1978—2009年）

数据来源：《广东统计年鉴》。

30多年来，随着产业结构逐年优化升级，广东三大产业对经济增长的贡献率也产生了较大变化。第一产业增加值从1978年的55.31亿元增加到2009年的2010.27亿元，年均增长5.5%，总量和增速均落后于第二、三产业，在GDP 中的比重和贡献率均呈逐年下降趋势。1978年第一产业占 GDP 的比重为29.8%，到1992年低于20%，2000年低于10%，尤其进入21世纪后飞速下降，2009年仅为5.1%。第一产业对 GDP 增长的贡献率由1979年的30.0%下降到2009年的2.5%（图2），说明广东产业结构不断走向高级化。

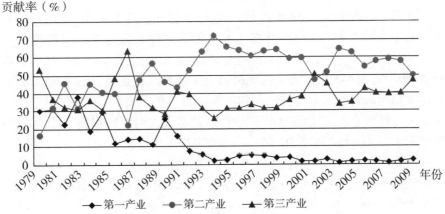

图2　广东三次产业对 GDP 增长的贡献率（1979—2009年）

数据来源：《广东统计年鉴》。

第二产业增长最快，占GDP比重较大并小幅波动上升。1978—2009年，广东第二产业增加值从86.62亿元增加到19419.7亿元，年平均增长高达16.2%；占GDP比重由46.6%上升到49.2%，对GDP的贡献率由1979年的16.6%升至50.1%。改革开放初期，广东利用地缘优势，大力发展来料加工业，承接了中国香港、台湾等地区的劳动密集型产业的转移，第二产业得到快速发展，对GDP的贡献率在1988年上升到56.8%的较高水平；同时，第三产业也迅速成长起来。第二产业占GDP比重在1990年回落到39.5%，贡献率回落到43.1%。随后，广东出台了产业升级政策，强调大力发展工业支柱产业，实行新型工业化和适度重型化策略，第二产业加快发展，占GDP比重于1993年达到第一个峰值49.1%。这一时期，第二产业虽有小幅调整，但整体进入了快速发展期，2005年占GDP比重超过50%，2006年达到第二个峰值50.6%。

改革开放30多年来，第三产业突飞猛进。1978—2009年，广东第三产业增加值由43.92亿元增加到18052.59亿元，年均增长14.4%；占GDP比重基本呈逐年上升趋势，由23.6%上升到45.7%。特别是进入21世纪后，第三产业保持相对稳定的增长态势，占GDP比重在2001年、2002年达到最高值46.1%、47.0%，超过了第二产业；此后虽略有波动，但基本保持在45%的水平，比第二产业约低4个百分点。

（二）九大支柱产业带动效应明显

随着产业结构调整升级，广东产业结构更趋优化，表现较为突出的是：九大支柱产业在工业发展中的带动效应明显。2000年以来，规模以上九大支柱产业总产值逐年增加，2009年达到47589.15亿元，占工业总产值的69.7%，是工业的主力军。九大支柱产业在工业中的重要性非常显著，10年来一直维持在70%左右。其中，三大新兴产业总产值由2000年的5400.03亿元大幅增加到2009年的31447.5亿元，占规模以上工业总产值比重达到46.1%，绝对值和比重都远远大于三大传统产业和三大潜力产业（表1）。

三大传统产业和三大潜力产业尽管总量不大，但发展很快，2009年分别达到10318.57亿元和5823.07亿元，占规模以上工业的15.1%、8.5%。2009年，三大传统产业比上年增长13.9%，增速为三大新兴产业（5.5%）的2倍多。而三大潜力产业更显示强劲增长势头，2009年总产值比2000年增长5.6倍、比2008年增长16.3%，相比其他支柱产业增速最快。

表1 广东规模以上九大产业工业总产值和增长速度

单位：亿元

产业	2000年	2005年	2006年	2007年	2008年	2009年	2009年比2008年增长（%）
规模以上工业	12480.93	35942.74	44674.75	55252.86	65424.61	68275.77	9.0
九大支柱产业	8925.04	25921.83	32003.05	38879.03	45693.07	47589.15	8.4
三大新兴产业	5400.03	18363.02	22636.85	26929.3	31141.53	31447.50	5.5
三大传统产业	2643.70	5072.51	6126.17	7632.54	9416.86	10318.57	13.9
三大潜力产业	881.31	2486.3	3240.03	4317.19	5134.68	5823.07	16.3
九大支柱产业占工业比重（%）	71.5	72.1	71.6	70.4	69.8	69.7	—

数据来源：《广东统计年鉴》。

10多年来，在省委省政府相关政策的引导下，广东九大支柱产业发展稳定，产业结构调整成效显著，成为推动工业经济增长的重要支撑。其中，技术含量较高的装备工业、电子信息产业等新兴产业快速发展，所占份额逐年上升；与此同时，传统产业有所收缩，以汽车制造为代表的潜力产业对经济拉动作用逐步显现。2009年，九大支柱产业完成工业增加值12721.12亿元，比上年增长9.0%。其中，三大新兴产业增加值8102.71亿元，增长6.6%；三大传统产业增加值3050.35亿元，增长13.4%；三大潜力产业增加值1568.06亿元，增长16.9%（表2）。

表2 广东规模以上九大产业工业增加值和增长速度

单位：亿元

产业	2008年	2009年	2009年比2008年增长（%）
规模以上工业	17612.94	18235.21	8.9
九大产业工业	12271.55	12721.12	9.0
三大新兴产业	7997.6	8102.71	6.6
三大传统产业	2836.91	3050.35	13.4
三大潜力产业	1437.03	1568.06	16.9

数据来源：《广东统计年鉴》。

（三）重工业化趋势明显加快

广东产业结构优化的另一特征是：在工业发展中，重工业化趋势明显加快。发达国家的产业结构调整历程表明，一个国家完成轻工业化后，必然开始重工业化。改革开放初期，广东以轻工业起步；进入21世纪，重工业步伐加快，以轻工业为主的发展模式逐渐向以重工业为之转变，轻、重工业之比由2000年52.9∶47.1调整到2009年的39.1∶60.9。

2002年起，广东为解决经济运行中的结构性矛盾，进行产业结构调整。逐步确定了以电子信息、电器机械、石油化工为三大新兴支柱产业，纺织服装、食品饮料、建筑材料为三大传统支柱产业，汽车、医药、森工造纸为三大潜力产业，以及以电子信息技术、生物工程、新材料、光机电一体化为四大高新技术产业的产业结构格局。九大支柱产业中重工业占绝大部分，且保持较快发展势头，使重工业所占比重逐年提高。

近年来，广东通过工业园区、临港型重工业项目等方式加快对重工业的发展。日本的本田、日产、丰田三大汽车厂在广州设厂，南海石化项目、石油储备库等石化工业发展迅速。这些项目的启动有效地巩固了重工业发展势头，使其比重越来越高。2002年，重工业占规模以上工业总产值的50.2%，首超轻工业；到2009年达到60.9%，远远超过了轻工业。2009年，重工业总产值达到41589.9亿元，为轻工业的1.56倍；增加值达10767.2亿元，比上年增长10.0%，比轻工业快0.3个百分点。重工业的主导地位进一步巩固，工业结构中重工业化趋势更加明显，实现了产业结构适度重型化的目标（图3）。

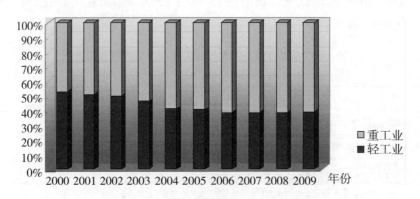

图3　2000—2009年广东规模以上轻、重工业所占比重

数据来源：《广东统计年鉴》。

二、瑞典产业结构模式与调整策略

瑞典是欧洲第四大国，依靠 45 万平方公里的国土面积和 900 万人口，发展成为工业化强国，是全欧洲最具创新力的国家之一。特别在应对全球金融危机中，地广人稀的北欧国家瑞典，2010 年以来已经连续两个季度实现强劲增长，在瑞典经济中占半壁江山的进出口大幅增长。据瑞典政府最近预测，瑞典本国经济 2010 年将增长 4.5%，这在欧洲成熟经济体中实属罕见。在经济危机的迷雾再次弥漫欧洲，人们对经济增长的忧虑普遍存在的背景下，瑞典产业发展模式更具启迪意义。

（一）产业结构模式

瑞典实行发达的私营工商业与比较完善的国营公共服务部门相结合的"混合经济"，以高工资、高税收、高福利著称。森林、铁矿和水力是瑞典的三大自然资源，在此基础上发展并形成了采矿冶金、林业造纸、电力和机械制造四大传统工业体系。2008 年，瑞典国内产生总值（GDP）为 4789.61 亿美元，人均 GDP 达 4.5 万美元；第一、二、三产业占 GDP 的比例为 1.6∶27.9∶70.5，属于"三二一"产业结构模式。从 2004—2008 年瑞典三次产业结构看，第三产业所占比例稳定在 70% 以上，呈现明显的"倒三角"型（表 3），这种产业结构特征是欧美等发达国家所共有的。

表 3 2004—2008 年瑞典三次产业占 GDP 的比重

单位：%

产　业	2004 年	2005 年	2006 年	2007 年	2008 年
第一产业	1.8	1.1	1.4	1.4	1.6
第二产业	27.6	27.7	27.9	28.3	27.9
第三产业	70.6	71.2	70.6	70.3	70.5

数据来源：http://data.worldbank.org/。

瑞典产业结构具有如下特点：

一是农业规模不大，但现代化水平程度高，生产率居欧洲前列。2008 年，瑞典耕地面积 264.83 万公顷，农业从业人员约 17.8 万人。农业增加值仅占 GDP 的 2.0%，其中 80% 以上为畜牧饲养业。农产品自给率达 80% 以上，生态农业和生态食品方面处于世界领先地位。

二是工业在国民经济中占有十分重要的地位，且具有较强的国际竞争力。2008 年，工业从业人员 99.7 万人，约占全国就业人口的 37%。工业增加值占 GDP 的 29.4%，作为一个拥有丰富的木材、铁矿、水力资源的国家，瑞典着重发展以出口为导向的工业化经济，82% 的工业品出口到国外。20 世纪 70 年代中期以后，随着科技的不断进步和世界范围内的产业链转移，瑞典工业结构不断升级，逐渐从原材料的传统生产模式转向富有高科技含量的先进工业化生产。

三是制造业发达，国际知名品牌多。最近 10 多年来，瑞典加大研究与试验发展（R&D）经费投入，大力发展高科技产业，形成多样化的经济体系，瑞典研发经费占 GDP 的比重在经合组织国家中排名第二。爱立信、伊莱克斯、沃尔沃、H&M、宜家家居等品牌享誉全球，生物能源技术等清洁技术也在世界领先。许多工业产品在世界范围内拥有强大的竞争力，保证了商品进出口贸易的稳定发展。

四是服务业规模庞大，保持增长态势。瑞典服务业规模庞大，主要分布在医疗护理、商业、运输通讯、金融、企业服务、教育、科研、公共行政部门、个体、文化服务及家庭服务等领域。2008 年，服务业从业人员约 320 万人，占总人口的 1/3；总产值 15011 亿瑞典克朗，比上年增长 2.5%。服务业增加值占 GDP 的比重逐年提高，由 2006 年的 44.1% 上升到 2007 年的 44.5%，再提高到 2008 年的 45.8%，两年提升了 1.7 个百分点。

五是出口产品多元化，贸易依存度较高。2008 年，瑞典出口占 GDP 的 45%，主要出口电子通讯设备、机械设备、车辆等高附加值、高科技含量的机电产品。贸易依存度从 2003 年的 59.5% 上升到 2007 年的 70.8%。2007 年，瑞典商品进出口贸易总额达 3215.8 亿美元；其中出口 1701.3 亿美元、进口 1514.5 亿美元，分别比上年增长 14.4% 和 18.9%。商品贸易顺差 186.8 亿美元，同比减少 12.8%。

（二）产业结构调整策略

瑞典的产业结构经历了多次大的变革和调整。"二战"后，实行第一次产业升级。在世界经济复苏的有利环境中，瑞典对科技创新与引进越来越重视。科技在生产领域内的广泛应用，不仅提高了劳动生产率，而且推动了产业结构的第一次升级，造船业、汽车业、化学工业、机械加工业随之发展起来，迅速发展成为发达的工业化强国，实现了 3.7% 的 GDP 年均增长速度（20 世纪 50 年代到 70 年代）。20 世纪 70 年代末期，又实行第二次产业升级。瑞典针对经济发展速度明显放缓的问题，果断实施产业结构调整，积极发展信息通讯、生物、医药、航天等现代高新技术产业，最终为经济的复苏与增长注入了新的动力，并引领未来发展趋势。从近 30 年的发展历程看，瑞典政府在产业结构调整中主要采取以下策略：

策略一：从直接给予企业补贴转变为创造良好的外部条件。在 70 年代，瑞典政府对竞争能力下降的造船、钢铁等传统优势部门给予补贴或收归国有管理，以提高其竞争力，但 15 年后证明此举失败。80 年代后，政府改为创造一种良好的外部条件，如建造先进的交通通讯等基础设施，创造良好的研究开发条件，让企业自由去发展，而不再采取倾斜性的产业政策。这样一来，虽然一些老的企业关闭了，但新的企业和新的有竞争力的产品却发展起来了。经验证明，只有在市场的运动中才能产生出真正有竞争力的产品。

策略二：政府放松金融市场管制，促进资本合理流动。80 年代，在产业结构调整中采取的另一重要策略是在金融市场上放松了政府管制。1985 年放松了金融信贷方面的管制，1989 年又放松了"二战"后一直执行的对外汇的管制，取消了瑞典资本对外投资的限制，资金可自由流进流出；但对在瑞典的外资公司仍有一些限制。信贷和外汇管制的放松，形成金融市场上的竞争局面，有利于资本的自由合理流动，促进了瑞典产业结构的调整。

策略三：采取积极的劳动力市场政策，通过职业培训促进从业人员向新兴产业流动。这是瑞典非常有特色的一项政策。政府通过举办各种职业培训项目，使老行业中的失业职工经过培训而掌握新的技能，从而能流动到新的行业中去。统计表明，72% 的受培训者重新得到了工作，他们中的 82% 找到同他们参加培训的项目相一致的工作。

策略四：创建科技园区，推进科技与生产结合。瑞典采取高工资政策，其竞争力在于提供高产品技术含量。为推动研究和生产的结合，政府在一些地区有计划地组织了一些科技园区。科技园区由政府出资建设，地方、企业等各方面的力量共同来举办，将大学、科研和生产结合在一起，并设立基金，支持中小公司的研究与开发。这对推动科学技术向生产的转移，促进地区发展都起了一定的作用。这些政策使瑞典的科学技术能一直处于世界的较高水平，优质产品能不断地涌现和发展。

策略五：大力发展现代高新产业，实现产业结构升级。现代产业的发展以科技为前提，作为全球 R&D 投入最大的国家之一，瑞典近年来的 R&D 经费占 GDP 的比例一直保持在 4% 左右。其中，工业研发自 1989 年以来就以年均 10% 的速度递增，占 GDP 的 3.3%。90 年代，瑞典知识密集型企业的劳动生产率提高了 60%，资本密集型企业的劳动生产率提高了近 40%。如今，瑞典产业结构成功实现了转型和升级，信息通讯、生物工程、医药、航天等知识密集型产业得到了长足发展，高新技术产业成为经济增长的主导。

三、广东与瑞典产业结构模式的差距

瑞典是全球20大经济体之一，也是全球人均收入最高的国家之一。2008年，瑞典国内产生总值（GDP）4789.61亿元美元，折合人民币约32090.39亿元，相当于广东（36796.71亿元）的87.2%，略少于广东经济总量。但从人均GDP看，2008年瑞典达到345429元，为广东22698元的15倍。瑞典产业结构合理，拥有稳定的农业、发达的工业和繁荣的服务业，抗风险能力较强。对比瑞典产业结构格局，广东的差距主要表现在以下几方面。

（一）第三产业份额偏低，产业结构需进一步优化调整

2000年以来，在三次产业结构中，第一产业比例下降，第二产业比例迅速提高，但第三产业份额提升缓慢。虽然全省GDP每年以超过10%的速度快速发展，但三大产业比重还不够协调，主要表现在资源承载力与社会发展度对广东经济发展的制约。

广东与瑞典产业结构格局差异甚大。2008年，广东GDP的三大产业比例为5.4∶50.3∶44.3，与瑞典的1.6∶27.9∶70.5相比，第一、二产业分别高出3.8、22.4个百分点，第三产业低了26.2个百分点。2004年以来，广东第一产业占GDP比例与瑞典的差距逐年缩小，由2004年的4.7百分点降到2008年的3.8个百分点；但第二产业约高22个百分点、第三产业约低27个百分点，几年来差距没有明显改善。广东产业结构属于"二三一"格局，而瑞典不但进入了"三二一"模式，且已是相当明显的"倒三角"型，第三产业占GDP比例高达七成（见图4、表4）。

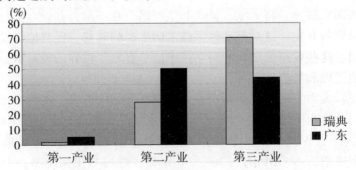

图4　2008年广东与瑞典三大产业占GDP的比重

数据来源：《广东统计年鉴》，http：//data.worldbank.org。

表4 2004—2008年广东与瑞典三大产业占GDP比重的比较

单位:%

产　业	2004年	2005年	2006年	2007年	2008年
第一产业	4.7	5.2	4.4	3.9	3.8
第二产业	21.6	22.7	22.7	22.1	22.4
第三产业	-26.3	-27.9	-27	-26	-26.2

注：数据为广东比瑞典高（低）出的百分点。

数据来源：《广东统计年鉴》，http://data.worldbank.org。

美、德、法、日等发达国家产业结构变迁的共同特点在于实现了产业结构的升级，即逐步形成"三二一"的产业格局。因此，广东要积极扶持现代服务业的发展，逐步扩大第三产业在国民经济中的比重，需要进一步调整产业结构。

（二）产业结构与就业结构偏离度较大

产业结构与就业结构之间是相互促进、相互制约的，两者偏离度直接影响到劳动力在产业各部门之间的转移进程，制约产业结构升级。偏离度是三大产业结构偏离数的绝对值之和，偏离数为三大产业的产值比重与就业人员比重的差值。由表5可见，广东产业结构与就业结构偏离度从2004年的56.5逐年降到2008年的46.6，下降趋势明显。但与瑞典相比，2008年广东为瑞典（12.6）的近4倍，偏离度较高，产业结构与就业结构不协调。

表5 2004—2008年广东、瑞典就业结构与产业结构偏离度

	偏　离　度	2004年	2005年	2006年	2007年	2008年
广东	三大产业	56.5	51.4	49.1	47.9	46.6
	第一产业	28.2	25.7	24.5	24	23.3
	第二产业	-12.3	-12.6	-12.5	-12.3	-12.6
	第三产业	-15.9	-13.1	-12	-11.7	-10.7
瑞典	三大产业	10	11.4	11.9	13.4	12.6
	第一产业	0.3	0.9	0.6	0.8	0.6
	第二产业	-5	-5.7	-5.9	-6.7	-6.3
	第三产业	4.7	4.8	5.4	5.9	5.7

数据来源：《广东统计年鉴》，http://data.worldbank.org，http://laborsta.ilo.org。

从三大产业看,第一产业偏离度最为严重,2008年达23.3,为瑞典(0.6)的39倍。主要原因是第一产业从业人员比重偏大,而第三产业比重偏小。2008年广东三大产业的就业结构为28.8∶39.0∶32.2,与瑞典的2.2∶21.6∶76.2比例相差甚远,广东第一产业从业人员所占比重为瑞典的13倍,与广东农业产出所占份额严重偏离,显示农业还积压着相当的劳动力,有待向第二、三产业转移。2008年广东第二产业偏离度-12.6,与瑞典-6.3同为负数,但其值为瑞典的2倍,表明第二产业需进一步吸纳劳动力,且力度要更大。2008年广东第三产业偏离度为-10.7,而瑞典为5.7,表明广东第三产业处于发展阶段,有大量吸收就业的能力,而瑞典第三产业已比较成熟,劳动力可小量向外转出。总体来看,2004—2008年,瑞典产业结构与就业结构偏离度小于14,处于较低水平;而广东则高于46,相对瑞典而言,产业结构与就业结构极不协调(图5)。

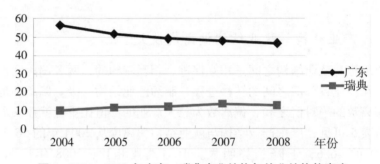

图5　2004—2008年广东、瑞典产业结构与就业结构偏离度

数据来源:《广东统计年鉴》,http://data.worldbank.org,http://laborsta.ilo.org。

(三)研发能力不强,支柱产业核心技术缺乏,处于产业链低端

广东研究与试验发展(R&D)经费占GDP的比例,从2000年的1.11%逐年提高到2008年的1.14%,研发能力有所提高,但与瑞典4%的比例相比,仅为其1/4,差距相当明显。瑞典政府高度重视研发与创新,工业研发经费占GDP的比例已达到3.3%,且保持着两位数的增长速度。凭借较高的研发能力,通过国际分工,瑞典企业得以在全球范围内优化配置资源,将精力集中在产业链的上游,专注于研究开发和产品设计,通过加速技术革新,提高了国际竞争力。据统计,瑞典大约80%的出口产品是高附加值的工业制成品,从所占国内生产总值的比例来看,瑞典的出口盈余在世界上是最高的,这正是其产业升级的结果。由于广东企业普遍缺乏核心与关键技术,广东高技术企业大多从事低端产品的加工装配,高端产品不多,核心竞争力不强。在市场竞争日趋

激烈的情况下，产品附加值不断走低。2000 年以来，广东高技术制造业工业增加值率呈现下滑态势，由 25.1% 降到 2009 年的 22.4%，高技术企业技术优势相对减弱。

四、瑞典产业结构调整经验对广东的启示

广东要继续当好"排头兵"，必须加快产业调整，实现产业结构优化升级。首先，向产业链的高端进发，掌控全球生产制造体系的前端如研发、设计等重要环节；其次，强化自主创新，变"广东制造"为"广东创造"，提高产品技术含量，增强产业竞争力；最后，发展现代服务业，使第三产业比重达到发达国家水平。结合广东实际，可以从以下几方面借鉴瑞典产业结构调整的成功经验。

（一）对传统产业进行合理扬弃而非全盘抛弃

传统产业大多以自然资源为基础，有着高能耗、高污染的特点。广东在产业结构升级的过程中，面对食品、纺织、服装、家电、陶瓷等传统产业的取舍可参照瑞典的做法：既要坚决地放弃欠缺比较优势的行业，又不是全盘抛弃传统产业，而是对其进行改造，降低能耗和污染水平，提高质量和竞争优势，促进传统产业的可持续发展。一是通过改造产业组织方式，整合产业链条、缩短时间、节约成本，提升整个产业的效率；二是通过工艺流程、技术设备、产品的创新和建设网络信息平台等实现产业的升级。

（二）强化自主创新，发展高科技，升级产业结构

瑞典政府高度重视高新产业的发展，投入巨资兴建基础设施，简化政策规则体系，培育符合未来发展方向的高新企业和网络组织，为现代产业成长创造适宜的硬件环境和软件条件。在高新技术产业迅速扩张、劳动生产率大幅提高的带动下，瑞典经济进入新旧产业进退接替的快速时期。从全球的产业链来看，广东工业整体上被挤压在全球分工体系的产业链末端；在各类企业中，拥有自主核心技术的不足 10%，绝大部分依靠引进技术，或者缺乏自有核心技术。今后广东在引进新一轮资金、技术密集型产业的同时，需加快引进产业、技术的消化、吸收和再创新，努力把"广东制造"变为"广东创造"。大力发展高科技产业，实现产业结构升级，这是保持平稳、快速和可持续发展的关键。

(三) 整合产业链，以提高国际竞争力为产业调整目标

瑞典自20世纪90年代中期以来，调整企业经营理念，确定以提高国际竞争力为目标的经营战略。整合产业链，将资本、技术、人力资源集中在核心高精尖业务的发展上。同时更加注重国际市场，逐渐形成了外向型的经济结构，工业实现了高度国际化。根据广东产业的演进路径（轻工—家电、电子—汽车、石化），产业正在向高级化、适度重型化发展、升级。此时，广东要开阔视野，面向国际市场，抢抓国际重化工业产业转移机遇，做大做强装备制造业，加快发展石化、钢铁、汽车、造船、装备制造等重化产业集群，提高国际竞争力。

(四) 加快发展现代服务业，营造新的经济支撑点

瑞典人均GDP超过4万美元，处于工业化发展后期，第三产业增加值占GDP比例达到70.5%，服务业非常发达。国际经验表明，人均GDP在1000～3000美元，产业结构处于快速变动期，特别是服务业将处于加速发展的转折点。广东人均GDP超过3000美元，经济发展总体上处于工业化中期，珠三角地区已进入工业化中后期。2009年，广东第三产业增加值占GDP的比例为45.7%，约为瑞典的1/2，与广东经济实力不相符。随着专业化分工的深度细化，制造业竞争力越来越依赖于设计策划、技术研发、物流等商务服务业的支撑。因此，广东要大力发展现代服务业，加快产业结构的转型升级，增强广东经济发展内生动力。利用物流、商贸流通、资讯服务、房地产、会展业等为代表的现代服务业，打造广东现代产业的新形象，使之与制造业成为经济增长的两个重要支撑点，这对于优化广东经济结构、转变经济增长方式均有深远意义。

(五) 升级人力资源结构，促进就业结构与产业结构协调发展

瑞典政府一直推行以人为本的发展战略，实施有助于劳动力素质提高和企业发展的教育政策，为国民提供终身免费学习以及形式多样的非学历培训，促进人力资源的升级，从而为产业结构的更新换代输入了丰富的新鲜血液。当前，广东就业结构与产业结构还存在较大的偏差，主要原因是劳动力技能素质提升滞后于市场需求的矛盾仍较为突出。广东劳动力过多滞留在农业和劳动密集型工业，高端制造业与服务业人员比重过低。因此，要学习瑞典以人为本的发展战略，加强劳动力素质和技能培训，升级人力资源结构，使广东的人才结构与产业结构调整相适应，促进高素质劳动力向第二、三产业转移，协调就业与产业的发展，进一步促进产业结构调整升级。

参考文献

[1] 麦强盛. 广东省产业结构优化升级的动态及趋势 [J]. 广东女性职业教育论坛, 2009 (1).

[2] 梁昊飞. 瑞典现代产业与传统产业进退策略浅析 [J]. 经贸调研, 2004 (18).

[3] 高锋. 瑞典经济发展模式探析 [J]. 国际问题研究, 1995 (4).

瑞典的高科技创新对广东加快转变经济发展方式的启示

黎 滔

一、前言

改革开放以来，我国经济取得快速增长，但却以大量土地供给、大量耗能耗材、环境破坏和廉价劳动力为代价，而科技对经济增长贡献不大，高科技、智力、知识产权和管理等软要素对经济发展的作用不显著。党的十七大以来，党中央国务院高度重视"加快转变经济发展方式"。中共中央总书记胡锦涛同志发表重要讲话，强调必须紧紧抓住机遇，承担起历史使命，把加快经济发展方式转变作为深入贯彻落实发展观的重要目标和战略举措，毫不动摇地加快经济发展方式转变，不断提高经济发展质量和效益，不断提高我国经济的国际竞争力和抗风险能力，使我国发展质量越来越高、发展空间越来越大、发展道路越走越宽。为此，广东省委省政府审时度势，提出了加快推动经济发展方式转变的战略决策，作出了加快推动产业结构转型升级和自主创新，推动现代产业建设，力促产业技术水平、品牌价值和核心竞争力有较大提升的战略部署。

2010年5月，笔者有幸参加第四期广东省公务员公共管理瑞典专题研究班学习。这次在瑞典的学习考察，结合省委省政府对加快转变经济发展方式的部署，重点对瑞典的国家创新体系、高技术产业的发展环境政策及监管等方面的情况作了了解，并从中得到一些思考与启示。

二、瑞典的创新与高科技研发概况

瑞典是世界上创新与高新技术研发最为活跃的国家之一。瑞典人口不足千万，却自主研制出先进的常规潜艇、战斗机、火箭、通信设备、汽车等重要产品，诞生了爱立信、沃尔沃、ABB、伊莱克斯、宜家等一批世界知名的大企业，创造了人造心脏、伽玛刀、心电图记录仪等造福人类的一大批发明。据有关方面的统计，瑞典是世界上人均拥有发明专利和专利申请最多的国家之一，其创新能力全球领先。其中，在世界经济论坛发布的国家竞争力排名中，瑞典近年来的排名均为全球前三；欧盟委员会2008年委托专业机构调查的结果显示，瑞典是最具创新能力的西方国家，其在科技创新、知识经济领域和最佳信息化社会评比中均排名世界第一。从行业看，目前瑞典在信息通讯、医药生物、清洁能源、环保产业等领域居世界领先地位。

三、瑞典的创新战略与高科技发展的环境

瑞典之所以在2008年以来的国际金融危机中经受住了考验，经济社会发展没有出现大的波动，是因为瑞典国家创新战略的持续实施，构建了先进高效、富有竞争力的产业体系。因此，瑞典的国家高科技创新战略十分值得我们去研究。

（一）瑞典的国家创新战略

瑞典政府依据本国国情和自身的特点及优势，确定形成了完整的国家创新发展战略，以及与此相适应的国家科技创新体系。瑞典国家创新战略的基础是《国家研究法案》以及《瑞典增长和复兴政策》、《创新体系中研究开发与合作》等相关配套法案。按照这些法案，由国家教育科技部会同其他部门每4年提出议案，经议会讨论通过后在全国实施。瑞典现行的创新研究政策主要执行的是2000年9月议会通过的《研究政策法案》，该法案要求在生物、信息、材料、环境等重要研究领域集中力量，激励开展跨学科和多学科的研究，强调通过新的组织结构建立更加全面的创新政策体系。按照这些法案，瑞典调整成立了国家创新局，负责国家创新体系的规划与建设，资助对瑞典具有战略意义的重点领域的应用研究和技术开发；成立了瑞典企业发展局，以加强对瑞典中小企业特别是科技型中小企业发展的扶持。同时，政府建议以灵活、高效、具有一定国际竞争力并有工业界支持为目标重组工业研究所；也强调生物技术、信息技术、微电子和材料技术应该成为研究所重组的优先领域；制定相应的战略，推动各个地区创新体系的建设和完善；明确中央政府与各地方政府在经济增长和发展问题上的职责划分，从而使创新成为瑞典经济社会发展的根基。

2004年的创新瑞典战略提出把瑞典建设成为欧洲最具竞争力、最有活力和以知识为基础的经济体，确定了11大类优先发展领域，并确保知识向产品和服务的大规模转化。为此，瑞典用于研究与发展活动（R&D）的经费多年来一直保持在GDP的3%以上，是世界上研发活动投入比例最高的国家之一；超过1/5的瑞典公司将其一半以上的资金用于创新。近年来，瑞典政府还根据

情况的变化，将研发投入的重点转向医学、工程、自然科学、社会科学及人类学等领域，并将医药、技术、气候与环境、跨学科研究列为战略研究领域。

（二）完善的科技创新体系

瑞典科技创新体系完备而有效，大致可以分为五个层次。第一层次为政策制定层，由议会和政府内阁相关部门组成。各部门主要负责政策制定，创新项目具体管理运作则由下属单位负责，所有部门都在自身预算基础上支持本行业内的研究活动。第二层次为实施层，主要由部门所属的研究理事会、国家创新局等组成。其中，教育科技部下属的研究理事会负责基础研究；企业能源和通信部下属的国家创新局主要支持产业前期科技研发，同时也注重基础性技术研究。在项目管理方面，主要由专家队伍独立决策。第三层次为研究开发操作层，主要由研究机构组成，包括公立研究机构（主要是大学、政府建立的研究所）、半公立研究机构（工业研究所）、国际科技合作者和私有研发机构（公司的研究部门和私有的非营利的研究机构）。第四层次为技术扩散层，主要包括大学和产业界合作建立的能力中心、科技园区、技术转化基金（提供科技成果转化中介服务）等，还有地区商会技术扩散项目、工业研究所的中小企业项目、欧盟的相关计划等。第五层次为针对中小企业的研发资助层，为中小企业创新创业提供资助，主要是各种公共资助机构（协会、基金会、省级政府研究资助机构）、半公立和私有投资公司（含各类创业风险投资公司）。

瑞典科技创新体系有许多值得关注的特点：一方面，形成了基础研究主要依靠大学、产业技术研发绝大部分在企业并以国际化公司为主导的格局，确立了基础研究投入取决于支柱产业发展的政策导向；另一方面，国家在产业技术领域仍设立了若干公立或半公立的研发机构如信息通信技术研究所（ICT），重点从事产业共性技术的研究，其中，下一步通信技术（LTE）及其高阶是目前最重要的研发领域。2001 年，瑞典还将林业、矿业、环境和 ICT 等产业研究机构整合成一个综合性的研究机构（RISE），使 ICT 成为其一个下属单位。ICT 作为非营利机构，其培育出的接近产业化的成果可以通过拍卖、入股等形式获得收入，并将其收入用来支持新的技术的开发。这种运营模式和运行机制值得我们认真研究。

（三）以持续高投入支撑瑞典创新的高产出

长期以来，瑞典以高投入不断提升其创新和研发能力，为研发活动和重要技术进步奠定了物质基础。2007 年，瑞典人均 GDP 达 4.7 万美元，高技术产业产值超过 GDP 的 1/5，研发投入约占 GDP 的 3.7%，仅次于以色列的

4.8%，居世界第二位。其中，企业研发投入占 GDP 的 2.6%，政府研发投入接近 GDP 总量的 1%。据企业能源与信息产业部介绍，从研发投入构成看，企业占 64.2%，政府及公共机构占 24.5%，私人及非营利机构占 1.9%，其他来源为欧盟等机构，充分体现了以企业为主体的研发投入。与此相应，研发成果总量的构成也反映了投入构成的特点，其中，企业占 73.5%，大学和研究所占 21.3%，政府占 4.8%，私人及非营利机构占 0.1%。

（四）政府支持鼓励和引导全社会创新创业

一是规范和统一高新技术企业投资渠道。20 世纪 90 年代，政府投入数十亿瑞典克朗成立了 2 个控股公司、6 个创业风险投资公司，并通过这 8 个公司对高新技术企业进行战略投资。二是实行创业投资优惠。从 2007 年开始，瑞典政府取消对风险资本征收资本税项目，实施了对创业（风险）投资的税收优惠政策，同时，鼓励创业（风险）投资机构的发展。三是实行所得税优惠。据瑞典投资促进署介绍，瑞典企业所得税负在欧洲属于较低水平（26.3%）；对于税率较高的个人所得税，政府对符合条件的新创办企业重要的管理及技术人才给予优惠税率。此外，瑞典还曾实行鼓励企业研发投入的税收优惠政策，但因中小企业研发投入难以计算等因素的影响，现为以个人为主、鼓励创新创业的政策所取代。四是发挥科技园区的创业辅导作用。瑞典科技园区的管理者一般由专家和熟悉产业发展的相关企业代表组成，队伍精干、专业性强。其主要工作在于开展创业辅导，组织提供商业模式、经营管理、投资融资等方面的培训，既帮助创业企业了解和享受政府各项优惠政策，加快创业和发展，又帮助政府将风险投资、优惠贷款等投向有发展前景的高新技术企业，促进新兴产业的培育和壮大。园区建设和物业服务则由相关企业提供。考虑到创业企业往往由技术创新者领导，缺乏企业管理经验，政府对创业企业向专业咨询机构和专家购买相关咨询等服务的费用补贴 50%，一方面让创业企业经营发展少走弯路，另一方面也促进了相关服务业的发展。在诞生过爱立信等著名企业的斯科讷省 IDEON 科技园，其对新企业的辅导有 30 多道程序。这也是瑞典科技园区建设的突出特点。

（五）大力支持中小型高技术企业发展

瑞典注重营造良好的创新创业环境，在不断加大研发和产业化投入的同时，加强对中小型高技术企业的服务支持，提高技术转化和产业化能力。瑞典通过建立完善的教育、投融资及其他相关服务体系，促进企业技术创新和创新成果的产业化，推动信息、生物、新能源、环保等高新技术产业快速发展。主要政策措施包括：一是设立为中小企业服务的专门机构。最主要的是 ALMI（支持中小企业发展的小额贷款机构）、Industrifonden（产业风险投资基金）等机构，并在全国设立分支机构或办事处，直接为地方上众多的中小企业服务。二是设立专门用于创立中小企业的优惠贷款。贷款数额在 10 万至 100 万瑞典克朗范围内，期限 15 年，前 2 年无息，第 3 年至第 5 年利率逐步递增，5 年以后过渡到商业利率。瑞典政府还拨出 10 亿瑞典克朗，为科技园中的研究型小公司提供资金和低息贷款，鼓励大学教授办产业，对于经营成功的公开拍卖，收回开办资金。三是设立中小企业研究开发项目专项资金。政府目前支持的领域集中于信息技术在服务行业的应用、新工业金属材料、生物医学成果的产业开发、精密机械和仪器等。四是设立合作办公室，为中小企业参与欧盟科技合作项目创造条件。据统计，38% 的瑞典人在科技型企业工作，高技术产业已成为瑞典经济社会发展的主导力量。

（六）成熟的创新文化

瑞典的创新环境全欧第一，其"从摇篮到坟墓"的社会福利保障制度使人们创业无后顾之忧。创新不仅依赖于社会的物质保障，更需要创新文化的积淀与传承。瑞典的创新史可以追溯到 18 世纪，1739 年成立的皇家科学院很早即有组织地开展自然科学研究探索，瑞典整个社会为人类贡献了一大批创造发明。瑞典不仅避开了两次世界大战的炮火，还在战火中休养生息。国土面积和国内市场规模小、人口少、自然资源不是很丰富等因素的存在，使瑞典政府历来高度重视教育和人力资本投资，注重平等和谐与团队合作，注重科技创新，企业还经常举办挑战权威、反官僚作风等活动。全球化的视角与创新思维、科学探索和技术发明已经成为瑞典社会的常态，并与经济发展和社会进步形成了良性互动。

四、瑞典高技术创新的监管环境

作为发达的市场经济国家之一，瑞典对创新、创业采取了较为宽松的市场化监管方式。概括起来，主要有以下几个方面。

（一）创造诚信、廉洁的社会文化氛围

政府十分重视公民道德教育，强调诚实守信，以权谋私被视为令人唾弃的行为。这种以廉为荣、以贪为耻的道德传统和社会氛围，对公职人员的廉洁从政和研究人员的职业道德有极大的影响力。在整个社会浓厚的廉政氛围中，瑞典掌握项目和资金决策权的专家很少幻想通过权钱交易敛财，因为他们知道那既不可行也不值得；研究机构及其人员也非常重视诚信和声誉，他们把违规使用资金当成非常羞耻的事。此外，瑞典重视公民诚信建设，社会诚信体系完备，国家把个人信息联网，各部门可随时查阅每个人的诚信记录。一个人一旦有不诚信记录，是很难立足于社会的。瑞典的廉政成就举世公认，透明国际组织自1995年起每年发布世界各国腐败状况排名，瑞典在清廉指数排行榜上一直名列前茅，2008年与丹麦、新加坡并列第一位，是世界最清廉的国家之一。

（二）注重从源头预防腐败

瑞典注重从法律和制度建设上堵塞漏洞，在事前预防腐败的发生。一是建立健全法律制度。在对公务员和公职人员的监督方面，瑞典制定了一系列法律法规和制度。如《瑞典公职法》、《反行贿受贿法》、《瑞典刑法典》，这几部法律规定公务员和公职人员未经政府许可，不得利用职务之便收受礼品、捐赠或类似好处，违反上述规定的公务员和公职人员，不但要追究其行政责任，还包括警告及减薪，严重的必须开除公职。同时，任何人给予或答应给予不适当的报酬，不论数额多少，均被认为犯有行贿罪；任何索贿、受贿或接受不合理的报酬，都被认为犯有受贿罪。这为合法合规使用高技术创新项目资金创造了良好的制度环境。二是建立了管理、决策相分离的机制。瑞典国家政府部门不直接管理和干预科研项目的安排和科研经费的分配，基本是授权下属机构（如瑞典研究理事会、国家创新局等）履行具体职能，而下属机构的管理人员（公务员）无项目安排和经费分配的决策权，往往是授权业内知名专家组成的评审委员会进行决策。专家实行聘用制，滚动管理，这在制度设计上有效地预防了公职人员的寻租行为。三是信息公开透明。对政府资助的每个科研项目，相关部门均制定了操作性很强的具体工作指引，科研项目承担单位必须严格按照指引的规定，规范开展工作，没有政府部门的批准不得超越指引的范围。这就保证了项目承担单位能按照政府设定的条件开展研究工作，客观上减少了滥用科研经费的机会。

（三）加强对项目的后评估监督

对使用政府资金的科研项目，在项目研究期满后（一般为3年），项目承担单位必须出具研究报告，由安排该项目的政府机构组织专家进行后评估。如果项目没有按要求完成（取得目标成果之外的新成果的除外），则政府机构可以采取停止下一期拨款、要求退还研究经费或者撤换项目负责人等措施进行制裁。此外，有的地方政府部门如卡尔马市经贸署对接受政府无偿援助的项目单位，还通过监督财务变动状况和事后调查等方式进行监管。对经费的审计往往采取第三方审计的方式，加强社会监督。据了解，瑞典基本没有发现大的滥用研究经费的事件，当然，这与其研发项目经费使用相对灵活，可以包括人员费用有关。

（四）充分发挥新闻舆论和公众监督的作用

瑞典新闻媒体发达，法律赋予其充分的知情权和报道权，新闻媒体有据实报道的自由，政府不得干预新闻报道。同时，法律监督、议会监督、审计监督等已形成常态。瑞典公众参与监督的意识很强，发现违法或不当行为能够大胆揭露、及时举报，形成了全民监督的社会环境。新闻媒体和公众的有效监督，使政府机关及其公务人员、研究机构和研究人员能够更加注意检点自己的行为，做到处处小心、谨慎从事。

五、思考及启示

瑞典的高科技创新，为其经济发展、社会发展发挥了极其重大的作用，使其在激烈的国际竞争中占有了独特的优势。

（一）瑞典经验对广东省加快转变经济发展方式的启示

1. 应从战略层面上认识和把握创新对经济发展的作用与影响

借鉴瑞典的成功经验，把创新上升为发展战略，坚持不懈地付诸实施，对提升竞争实力、促进经济社会可持续发展至关重要。在当前国际国内环境下，应增强广东省的创新能力，改变数量驱动、投资驱动的模式，转变发展方式、促进科学发展。根据广东实际，应适时将促进创新上升并确定为发展战略，建立并逐步完善相应的创新管理体系，大力提升以创新驱动经济发展的能力，增加"中国创造"的比重，提高国际竞争力，促进可持续发展。

2. 要不断完善激励创新的体制机制

瑞典国家创新管理体制不断变革，目前形成了基础研究和产业技术开发相对分离、政策制定和项目管理相对分离的管理体制，对公立产业技术开发机构也不断进行整合调整，形成了以战略研究为基础、支柱产业发展为导向的创新体制和机制。借鉴这些经验，我们在推进改革创新的过程中，要有计划地破除垄断经营，加快建设激励创新的体制机制。

3. 加快建设和形成支撑创新的环境与条件

我们要向瑞典学习，不断加大基础研究与基础性技术开发投入和教育投入，打牢创新基础，以取得丰硕的创新成果。要学习将创新成果转化为商品环节，建立有效的科技中介体系，加强金融创新，以政府投入引导社会资源投向，实现创新成果的快速产业化。在市场需求引导方面，要积极培育新兴产业市场，为新能源、宽带网络等产业发展创造条件。要注重培育高技术服务体系，推动信息服务、创新服务等服务业的发展，着力打造和形成完整的创新体系。

4. 形成有利于创新的监管环境

瑞典对于创新项目的监管，一方面依靠政府相应的监管部门如审计机构，另一方面充分发挥新闻媒体和公众的监督作用，形成了简单有效的社会化的监管体系。在创新性强、风险较大的高技术产业领域，他们依托良好的防腐制约机制，做到了事前监管相对宽松、事后加强评估和审计。他们的创新允许失败，但又强调规范和效率，努力在促进创新和监管之间保持较好的平衡，形成有利于创新的监管体系。这些都是我们可学习借鉴的经验。

（二）广东省加快转变经济发展的对策和建议

1. 完善支持创新和高技术产业发展的政策体系

创新政策的制定应与经济社会发展总体目标密切配合，并与经济增长、就业、可持续发展等大的政策框架相协调。要发挥政策的引导和支撑作用，在加快重要领域高技术自主创新的同时，抓紧形成以市场为基础的创新成果评估体系，加快高技术成果转化和产业化，促进产业链和产业集群发展。要实行鼓励创新和高技术产业发展的投融资政策，完善创业投资和风险投资机制，加大知识产权保护力度，完善企业和个人所得税优惠政策。完善促进高技术产业做大做强的专业服务体系，形成专业化的职业专家群体，推动信息服务、创新服务等高技术服务业的发展。

2. 加强创新与高技术产业领域的金融创新

要推动设立鼓励创新与投向高新技术产业的创业投资机构和产业发展基金，扩大融资渠道，完善政策性担保体系，拓宽创新与高技术产业发展的资金来源渠道。推动企业与高校及科研院所的合作，进一步加强应用技术特别是战略技术的研究，强化创新基础，明确创新导向。不断完善和规范对高技术企业的创业辅导，推动研发成果快速产业化。

3. 大力培育高技术中小企业

为保持创新活力，我们应在培育行业领军企业的同时，鼓励地方政府扶持一大批创新能力强、成长性好的中小企业。提高政府及中介机构对高技术企业的服务能力，加强对创新型中小企业的信息、技术、政策指导和金融、市场等方面的服务。引导、支持中小企业的制度创新，不断增强其持续创新能力。

4. 大力培育创新文化

创新文化是激发创新人员积极性和创造力的重要条件。要在全社会培育创新意识，大力提倡敢为人先、敢冒风险的精神，形成敢于创新、勇于竞争和宽容失败的社会氛围。努力为创新活动创造良好的法制、政策、市场和舆论环境，把对创新规律的理解和对创新活动的态度贯穿于推动创新的体制机制中。加大创新人才的培养和引进力度，要着力培养国民的创新思维和创新能力，创造平等交流的氛围、顺畅的信息传递渠道、融洽的人际关系，给予创新人员更大的自由发挥的空间，从而促进创新。要通过政策杠杆协调创新主体与社会之间的收益平衡关系，促进企业和社会资源加大对创新活动的投入。

瑞典氮氧化物排污费制度设计及其启示

周锦林

根据广东省人力资源和社会保障厅安排，笔者被选派参加第四期广东省公务员公共管理瑞典专题研究班的学习。在国外学习期间，笔者结合自身工作，对瑞典运用经济手段治理环境的做法作了研究。本文侧重于研究瑞典的氮氧化物排污收费制度。

一、选题的目的

选择瑞典的氮氧化物排污费制度作研究，主要基于三点。首先，体现"瑞典特色"。瑞典除了是典型的高福利国家之外，自然环境也在全世界首屈一指，笔者所到之处天蓝水清，自然风光如梦如画。这一方面得益于长期以来瑞典政府对国民环保理念的灌输与教育，另一方面与政府采取的经济手段有极大关系。近年来，瑞典先后颁布了《自然保护法》、《环境保护法》、《硫法》和《废物管理法》，确定了以经济手段和许可证制度为支柱的污染控制制度。据不完全统计，瑞典出台的针对环境保护的经济手段约50种之多，主要分为三大类：环境税（如碳税、二氧化硫税、燃油税、航空税、填埋税、针对部分可再生能源的免税政策等）、环境收费（如氮氧化物排污费、城市拥堵费、污水处理费、重型车辆道路使用费、废旧电池回收制度、废旧汽车回收押金制度等）、环境补贴（如资源利用技术创新补贴、风力发电补贴、公共建筑节能补贴、自然文化遗产保护补贴、机动车报废补贴等）。在所有的经济手段中，氮氧化物排污费的"收费返还"政策设计被认为是最为成功的手段之一，被列为欧洲典范。其次，"学为我用"。广东省正处于全面贯彻落实科学发展观的关键时期，节能减排、环境治理的任务非常艰巨。目前，国家正研究将氮氧化物列为"十二五"期间节能减排规划的主要污染物，予以重点治理。与瑞典相比，广东省治理环境的经济手段运用远远不足。学习、借鉴先进国家经验，对进一步完善广东省排污费政策、运用价格杠杆治理环境有一定的参考意义。最后，"填补空白"。从国内文献来看，目前我国对瑞典排污费政策的介绍及研究近乎空白，选择这个题目作研究，具有一定的开创性。

二、瑞典氮氧化物排污费制度概况

（一）制度出台背景

以一氧化氮和二氧化氮为主的氮氧化物是形成光化学烟雾和酸雨的一个重要原因。氮氧化物与氮氢化合物经紫外线照射发生反应形成的光化学烟雾，具有特殊气味，刺激眼睛，伤害植物，并能使大气能见度降低；氮氧化物与空气中的水反应生成硝酸和亚硝酸，易促成酸雨的形成。氮氧化物的来源主要有两处：一是来自燃料本身，如煤炭、石油中本身含有的氮元素，会在燃烧中发生转化；二是来自燃烧过程，特别是随着燃烧温度的升高，氮氧化物的产生量会急剧增加。20世纪80年代，氮氧化物过量排放导致水体和土壤酸化是瑞典面临的突出问题，全国酸雨严重，在南部约有15000个湖泊水质遭到破坏，部分物种灭绝；全国20%的森林土壤严重酸化，森林植被系统面临威胁。为控制污染物排放、改善环境质量，1985年，瑞典提出全国氮氧化物减排目标：以1980年排放量（42.5万吨）为基数，到1995年减排30%（减排至30万吨）。为此，瑞典出台了一系列排放技术标准及行政监管措施，但成效并不明显。如1991年，全国氮氧化物排放量仍高达39.4万吨，仅比1980年减排7%。为此，瑞典采取了激励型的经济手段，于1992年1月1日正式实施氮氧化物排污费制度。

（二）氮氧化物排污费的制度设计及案例

瑞典的氮氧化物排污费的征收对象为供暖、电力、造纸、化工、冶金、垃圾焚烧、木材加工、食品等行业中的大型企业。"大型"的定义标准为企业所用工业锅炉（以及固定式内燃气、燃气涡轮）功率10万千瓦或者年产量5000万千瓦时以上。为加大控制力度，1996年扩大到年产量4000万千瓦时的锅炉，1997年1月1日扩大至年产量2500万千瓦时。目前，全国约有260家企业（460个工业锅炉）需缴纳排污费，每年约产生15000吨氮氧化物，占全国总排放量的8%。

在计算单位排放量标准时，瑞典监管部门对企业减排成本作了周密而准确的测算，综合考虑企业设备老化、减排技术等因素，测算出企业减排边际成本在3～84瑞典克朗/千克之间。为给企业减排留下空间，征收标准定为40瑞典克朗/千克（约为6000美元/吨，这一比例远远超过欧洲其他国家，如法国、意大利、西班牙多在150美元/吨左右；2008年1月1日，瑞典监管部门又将征收标准提高至50瑞典克朗/千克）。企业排放量的计算方式有两种：一是由企业自行安装排放量监测装置（成本约3万克朗），按氮氧化物实际排放量征收。监管部门允许企业每月对监测设备进行维护，但正常运营时间必须达到95%以上。二是按监管部门推定的排放量征收，推定排放量为工业锅炉250毫克/兆焦、燃气涡轮600毫克/兆焦。企业可任意选择其中之一作为计算标准。由于监管部门的推定排放量标准较高，因此绝大部分企业选择了安装监测装置。

为鼓励企业减排，特别是避免大型企业因运营成本上升而导致竞争力降低，瑞典监管部门建立了收费返还制度，这也是整个排污费制度设计的核心。即征收的资金除部分用于弥补监管成本外，全部返还给节能减排突出的企业。资金返还以企业的有效能源产量为核算标准。在这种制度设计下，高产出、低排放的企业为排污费净收入单位，低产出、高排放企业则为净支出单位。所以，虽然瑞典排污费标准较高，但是收费返还制度对企业非常具有吸引力，企业有足够的动力尽可能降低单位产出排放量。

为更好地理解瑞典氮氧化物排污费的制度设计，表1以2003年数据做案例分析。

表1 2003年度氮氧化物排污费返还基数的计算

氮氧化物排放总量	15835659 千克
排污费总收入	40 × 15835659 = 633426360 瑞典克朗
上年度排污费结转资金	10751606 瑞典克朗
监管部门监管成本	4155000 瑞典克朗
预留备用金	15000000 瑞典克朗
可分配资金	633426360 + 10751606 – 4155000 – 15000000 = 625022966 瑞典克朗
有效能源总产量①	66136158 兆瓦时
收费返还基数	625022966 ÷ 66136158 = 9.45 瑞典克朗/兆瓦时

得出收费返还基数后，表2再以企业A、B为例，分别得出两家企业在不同排放量条件下的排污费收支情况。

---

① 有效能源指工业锅炉生产的电力、蒸汽或者热水，统一折算成兆瓦时为计算单位。

表2 A，B两家企业的排污费

项　目	企　业　A	企　业　B
氮氧化物排放量（千克）	14601	110577
缴纳排污费（瑞典克朗）	40×14601＝584040	40×110577＝4423080
有效能源产量（兆瓦时）	37495	548374
返还资金（瑞典克朗）	9.45×37495＝354328	9.45×548374＝5182134
净支出（瑞典克朗）	584040－354328＝229712	4423080－5182134＝－759054
每单位有效能源产量排放的氮氧化物（千克/兆瓦时）	14601÷37495＝0.389	110577÷548374＝0.202
每单位有效能源产量支出排污费净额（瑞典克朗/兆瓦时）	229712÷37495＝6.13	－759054÷548374＝－1.38

虽然企业 A 的有效能源产量远低于企业 B，但是每单位有效能源产量的氮氧化物排放量却远远超过企业 B，两者数据分别是 0.389 和 0.202，前者几乎是后者的 2 倍，由此造成了排污费支出的巨大差异：2003 年，企业 A 净支出排污费 229712 瑞典克朗，折合成每兆瓦时有效能源产量，净支出排污费 6.13 瑞典克朗；而企业 B 则净收入排污费 759054 瑞典克朗，折合成每兆瓦时有效能源产量，净收入排污费 1.38 瑞典克朗。换以更直观的表述，按照 2010 年 9 月 17 日外汇牌价计算后，相当于企业 A 每发一度电，需缴纳排污费 0.58 分人民币；企业 B 每发一度电，获得排污费净补贴 0.13 分人民币。

（三）氮氧化物排污费的监管

瑞典环保局是氮氧化物排污费的征收部门。企业必须在每年 1 月 25 日前向监管部门递交上年度氮氧化物排放量及能源产量报告。监管部门根据报告计算出每个企业的排污费收入及返还标准。净支出的企业必须在当年的 9 月 1 日缴纳，净收入企业于 12 月 1 日收到返还的资金。

企业安装的氮氧化物排放监测装置必须由独立的有资质的检查机构每年检查一次，并出具检查报告，确保设备运营达到监管机构规定的标准。独立检查机构的资质由瑞典技术认证局颁发。为确保企业监测设备正常运营，瑞典监管部门还对企业进行审计，审计内容包括氮氧化物排放的计算及评估、每日监测报告、设备维护过程、能源消耗情况、独立检查机构的评估等。

2005 年,瑞典环保局共有 5 人负责排污费监管,每年监管成本为 460 万瑞典克朗,约占总收费额的 0.7%。

(四)制度设计优点及实施效果

从上述可以看出,瑞典的氮氧化物排污费政策有以下优点:一是在制度设计上能够激发企业减排的积极性。一方面,由于设定的单位标准较高,一旦企业不减排,缴纳的排污费负担将非常沉重;另一方面,如果减排得力,将获得收费返还,企业存在正收益,减排动力较足。二是政策实施成本低。"收费返还"制度实际上是资金在企业间的再分配,体现了"财政中性"原则,容易获得国会、企业与民众的支持。目前我国正研究在电力行业引入电力脱硝电价,即给予安装脱硝装置的企业给予电价补贴,但是补贴的电价最终仍要通过电价终端疏导出去,本质上是减排成本外部化,相比较而言政策实施成本高。三是资金使用透明。所征收的排污费除部分用于补偿监管成本外,全部用于补贴减排得力的企业,而且计算方式透明,不存在资金滥用情况。

从实际效果看,瑞典对氮氧化物征收排污费后,企业减排的积极性大为提高,相继采用更为有效的减排技术,取得了明显效果。根据监管部门统计数据:1992 年至 2004 年,企业的单位产出排放量均值从 0.4 千克/兆瓦时降至 0.23 千克/兆瓦时,下降幅度高达近 42%。1996 年、1997 年连续扩大了排污费的征收面,从监测数据看,这部分规模较小的企业单位产出减排量均值下降幅度也达到 26%。从排污费的行业收支来看,电力、供暖企业为排污费净收入部门(减排的"赢家"),化学、造纸、木材加工行业为排污费净支出行业(减排的"输家")。监管部门在 1997 年和 2001 年先后两次对氮氧化物排污费政策作出评估,结论是:排污费政策使得氮氧化物排放量持续减少。对于那些同时实行排污许可证管理的电力、供热等部门,排污费政策比许可证制度要更为有效;如果不开征排污费只实施许可证制度,减排量将只及现有的 1/3。

三、瑞典氮氧化物排污费制度的启示

(一)高度重视氮氧化物减排工作

近年来,我国总颗粒物排放量基本得到控制,二氧化硫排放量有所下降,但氮氧化物排放量随着我国能源消费和机动车保有量的快速增长而迅速上升。以广东省为例,2009 年氮氧化物排放量达到 125.14 万吨,已经超过二氧化硫的排放量（107.05万吨），部分抵消了二氧化硫减排带来的环境效益。在全国一些城市尤其是东部地区，已经出现了区域性复合污染，表现为灰霾和光化学烟雾现象。如广东省的深圳、新会和东莞，每年出现150多天的灰霾天气，京津冀地区城市也超过了100天。在氮氧化物排放源中，首要是电力行业。根据中国电力企业联合会统计分析，2007年火电厂排放的氮氧化物总量已增至840万吨，比2003年的597.3万吨增加了近40.6%，占全国氮氧化物排放量的35%～40%。2007年我国单位发电量的氮氧化物排放水平为3.1克/千瓦时，高于美国、日本、英国、德国等发达国家1999年的单位发电量排放水平。现实表明，全面开展氮氧化物污染防治工作已经迫在眉睫。当前要借鉴国外排放标准，促进和刺激固定污染源治理控制技术的开发，完善氮氧化物排放标准。既要在宏观层面上研究环境目标和经济代价之间的关系，又要确定鼓励脱硝和脱硝技术进步的配套技术经济措施，综合运用各种经济手段来推进氮氧化物排放控制。

（二）合理制定排污费标准

征收氮氧化物排污费是政府治理环境的重要经济手段。2003年，国家对排污收费制度进行全面改革，出台了《排污费征收使用管理条例》，构筑了以总量控制为原则、以环境标准为法律界限的新的排污收费框架体系。根据该条例第12条规定，排污费是按照污染物不同而分类征收的，分为废水、废气、噪声超标和固体废物等，其中，氮氧化物属于废气，按每一污染当量0.60元的标准收费，即每千克氮氧化物收取0.63元。目前有部分省份已经上调标准，如江苏省达到1.26元。但是与国际上比较，收费标准依然偏低，不能补偿企业治污成本。而且我国排污费模式单一，调节能力不足。企业"违法成本低、守法成本高"，没有减排动力，宁愿缴纳排污费也不愿安装减排设施，氮氧化物排污费政策并没有充分体现"污染者付费、保护者受益"的原则，难以发挥保护和改善环境的积极作用。当务之急是要尽快开展氮氧化物减排成本测算，并合理制定排污费征收标准。

（三）完善排污费使用，适时引入"收费返还"机制

我国《排污费资金收缴使用管理办法》规定，排污费收缴后财政部门按1∶9的比例划分，10%作为中央预算收入缴入中央国库，作为中央环境保护专项资金管理；90%作为地方预算收入，缴入地方国库，作为地方环境保护专项资金管理。从资金的实际使用来看，仍然不够规范，对企业节能减排缺乏激励性。当前可借鉴瑞典的管理模式，在广东省氮氧化物排污源最大的电力行业引

入收费返还机制,通过大幅度提高氮氧化物排污费标准,再根据企业实际发电量重新分配排污资金,给予减排成效突出的企业补贴,提高企业减排的积极性。为确保政策顺利推进,可以采取先试点、再推广的做法,先在功率30万千瓦以上的机组中实施,再逐步扩大到所有机组;条件成熟后,可再扩大到水泥、陶瓷等行业。

瑞典治理商业贿赂经验对广东的启示

李军晓

环顾宇内,廉洁地区首推北欧。作为北欧传统大国,瑞典廉洁程度首屈一指,特别是在商业领域,鲜有贿赂和腐败现象。2010年仲夏,笔者有幸参加第四期广东省公务员公共管理瑞典专题研究班,赴瑞典学习考察月余,颇有茅塞顿开之感。对于瑞典治理商业贿赂的做法和成效感触尤深,观照广东的实践和探索,略有所悟,遂成拙文。

一、瑞典治理商业贿赂的主要做法

商业贿赂(bribery in business),顾名思义,是指发生在商业领域的贿赂。具体指市场交易主体采用财物或其他手段在账外暗中给予对方单位或者个人利益,以获得交易机会或有利于交易条件的不正当竞争行为。商业贿赂是市场经济的毒瘤,是法律明令禁止的行为,也是亟待攻克的一个社会顽疾。

在治理商业贿赂方面,瑞典有一整套完备先进的经验做法,备受推崇,举世闻名。结合文献梳理、实地观察、调研思考,笔者发现其成功的关键,在于营造了一个廉政文化浓郁、廉洁意识彰显的社会环境,并在此基础上建立了一套严刑峻法齐备、社会协同参与的惩防体系。

(一)法律法规健全,惩处贪腐严厉,使人不敢行贿受贿

瑞典是一个举世公认的法治国家。尽管其法律条文并无"商业贿赂"一词,但通过1977年修改刑法界定受贿罪,将贿赂犯罪的主体由公务员扩展到企业雇员,故商业贿赂同样适用于有关贿赂的法律规定。除了宪法,瑞典先后制定《行政法》、《反行贿受贿法》、《审计法》、《新闻自由法》等,对政府行政和公务员行为作出明确界定。如《反行贿受贿法》对政府、公司、公务员在行贿受贿方面既有质的界定,也有量的规定;超过规定的数额,即按行贿受贿论处。同时,瑞典对待不廉洁行为采取"零容忍",露头就打,惩处严厉,毫无私情可言。例如,政府虽不经常检查公民缴税情况,也极少有人敢偷税漏

税；若政府认为有必要检查，任何人都必须无条件接受，一旦发现有偷税漏税问题，将对其过去10年缴税记录进行倒查，"连本带利"、"秋后算账"，处罚力度极为严重，有人曾因一次偷税漏税导致倾家荡产。又如，瑞典前副首相莫娜·萨林，仅因误用公务信用卡购买巧克力这一貌似简单的行为，竟引发公众非议而不得不辞职下台，最终还导致该国自此取消使用公务信用卡。

（二）司法监管独立，全民监督严密，使人不能行贿受贿

1809年，瑞典在世界上首创专门的监察官制度，设立议会监察专员。监察专员由议会选举产生，专职负责监督国家公职人员，享有调查权、视察权、建议权和起诉权；其运作资金由议会直接拨款，从根本上摆脱了政府控制，有力确保了司法独立公正。由于监察专员独立性很强，上司都不能对其下命令或指示，甚至连首相也无权指挥或操纵，他们可以在不受外界任何干扰的情况下依法独立行动，此举对预防公职人员贪污受贿起到"防火墙"的重要作用。在瑞典，媒体和公众都具有很强的监督意识，不仅监察专员、检察官、法官在监督涉腐行为，而且全国公民都在密切关注并参与其中。例如，瑞典的报纸、电视等媒体有权对任何现象发表言论，并把触角延伸到经济、社会、政治等各个领域，进行揭露和曝光。这使得商业贿赂等犯罪行为无所遁形，始终处于众目睽睽的监督之下。在实践中，不少贪污贿赂案件的败露就源自媒体和公众的监督、曝光和检举。这种"全民监督"的严密网络，有效挤压了商业贿赂滋生繁衍的空间。

（三）政务运作公开，考核管理严格，使人不易行贿受贿

早在1766年，瑞典议会就确立了政务公开的原则，成为世界上第一个推行政务公开的国家。在瑞典，任何一位公民都有权查阅任何一个政府部门的文件（涉及国家安全的除外），有权查阅任何一个官员乃至国家元首的财产与纳税情况。瑞典还首创了财产申报与公开制度，连公职人员买房子都要刊登广告。瑞典信息技术社会化程度很高，实现了电子政务和网上信息公开，所有政务活动和个人经济状况都公之于众，大大降低了商业贿赂发生的可能性。与此同时，瑞典公职人员要接受严格的考核和管理。首先是入口选任，对公务员和公共机构工作人员的选任设置严格的条件和标准，对具有监督职能的行政机关、司法机关的官员选任更为严格。其次是管理监控，运用现代管理原则和方法加强对公职人员的管控，实行重要职位岗位轮换制度，严格控制公务员兼职行为。最后是考核评估，每年对公职人员的能力、素质、绩效和廉政情况进行综合考评。

（四）廉政文化盛行，诚信氛围浓厚，使人不愿行贿受贿

文化是一个国家和民族的灵魂，廉政文化则是瑞典保持廉洁的源头活水。瑞典非常重视法制宣传和廉洁教育，中学一律开设法制教育课程，大专院校普遍聘请反贿赂事务所的专业人士作法制辅导讲座，通过潜移默化，培养公众自觉遵纪守法、诚实守信的良好习惯。同时，执政党社会民主党奉行社会民主主义，公正、公平、平等的社会价值理念深入人心，成为瑞典人非常重要的品质塑造构成和约定俗成的社会规范。笔者在考察中发现，瑞典公众普遍对腐败和贿赂极为反感，认为商业贿赂破坏了市场公正，损害了企业公平竞争，不利于经济健康发展，不利于优秀企业成长壮大。正因如此，瑞典非常重视社会信用体系建设，搭建了公民个人信息网络的系统平台，使得任何人在任何时间、任何地点的违纪违法行为都被记录在案并在该平台公开，供公众随时查阅。在瑞典，一旦有污点记录，就很难在本国乃至欧洲地区立足，哪怕是非常小的污点记录也将产生严重后果。例如，因乘坐公共汽车、地铁的逃票行为将影响个人生活3～5年，偷税漏税等行为将影响个人生活10年。这种以诚信守法为荣、以失信违法为耻的社会环境，使人难以产生行贿受贿的念头，人人对之唯恐避之不及。

（五）市场经济规范，官员待遇较好，使人不必行贿受贿

瑞典市场经济比较发达，很早就实行了政企分开，经济资源的配置充分市场化，所有流程都公开透明，杜绝暗箱操作，从源头上切断了商业贿赂的渠道。给笔者印象最为深刻的是，瑞典实行"小政府、大社会"，政府对企业的行政管制很少，行政审批项目和权力非常有限，各种资源充分市场化、私有化，集中采购、招标投标等制度完善成熟。如招投标制度甚为流行，即便私人出售财产，也经常使用招标方式。可以说，公平竞争的市场经济理念已经深入人心，任何人都没有必要冒险去搞商业贿赂。当然，还需特别强调的是，瑞典是一个典型的高福利、高工资国家，其福利制度历经百年发展，建立了"从摇篮到坟墓"的普惠型福利保障。国家公职人员不仅能享受普通公民的福利待遇，而且工资收入也普遍比较高，人均月工资约3.2万瑞典克朗（约3万元人民币）。因此，他们根本不必去贪污受贿以谋取私利，毕竟，国家给予的高福利、高工资足以让他们过上富足安逸、尊严体面的生活。

二、广东商业贿赂概况及防治困扰

(一) 广东商业贿赂的基本情况及主要特征

作为改革开放先行地,广东市场繁荣、经济发达,商业贿赂、权钱交易等不法行为时有发生。近年来,商业贿赂行为已渗透到各行各业。据有关统计,广东的商业贿赂案件约占全国1/4,严重影响了广东的经济社会环境,阻碍了广东的科学发展进程。其基本情况及特点主要有以下五个方面:

一是特定行业成为高发领域。实践中,土地交易、工程建设、医药购销等特定行业一直都是商业贿赂容易发生的领域。这一特点在全省具有一定的普遍性。例如,广州市查办的原越秀集团有限公司董事长区秉昌受贿案,其受贿行为主要通过工程承包、物业转让、牌照申报等渠道来完成;河源市源城区前国土所所长受贿、韶关市新丰县遥田镇非法采矿等案件,无一例外都发生在商业贿赂的高发频发领域。

二是贿赂矛头直指公职人员。商业贿赂的受贿主体是对商业行为和交易具有重要影响的人。因此,掌握实权的部分国家工作人员特别是领导干部,容易成为商业贿赂的受贿主体。广东"三打两建"专项行动中,全省查结及正在查处的商业贿赂案件中,涉及国家机关工作人员多达209人,其中厅级干部11人、处级干部20人,查处充当不法分子"保护伞"的政府公职人员10人。

三是涉案标的越来越大。广东检察机关反贪部门公布2011年度全省"十大精品案件",涉及商业贿赂的就多达7件,涉案金额上亿元。2011年广东部署开展"三打两建"专项行动以来,共排查商业贿赂案件线索782条,查结商业贿赂案件72件,正在查处558件;其中,已查明的涉案金额高达9567万元。

四是方式手段隐蔽多样。从广东省近年发生的商业贿赂案件中可以发现,贿赂手段不但多样,而且隐蔽难查。例如,假借劳务费、咨询费等名义以财物进行贿赂;为对方提供通讯交通工具、购置装修住房、报销各种费用;为相关人员或其亲属提供各种名义的高消费接待、旅游观光、考察学习等;为相关人员及其亲属提供明显可盈利的商业交易机会;施展美人计,进行性贿赂;为受贿者提供便利、荣誉、资格等带有行业特色的其他形式贿赂;等等。

五是群体性贿赂情况突出。随着商业行为的多元化、利益关系的复杂化,一些行业和领域交易过程中存在利益均沾倾向,利益相关方利用手中权力互为谋利的现象日益突出。基于这种情况,行贿或受贿主体都不仅仅是一两个人,

深化广东的改革开放：瑞典经验借鉴

而是一群人，即群体性贿赂。在广东查获的商业贿赂案件中，此类"窝案"、"串案"不在少数。如深圳市民政局军需供应站原站长陈海云等人系列商业贿赂案，站长、副站长、财务管理中心副主任、管理科长等部门领导几乎全部涉案，无一幸免。

（二）广东防治商业贿赂的困境

一是商业贿赂领域立法不足。我国并无专门的反商业贿赂的法律法规，相关内容散见于《反不正当竞争法》、《刑法》等法律条文之中。而且，这些法律条文的规定原则性强，但对商业贿赂的具体细节如主体、客观行为的表现形式等规定不详、不尽明确。立法不足、无法可依的现象在广东繁荣的市场经济反衬下，更加突显。这对预防和打击商业贿赂带来制度性缺陷。例如，对商业交易产生影响并接受贿赂的公职人员，是否只能构成贿赂犯罪而不适用反商业贿赂的法律规定？尤其是商业贿赂中，许多利益给付的性质、标的的定性定量，均需要法律法规予以明确规定，给予最根本的有力支持。

二是打击商业贿赂执法乏力。商业贿赂案件在广东某些行业和领域频繁发生的现状表明，反商业贿赂执法还存在极大的问题。一方面，反商业贿赂缺乏统一的执法机构。各部门之间缺乏有效的协调机制，如工商、公安、检察部门根据涉案性质和程度不同，均有立案调查权；然而这些执法部门之间缺乏有效的协调机制，导致在反商业贿赂执法中各自为政、各行其是，要么出现交叉执法，要么出现管理真空。另一方面，反商业贿赂执法的力度总体偏弱。这在商业贿赂案件治理中，体现为总体破案率较低；一些行业和领域中的商业贿赂行为甚至成为公开的秘密，衍变成"潜规则"。凡此种种，跟现有法律制裁力度不够、缺乏足够威慑力密切相关。

三是商业交易环境不够完善。在社会主义市场经济尚待完善的现实背景下，广东现有的商业交易制度仍不健全，存在许多薄弱环节和漏洞，既为商业贿赂行为提供了滋生的土壤，也给不法分子提供了可乘之机。例如，在工程建设领域，招标主体混乱，信息公开不够，工作随意性较大，增加了商业贿赂行为发生的可能性。由于政府职能转变迟缓和"缺位"、"错位"、"越位"，存在"大包大揽"和插手具体经济行为的现象，商业交易环境不甚良好，一些商业交易活动化身为权力"寻租"的平台和渠道；而不法经营者希望通过贿赂以达成交易，乐于通过国家工作人员谋求商业交易机会，这直接催生并纵容了商业贿赂。

四是企业诚信自律意识不强。在加快转型升级的背景下，很多企业仍处于成长期，尤其珠三角中小微企业众多，没有成熟的企业文化，诚信守法经营的意识相对较差。例如，一些企业经营者法律观念淡薄，认为做生意给回扣是"行规"，不"触犯"法律，热衷于通过商业贿赂手段谋求企业发展和经济利益。由于商业贿赂行为具有较强的隐蔽性，被查处制裁的概率相对不高，直接导致许多企业知法犯法、铤而走险，明知商业贿赂违法，也听之任之甚至主动为之。在社会诚信缺失、企业自律机制不全的情况下，商业贿赂很有可能成为一些经营管理人员开拓市场、争取交易机会的"惯用法宝"。

三、借鉴瑞典经验，探求广东防治商业贿赂新路

他山之石，可以攻玉。当前，广东正处于转型升级的关键时期和完善社会主义市场经济的攻坚时期，因此，加强商业贿赂防治，规范市场秩序，优化经济环境，具有重要而深远的意义。而瑞典治理商业贿赂、推进廉政建设的先进经验和做法，具有很好的启示意义。其总体思路是，坚持综合治理、预防为主，着眼于构建法治、政府、社会和个人"四位一体"的防治体系，综合运用法律、经济、行政、教育等多种手段，一手抓惩治、一手抓预防，努力实现防治并举，有效根除商业贿赂。

(一) 法治为基，完善法律制度

瑞典治理商业贿赂、反腐倡廉取得的巨大成功，基础因素是非常重视法制建设，建立了较为完备的法律制度，法治理念根深蒂固，国家公务员依法行政，公民遵纪守法。反观我国，在反商业贿赂方面的法律十分有限。广东作为经济发达省份，国际化程度较高，应大胆先行一步，沿着社会主义市场经济的改革方向，着力打造法治化、国际化的营商环境，不断推进商业领域的法制建设，有针对性地完善地方性法规和政策制度。一是率先制定反商业贿赂地方性法规（条例），把现有关于反商业贿赂的分散在各相关法律法规中的内容，加以整合梳理并使之系统化、全面化、固定化。二是建立反商业贿赂的举报和奖励制度，设立严格的保护举报人免受打击报复的规定或条款，既有力保护举报人，又许予物质重奖。三是健全完善涉及工程建设、医疗卫生、餐饮旅游等各方面的规章制度，重典治乱，为有效防治商业贿赂打下坚实的制度基础，从源头堵死商业贿赂的端口。

(二) 良政为要，规范政府行为

"阳光政务"是瑞典反腐败、反商业贿赂的有效手段，通过严格执行政务公开制度和招投标制度，使政务行为在"阳光"下运行，公开透明、无懈可

击。广东正在致力建设服务型政府、法治政府,迫切需要借鉴瑞典的先进经验,通过规范有序的政府行为,营造良好的市场环境。一是深化行政管理体制改革,加快减少、清理和规范行政审批事项,推进政府简政放权,减少行政权力对市场的干预,还权于社会和市场,让市场充分发挥资源配置的基础性作用。二是全面推行政务公开,规范行政行为,打造阳光政府,建立健全公开招投标和拍卖等制度,避免"暗箱操作",防止权力寻租,杜绝腐败现象。三是深化金融体制、投资管理体制改革,净化市场和商业环境,切断商业贿赂的渠道。四是加大力度推动市场开放,打破商业行业垄断,构建公平合理的市场竞争秩序,防止地方保护主义,铲除官商勾结的土壤,根除商业贿赂的生存条件。

(三)监督为本,促进社会自律

市场主体的协同自律是防治商业贿赂的重要基础,全民监督是防治商业贿赂的有效途径。在瑞典,反腐败、反贿赂不仅是检察官和法官的事,而且深受全民关注,媒体和民众都具有很强的监督意识。可以说,瑞典构建了较为完善的多方位监督体系,除了法律监督、舆论监督、专门机构监督,还有不少民间监督机构和组织,在防治商业贿赂方面发挥着至关重要的作用。正是这种众目睽睽式的"全民监督",有效扼杀了商业贿赂的产生。对于广东来说,扩大监督主体、强化监督举措必不可少。一是加大金融监管力度,加强票据管理,规范和减少商业活动现金交易,促进市场经济主体不断强化自律自控。二是加快行业协会、商会管理体制改革,清理规范社团、行业组织和社会中介组织,推动行业组织、行业协会加强对企业会员的监督约束,定期开展检查评比活动,奖优惩劣,维护行业市场环境和客户合法权益。三是建立企业自律和监督机制,强化内部管理,建立完善内控机制。四是加强市场主体之间互相监督,促进公平竞争、守法经营。五是建立公众监督、媒体监督体系,织就一张既广又密的社会监督网络。

(四)诚信为魂,强化公民教育

诚信是市场经济的基础,是商业贿赂的防腐剂,彰显诚信为防治商业贿赂提供坚实的社会基础。瑞典在治理商业贿赂方面的成功经验之一,就是高度重视诚信文化建设。一方面,抓公务员反腐败教育,增强公务人员廉洁意识;另一方面,加强公众职业道德建设,增强公众的诚信意识和遵纪守法的自觉性。这为瑞典治理商业贿赂、推进反腐败工作确立了广泛的思想共识和公众基础。当前,广东正处于社会转型的关键时期,人们的思想观念、行为方式正发生着深刻重大的变化,要行之有效地防治商业贿赂,就必须贯彻教育在先、诚信至上的原则,大力加强对广大群众的廉政文化教育、职业道德教育和法律法规教育,切实增强廉洁意识、诚信意识。一是借力建设文化强省、教育强省的重大战略,实施廉政文化建设工程,营造健康的商业文化和诚信廉洁的良好社会氛围。二是加强公民法制道德教育,提高公众的廉洁意识,树立以廉为荣、以贪为耻,以诚信经营为荣、以商业贿赂为耻,以公平竞争为荣、以投机取巧为耻,以勤劳致富为荣、以不当得利为耻的道德标杆,努力营造依法作为、按章办事的道德环境与社会氛围。三是加强对公民的教育引导,发挥人民群众的主体作用,依靠人民防治商业贿赂、治好商业贿赂造福人民,让商业贿赂等不法行为淹没在人民群众的汪洋大海之中。

(五) 预防为先,注重防治并举

瑞典的实践证明,治理商业贿赂,严厉惩处是立竿见影的有效手段,突出预防则是利在长远的可靠方法。瑞典对商业贿赂"零容忍"的原则,促成建立一整套对违规违纪违法公务人员的谈话、警示报告、降薪、降职、革职、罢免以及法律惩治等惩戒机制,对商业贿赂严惩不贷。同时,瑞典还注重源头预防,通过严惩形成警示震慑作用,并通过健全法制、深入宣传、加强教育、营造环境等基础性工作,有效遏制了这类不法行为发生,每年的商业贿赂案件屈指可数。广东应立足当前、着眼长远,既有必要通过严格执法,强化对商业贿赂的打击力度;又必须借助健全的法律和良好的环境,建立强大的预防屏障。具体来说,就是要结合当前开展的"三打两建",一是严厉打击商业贿赂,整合行政、司法等执法部门资源,形成打击合力,实行高压震慑,为做好商业贿赂的防治创造有利条件;二是加快构建社会信用体系和市场监管体系,建立规范、全面、动态的企业诚信和个人信用档案体系,规范商业行为,优化市场环境,既巩固打击成果,又着眼预防功效。与此同时,除了继续抓好对传统重点领域的打击,还应与时俱进地关注形势发展新动向,及时调整打击对象和重点,如一些民营企业发生腐败的概率迅速上升,甚至依靠腐败行为侵蚀国企资产,这类企业也要作为打击重点,以打促建、以治促防。

参考文献

[1] 梁光严. 瑞典 [M]. 北京:社会科学文献出版社,2007.

[2] 汤益诚. 促进社会和谐的瑞典经验:制度变革与政策选择 [M]. 北京:中国社会出版社,2008.

[3] 郑德涛,欧真志. 民主治理与公共服务价值的重塑 [M]. 广州:中山大学出版

社,2009.

[4] 宋玉池. 瑞典治理商业贿赂的做法及其借鉴 [J]. 宁波经济（三江论坛）,2007(8).

[5] 周家伟. 瑞典舆论监督的特点及其启示 [J]. 上海党史与党建,2009（3）.

[6] 丁刚. 瑞典对贿赂"零容忍" [J]. 领导文萃,2009（6）.

[7]（瑞典）Claes Eklundh. 瑞典议会监察专员制度和促进良好执政 [C] //上海大学法学院,上海市政法管理干部学院. 法苑文汇. 上海：上海社会科学院出版社,2003.

[8] 倪星,程宇. 北欧国家的廉政建设及其对中国的启示 [J]. 广州大学学报：社会科学版,2008（4）.

[9] 劳剑. 反腐败在瑞典 [J]. 检察风云,2006（24）.

[10] 张本平. 瑞典廉政建设的经验及启示 [J]. 中国监察,2007（19）.

第二部分　公共部门发展的探索与启示

瑞典民间组织对广东省行业协会发展的启示

许晓雄

民间组织是为了实现特定的目标而有意识地组合起来的社会群体，一般指为发展社会事业和促进社会进步，按照一定章程开展活动的非营利组织和社会中介性组织。由于政府在社会治理上存在失效现象，民间组织往往在政府难以发挥作用的领域起到有效管理社会的作用，成为推动社会发展和社会进步不可缺少的力量。行业协会是民间组织的重要组成，是指从事相同性质行业活动的经济组织，为维护共同的合法经济利益而自愿组织的非营利性社会团体。

本文主要介绍瑞典行业协会等民间组织的基本情况，总结其主要特征，并分析了瑞典行业协会对推动社会发展和进步的经验，进而结合广东省的实际情况，提出借鉴意见。

一、瑞典基本情况

瑞典位于北欧斯堪的纳维亚半岛东南部，面积约 45 万平方公里，人口约 900 万，是君主立宪制国家，政权组织形式采用议会内阁制，实行多党制，实行"三权分立"。瑞典以高工资、高税收、高福利著称，其社会制度的主要特点是：①民主制。瑞典目前执政的是社会民主党（以下简称"社民党"），社民党在议会没有多数席位，政策受到在野党和社会舆论的有效监督。②阶级合作。瑞典一个显著的政治特点是通过政治妥协和阶级合作来实现"福利社会主义"的目标。③法治监督。瑞典法治比较完备，社会生活和思想文化比较自由，但是政府权力受到社会各界的有效制约和监督。④社会公平。瑞典社会保障体制完善，贫富差距非常小。

上述社会制度特点使民间组织在社会发展的过程中起到举足轻重的作用。瑞典第一批民间组织在 19 世纪初期建立，随后经过了三次组织建设的高潮。一是 19 世纪末 20 世纪初，出现全国性组织；二是 20 世纪 30 年代，民间组织加快发展并增强了其对政府的影响；三是 20 世纪 70 年代，随着经济生活的细分和社会矛盾的凸显，民间组织迅猛发展。目前，瑞典有近 20 万个社会团体，每 10 万人就有 2000 个以上民间组织，一般每个瑞典人都参加了多个民间组织，瑞典民间组织的社会管理参与度也居世界前列，稠密的民间组织网络成为推动瑞典社会发展和社会进步的重要力量。

二、瑞典的行业协会

行业协会是从瑞典长期的市场经济中自发形成和发展起来的民间组织。在各类协会中，以经济领域的行业协会最为活跃，如瑞典贸易协会是瑞典最大的行业协会，会员企业达 1500 个。而且各行业协会又自愿统一到联合会，形成了纵横交错的网络组织体系。瑞典企业联合会是瑞典行业协会的总会，目前有 47 个行业协会成员、55000 个企业成员，几乎囊括所有行业协会。瑞典行业协会一般采取公司化运作，行业协会与政府没有隶属关系，协会为政府提供的服务大都为有偿服务，政府对协会的调控手段主要是相关法律，协会的成立程序主要依照相关法律到相关部门进行登记注册。行业协会的管理层和工作人员都是本行业的专家；协会的经费收入以会费为主，会费的交纳按照企业年收入的 5%～10% 进行收取，此外，协会也通过发行刊物、广告、展览会以及个性化服务等收取费用。

（一）主要职能

一是开拓国际市场。行业协会在促进国际贸易、信息交流以及为贸易双方牵线搭桥等方面，起着比政府部门更方便的桥梁作用。例如，行业协会为企业收集国外市场信息，举办国际展销会，建立企业交流平台，等等。二是代表会员的利益。行业协会利用靠近政府、贴近会员的桥梁地位，密切关注法律和政策信息，根据会员的需要，反映会员的要求，提供相关资料，使得新出台的法规、政策的制定有利于行业及会员的发展。瑞典行业协会注重研究市场形势和政府产业政策，并将分析研究工作作为自己的重要工作内容。政府在政策制定过程中，也特别重视行业协会的意见和建议。三是协助企业调解与职工关系的职能。当企业与雇员在经济利益方面发生矛盾时，行业协会与工会会出面协商。四是提供具有针对性的服务。如企业需要为其职工进行培训，可以向协会缴纳一笔费用，协会则根据企业的要求提供各种各样的培训。五是行业自律。如食品安全问题在瑞典极少发生，主要归功于有关使用食品添加剂的严格法律条文和非常严密的食品安全监控机制，这其中，瑞典的食品行业协会发挥了很大作用。据了解，这些食品行业协会都制定有本行业的食品安全自律指南，供会员企业参照执行。

(二) 主要特征

一是网络化。瑞典绝大多数企业都处于行业协会这一组织范围内，并呈现出网络化关系。法律允许的范围内，一切具有相同利益的企业可以自愿成立行业协会，几乎每个产品、每个企业都有属于自己的行业协会，同时，企业也可以选择加入一个或多个行业协会。二是非政府性。瑞典行业协会不受政府的直接控制，仅对本行业的公共事务进行管理，主要经费来源也不是国家财政拨款。三是非营利性。瑞典行业协会关注的公共利益主要是一定领域内的特殊公共利益，一般是无利可图的公共事业，即使在运行过程中有一定的收入和盈利，法律也禁止组织成员分配这些利润，而将其投入公益事业中。四是权威性。行业协会主要通过法律和政府政策发挥影响，保护行业利益。由于协会尊重会员意见，保护会员利益，会员也尊重行业协会的权威，与协会保持一致。

(三) 政府管理

瑞典政府对行业协会的管理与指导有以下途径。一是立法。首先是宪法，在宪法中有结社自由的规定；其次，在民法等基本法中规定有关社团法人的具体制度；最后，在关于某一经济团体的特别立法或者其他一般性法律中规定行业组织的具体权利和义务。二是协商。在制定和执行决策过程中，政府一般会征求相关行业组织的意见，各行业协会拥有众多该领域的专家和人才，政府通常会主动进行沟通、征询意见，提高政策制定的合理性和有效性。三是竞争。政府对同一地区和同一行业的协会没有数量限制，允许多个同行行业协会的存在，它们之间通过自由竞争，适者生存。同时，企业可以自主选择参加某个或多个协会组织，可以从不同的协会获得不同的服务。

政府与民间组织的这种关系，使社会各阶层可以通过各自的组织向政府反映他们的意见和利益诉求，政府也可以通过这些渠道广泛、及时地了解民意，使政府与社会各方面有直接或间接的接触，为及时有效地解决各种社会矛盾提供了极为有利的条件。但是，瑞典行业协会也存在一些问题，比较突出的是协会集权化和官僚化。由于在发展过程中，各行业的最高组织往往容易取得更大的权力，集权化趋势严重。集权化产生了一些不良后果，如人们对各组织内部的民主程度，以及组织结构的民主程度提出了怀疑；而且，如果意见冲突严重，部分成员就有可能脱离原来的组织，建立另外的组织，从而造成民间组织自身力量和行业服务质量的削弱。

三、瑞典经验对广东省行业协会发展的借鉴

(一) 广东省行业协会概况

改革开放以来，广东省行业协会取得了长足发展，整体来看，可以大致划分为三个阶段：恢复发展期（1978—1989年）、整顿治理期（1989—1998年）、发展规范期（1998年至今）。行业协会的迅猛发展，跟广东省在国内率先确立市场经济体制密切相关。但同时，我们也要看到，当前广东行业协会的发展仍然面临很多问题：一是定位不清晰。由于历史的原因，不少协会的职能仅局限于政府职能的延伸和转移，组织的独立性、对政策制定的影响力以及行业服务功能都比较弱。二是管理体制滞后。目前，作为社团组织，协会登记设立的门槛比较高，还没有摆脱双重审核、双重监管的管制，组织活动范围、经费筹措等方面的约束较多。三是协会发展模式单一。每个行业的省级协会一般只有一家，而且大都脱胎于机构改革后的厅局，地方协会规模普遍较小，行业协会往往采取俱乐部的形式，对政府决策和企业影响力不足。四是协会自身能力建设滞后。由于定位、职能、发展等方面的原因，协会比较难吸引高素质人才，对协会的能力建设又造成了影响。

(二) 广东省行业协会的发展方向

随着改革开放的深入，特别是经济社会的纵深发展，各种社会矛盾交织在一起，对"小社会、大政府"的要求日益高涨，广东省民间组织迎来了大有可为的历史发展时期。虽然瑞典民间组织发展的模式和做法不一定完全符合广东省的实际情况，但是其制度理念、功能定位、治理结构和运行机制对我们切实转变政府职能、提高服务水平具有十分重要的借鉴意义。

1. 切实转变发展理念

当前，社会经济环境正在发生深刻变化，尤其是工业化、信息化、城镇化、国际化发展进入纵深阶段，产业转型升级任务日益迫切，各类利益群体诉求日益强烈，对外交流合作日益频繁，这些都对行业协会提出了更多、更高的要求。政府也正从"全能政府"、"大政府"向"有限政府"、"小政府"转变，尤其要消除在行业协会管理上重防范轻培育、重管制轻服务、重义务轻权利的做法，要切实转变"行业协会是接受机构精简人员和离退休人员的场所"的观念，不要将行业协会作为政府职能转变形式化的工具，要切实调整以限制性的管理体制为核心的管理制度，努力营造有利于行业协会协调发展的氛围。

2. 夯实法制基础

由于广东省社会组织发育程度比较低，而且政府管理体制有待进一步完善，全盘照搬国外经验反而不利于行业协会的协调发展，甚至可能产生社会不稳定因素。瑞典经验表明，行业协会的设立发展是宪法赋予公民、企业的重要权利，按照相关法律法规，政府不得直接干预和控制，完善法律法规是促进行业健康发展的必经之路。我们要循序渐进，积极吸取国外成功的经验。当务之急是要及时完善有关法律和法规，通过政策指引和制定实施细则，进一步明确一定时期内的目标和主要任务，在赋予行业协会更多自主权利的同时也给予有约束力的法律责任，促进行业协会的发展真正做到有法可依、有章可循。坚持循序渐进、先行先试的原则，可选择若干个行业和区域率先试点推行，如可以在竞争性较强的行业试点多个行业协会竞争等模式。

3. 转向间接管理

实践证明，政府直接管理行业协会的模式，一定程度上抑制了行业协会发挥自身优势和主观能动性，不利于行业协会发展。为此，政府部门应加快步伐，将领导产生、经费筹措、内部决策、活动内容等交还给行业协会自主解决，逐步建立以民间组织自律管理为主、政府监管为辅的管理模式。政府可通过政策、财政支持等方式对行业协会进行选择性培育，并及时建立相应的评估机构和合理科学的评估体系，使得那些适应社会要求且运作绩效良好的行业协会得到进一步支持，运作绩效差、社会信誉度低的行业协会被自然淘汰，促进资金、人才等各方面资源的配置得到优化。监管重点从前端转移到后端，将有限的资源和精力投入到对行业协会运作的规范化进行动态监督评估上来。

4. 鼓励适度竞争

现行体制对民间组织的准入制度过于严格，而且在制度设计上，为了便于政府管理，设立行业协会时采取了限制分支原则和非竞争性原则，人为地造成行业协会在特定行业和区域形成垄断的局面，既限制了在相同或类似业务范围内的竞争，也限制了行业协会跨区域的发展。由于缺乏竞争，不少行业协会的管理和服务水平低下，在行业和企业中的影响力偏低，对广大企业缺乏必要的支撑。因此，应当允许同一行政区域内可以存在业务范围相同或相似的两个或两个以上民间组织，形成竞争局面。同时，政府部门要进一步简化民间组织登记注册的手续，鼓励更多的行业协会成立并为产业转型升级服务。

5. 加强协会能力建设

行业协会要根据行业发展实际，强化自身建设，要主动调整自身定位和观念，勇于探索与创新，加强自身内部管理和建设。一方面，要逐渐完善行业协会的内部组织机构、人员构成、职能划分；逐步建立民主、科学的决策机制，执行严格规范的管理制度，提高自组织、自我管理的能力；要执行严格透明的财务管理制度，提高社会公信力。另一方面，要进一步拓展筹资渠道，形成多元的筹资机制，以利于充分吸纳社会闲置资源；招纳高素质创新型人才尤其是具备相关专业知识的从业人员加入行业协会，通过各种方式培养组织成员的团队意识，强化成员对组织的认同感和归属感，增强组织的吸引力和凝聚力。要不断完善自我管理、自我监督、自我服务功能，增强组织的反应能力、适应能力和创新能力，为行业和企业提供更优质的服务。

瑞典 NGO 对我国体育民间组织建设的启发

潘剑勇

NGO（non-government organization）是指在特定法律系统下，不被视为政府部门的协会、社团、基金会、慈善信托、非营利公司或其他法人，不以营利为目的的非政府组织。NGO 在全球范围的兴起始于 20 世纪 80 年代。随着全球人口、贫困和环境问题的日益突出，人们发现仅仅依靠传统的政府和市场两极无法解决人类的可持续发展问题。作为一种回应，NGO 迅速成长并构成社会新的一极。NGO 不是政府，不靠权力驱动；也不是经济体，尤其不靠经济利益驱动。她的原动力是志愿精神，是公民社会兴起的一个重要标志。

一、瑞典 NGO 的发展

瑞典作为经济发达国家，其民间组织建设也处于国际领先地位，对我国的民间组织建设有一定的借鉴作用。瑞典王国位于北欧斯堪的纳维亚半岛的东南部，面积约 45 万平方公里，是北欧最大的国家。人口 900 多万。全国的民间组织近 20 万个，会员高达 3200 万人次，主要包括体育、宗教、社会三类，其中体育类占了 50% 左右。瑞典人通过这些组织积极参与社会活动，特别是参与志愿活动。据统计，全国 51% 的人口每周参加义务工作（即志愿者工作）达到 14 个小时，其累加汇总时间，超过了全国 40 万个公职人员用于政治工作的时间。这当中相当部分是用于组织青少年开展体育活动的时间。政府对体育设施投入很大，为群众的体育运动提供了各种体育场地，尤其是足球场和高尔夫球场，在每个生活小区都有好几个足球场，建设的标准都很高，均是免费使用，每个小区也有小型的高尔夫球道练习场。

瑞典政府与 NGO 的关系主要表现为六个原则：保持 NGO 的独立；对话；质量；连续性；透明度；多样性。政府每过几年就会和 NGO 的代表讨论一次，重新调整以上原则。与政府联系特别多的是社会类的民间组织，这些组织实际上在某种程度上承当着政府的社会事务，其经费的来源也主要是政府财政资助，即政府购买服务。每年，政府要与约 100 家民间组织进行接洽，了解他们的困难以便制定政策，同时签订合作意向的协议。这100家民间组织每家都拥有50～100个分支机构，都可以申报、竞争承接政府的项目。通过此举，政府调动了社会的力量来参与社会管理，有效提升了政府的服务能力。

二、我国民间体育组织发展遇到的问题

瑞典的社会组织发展达到这样的境界，一方面与瑞典发达的经济社会发展水平分不开，另一方面也与政府的引导培育有关系。瑞典的民间组织发展实际上是构建和谐社会的重要一环，确实值得我们好好学习和参考。随着市场经济体制的不断完善和改革开放格局的进一步扩大，我国民间组织开始进入一个大发展时期。民间组织以其非营利性、公益性、自愿性与组织性为特征，在社会管理和服务方面与政府相比具有独特的优势，在构建和谐社会中起到非常重要的作用。

随着人们生活水平的提高，健身强体的体育运动成为群众关注和热衷的业余生活，各类体育民间组织也就应运而生。但由于法律法规的不健全甚至立法的空白、监督制约机制欠缺、组织内部管理不完善等方面的原因，影响了民间组织进一步持续、健康的发展。现阶段我国体育民间组织主要存在以下问题。

（一）法律制度的不健全和缺位

民间组织的法律法规还不健全，目前只有国务院颁布的《社会团体登记管理条例》和《民办非企业单位登记管理暂行条例》，民政部出台的《取缔非法民间组织暂行办法》、《民办非企业单位登记暂行办法》和民政部与其他部门联合下发的规范性文件，总体上层次不高，数量少，不配套，可操作性不强，使得民间组织的设立、性质、地位、作用及职能等没有完全明确、规范，缺乏行业自律环境。政府一方面希望加强对民间组织的管理、维护社会稳定；另一方面往往无法可依，以致在某些领域一度出现了某种程度的失控。可以这么说，法律、法规的不健全甚至缺失，是制约民间组织发展的一个瓶颈。清华大学NGO研究所所长王名教授在参加"民间组织（NGO）发展与和谐社会"研讨会时就指出："法律政策环境是中国NGO发展面临的最大的问题。"因此，加强民间组织立法，对于促进民间组织正常、有序发展，充分发挥其在构建和谐社会中的作用，是研究民间组织的重中之重。

（二）民间组织内部制度不完善，不能充分实现自我治理

在我国，由于大多数民间组织不是在社会环境成熟的基础上自发形成的，

而是在市场经济的发展和政府职能转变的过程中由政府出面干预并自上而下组建的,使得我国的许多民间组织内部的规章制度不完善,组织机构不健全,或虽有一些制度,如会员代表大会、理事会制度等,但专职人员过少、财力不足;还有些民间组织行政依附性强,等、靠、要思想严重,导致没有成文章程,只有不规范的口头规定;有些虽有章程,但不能独立实施。由于组织内部的混乱管理,甚至我国还出现了足协的"黑哨"事件。因此,民间组织的自我治理能力亟待提升。

(三) 部分组织相对松散

部分 NGO 没有上级主管单位,没有正式登记注册,也没有明确的业务联系部门。因此,这些组织在政府视野里是"隐形",得不到正式的社会评价,在社会的主流话语中也听不到他们的声音。这些民间组织从无到有,从网上到网下,从自娱自乐到具有一定社会影响,组织化程度在不断提高,但相对正式组织而言,还是比较松散。这些组织没有正式的工作人员,活动靠骨干和成员的志愿奉献,如各种球类俱乐部、自行车协会等,每次活动都由组织者利用业余时间策划组织。这些组织没有稳定的经费来源,活动费用由所有参加活动的成员平摊,并已成为一个重要传统。这些组织对成员的约束力也不强,成员参与活动完全靠自觉、自愿。

三、我国民间体育组织发展措施建议

对于我国的体育民间组织建设,应从建立健全法律制度开始,为民间组织的发展创造良好的法制环境;同时要依法加强对民间组织的监管,积极引导他们健康发展,以防止他们利用其组织形式来破坏正常的社会秩序。引导得当,NGO 就可以在社会发展中发挥积极作用。我们应该把这些组织纳入工作视野、纳入工作体系,加强引导,扬长避短,促进和谐社会建设。

(一) 建立、健全民间组织立法,依法规范民间组织

党的十六届六中全会明确指出:坚持培育发展和管理监督并重,完善培育扶持和依法管理社会组织的政策,发挥各类社会组织提供服务、反映诉求、规范行为的作用。建立健全法律制度,为民间组织的发展创造良好的法制环境。进一步提高有关民间组织立法的效力等级,建议由全国人民代表大会制定法律或由国务院制定行政法规来规范民间组织的设立、组织和活动,并使之详细具体,具有可操作性。改革现行的民间组织的登记和许可制度,放宽对某些民间

组织设立条件的限制。

（二）加强公共设施建设，为体育民间组织开展活动提供支持

体育活动的开展需要一定的场地、设备、器材，特别是球类、田径运动等，政府应加大对公共活动设施的投入和建设，并开放已建成的体育馆、公园等运动场所，为各类组织活动提供场地支持。如有大型活动，政府也应在治安、医疗、交通等方面给予扶持，为活动的顺利举行提供服务。

（三）加强组织内部管理，建立自身管理机制

首先，明确自身的性质、特点和使命，这是民间体育组织建设的立足点和首要解决的问题。我国以服务健身群体为宗旨的民间体育组织，在今后相当长的时期，应专注于对我国社会影响比较大且政府感到难办的问题，积极开展大众健身活动，以充分证明自身的价值。这样不仅会得到政府的鼓励，也会得到公众的认可。

其次，以灵活多样的活动方式作为实现目标的手段。中国民间体育社团组织应选择适宜的方式发展健身队伍。民间体育社团组织可以通过各种方式启发、引导社区民众参与到健身活动中来，给大众群体提供健身服务，帮助他们解决各种健身方面的问题；也可以把大众健身群体的愿望和要求反映给上级有关部门。

再次，注意提高筹资能力，加大筹资的力度。资金是组织发展壮大的基础，只有具备一定的经济实力，才能使组织在经营管理上有更进一步的发展。筹资是一项高度专业化的工作，要充分开发筹资的人力资源。随着民间体育社团组织筹资的重要性越来越被人关注，一些国际、国内的专业筹资咨询公司会应运而生。应把中国民间体育组织的有关人员派出去培训，多进行交流，通过学习及早提高筹资水平。

最后，抓紧建立一套适应自身特点的规章制度和监督机制，做到管理有制度、决策有程序、行为有准则，真正实行民主管理。在重大问题的决策、人事安排、财务管理上实行公开的原则，定期、不定期地通过各种方式向社会有关方面（如政府、资助方、体育社团成员等）公开，真正体现出工作的透明度和完全公开化，以求真正得到社会的信任。

体育民间组织在我国体育事业发展中发挥着越来越重要的作用，通过不断提高社会服务能力，提升自身的经营管理能力，为我国的群众锻炼身体提供平台，为创建社会主义和谐社会添砖加瓦。

我国公共服务市场化中存在的问题及对策思考

周长成

2010年5—7月，笔者参加了第四期广东省公务员公共管理瑞典专题研究班。经过为期两个月的学习，我对瑞典以及西方国家的政府运作有了一定的了解。本文试图就我国公共服务市场化的现状和问题进行一些研究和探讨。

一、公共服务市场化的内涵和功能

（一）公共服务市场化的内涵

公共服务作为公共物品，具有公共性、公益性的本质属性，而公共服务的公共性决定了它必须由政府负责供给。但是，政府供给公共物品和服务往往存在效率低下的问题。加之随着社会的发展，社会事务日益增多，政府不可能也没有必要包揽所有的公共服务，公共服务供给中的决策者与执行应该相对分离。美国民营化大师萨瓦斯认为："政府的职责是掌舵而不是划桨，直接提供服务就是划桨，可政府并不擅长于划桨。"从这里我们可以看出，政府供给不一定必须采取政府直接生产的方式。所以，公共服务通过市场化的途径可以提高公共物品和服务供给的有效性，从而减轻政府的负担并提高政府的工作效率。公共服务市场化是指在公共服务的供给领域，通过政府与市场之间的合作，利用市场机制（竞争机制、价格机制、供求机制）发挥市场基础性调节作用，最大限度地调动社会各方力量参与政府公共服务供给的过程，从而充分利用社会资源发挥效益，使政府能够以较少的资源与较低的成本提供令广大人民满意的公共服务，达到有效改善和提高公共服务的目的。

（二）公共服务市场化的功能

公共服务市场化的功能主要表现在以下几个方面。首先，公共服务市场化有助于精简政府机构。政府把一部分公共服务职能转移给企业或者非政府组织，不仅在一定程度上缓解了政府财政方面的压力，而且有助于政府机构的精简。公共服务市场化以后,政府的主要职能是行使决策和监督的职能,把原来政府不该做、做不好和做不了的事情转移给市场或者非政府组织,其实质就是政府权力的下移。政府权力下放势必会减少政府内部机构的设置,从而节省了政府行政管理活动的人力、物力、财力资源,提高了政府管理的效率。其次,公共服务市场化有利于提高政府公共服务的效率。市场经济是竞争经济,在市场经济条件下,市场机制如价格机制、竞争机制、供求机制在其中发挥了极其重要和不可替代的作用。公共服务市场化后,各竞争企业或者非政府组织为了获得公共服务的经营权利不得不展开竞争,而竞争往往能够获得比垄断更高的效率。企业为了达到追求利润最大化的目标,不得不进行成本效益分析,在利润导向的驱使下,企业的效率大大提高并且其提供的服务的质量有可靠的保证。这些都是竞争的结果,是政府垄断提供公共服务所不具有的优势。最后,公共服务市场化有利于减轻政府的财政负担。随着经济和社会的发展,人民生活水平的提高导致对公共服务的需求不断增长、对公共服务的质量要求也越来越高。在这样的情况下,如果单纯依靠政府的财力来提供公共产品和服务,政府的财政负担就非常重。政府把一部分公共服务的职能转移给市场,充分发挥企业和非政府组织的作用,可以有效弥补政府财政资金的不足。

二、公共服务市场化改革的必要性

在计划经济时代,由于经济发展水平比较低,市场中的产品和服务缺乏,产品的供需矛盾比较尖锐。为此,政府出于维护市场活动的秩序,防止公共产品和服务领域产生垄断和维护公共利益的考虑,承担了提供公共服务的全部职责。毋庸置疑,政府对所有公共服务进行提供,在一定时期内保障了人民的生活,维护了经济秩序,促进了经济社会的健康发展。但是,自改革开放以来,特别是1992年党的十四大报告明确提出了我国经济体制改革的目标是建立有中国特色的社会主义市场经济体制以来,我国的经济得到了很大的发展。人民的物质文化需要也空前提高了,社会事务急剧增加,加重了政府的工作负荷。在这种情况下,完全依靠政府提供公共服务的供给模式的弊端逐渐暴露出来。

第一,公共服务市场化改革有利于资源的帕累托改进。帕累托改进意味着在资源既定的情况之下,通过资源利用方式和结构的优化,使社会总收益有所增加。公共服务的市场化通过利用市场调节机制,多元的提供主体在服务的提供上产生竞争,使得资源的利用效率和提供效率得以提高,从而增进社会总收益。鉴于此,政府应该看到市场的优势,把一部分公共服务的提供让渡给社会其他主体,实现政府与市场的平衡与合作。

第二，公共服务市场化有利于减轻政府财政负担。政府提供公共服务需要支出大量的财政资金，投入大量的人力、物力。相反，通过市场化的渠道，把一部分公共服务让渡给市场，不但可以节约财政支出，还可以培育市场，促进市场发育成熟。

三、我国公共服务市场化发展现状

由于我国市场化起步比较晚，政府在很长一段时间里包揽了大部分公共服务，使得政府机构庞大臃肿，政府效率也比较低。随着社会的发展，人民对公共服务的需求也日益增多，政府越来越难以应对人民日益增长的公共服务的需求，必须充分发挥市场的作用。公共服务市场化是将原来由政府承担的一部分公共服务职能转移给企业或者第三部门，充分调动社会的力量和充分发挥市场机制的作用来向公众提供公共服务。各参与企业、非政府组织为了获得公共服务的经营权利以及保持自己的竞争优势，不得不展开激烈的竞争，因为它们提供的服务基本上是同质化的，消费者就具有很大的选择空间。为此，政府为了维护良好的市场秩序，就必须制定相关法律法规来规范市场活动。

我国在公共服务市场化方面进行了积极的尝试，取得了一些初步成效，但也应该清醒地看到其中的不足和缺陷。首先，与公共服务市场化相关的法律法规还很匮乏，一方面使一些企业和非政府组织为了追求自身利益的最大化以牺牲公共利益为代价，另一方面也带来了政府权力寻租现象的出现。政府官员的服务意识还不强，"官本位"思想还比较严重。其次，我国政府推行公共服务市场化的范围比较狭窄，企业或非政府组织能介入的公共服务领域还很不充分，与人民生活息息相关的公共服务领域基本上还是由政府垄断经营。在已经推行了市场化的领域，私人垄断或者寡头经营现象比较明显，市场竞争的不充分使得公共利益时常受到忽视。

四、我国公共服务市场化存在问题的原因

（一）制度不健全

公共服务市场化要有序地运作，离不开各个环节的通力合作与配合，公共服务市场化必须建立在完备、健全的法律体系之上。因为政府把一部分公共服务转移给企业或者非政府组织，它们在利益的驱动下会产生一些危害公共利益的问题，这就需要责任机制、监督机制、法律制度来加以规范。目前相关法律

制度还很不健全，在这种情况下，从事公共服务市场化改革，就难免会有损害公众利益的现象出现。例如，当企业获得某一公共服务的提供权之后，任意提高价格从而损害公众的利益；政府主管人员被公共物品提供者收买，不能尽到监督之责，使得企业以牺牲公众利益的方式获得暴利。

（二）思想观念落后

一方面是政府行政人员的思想观念问题，官员的"官本位"思想还比较严重。新公共管理要求政府要有较强的服务观念和服务意识，而在政府行政管理活动中，行政人员的服务意识淡薄的现象依然存在，并没有真正做到"权为民所用，情为民所系，利为民所谋"。从某种程度上说，政府行政人员思想观念的滞后也成为市场化改革的一大障碍。另一方面是公众的思想观念问题。自1992年党的十四大报告提出以市场化为取向的行政改革以来，中国公共服务市场化的改革取得了很大的进展，如大批私立学校、私立医院的出现，社会民间资本在公用事业特别是城市基础设施建设领域中发挥了很大的作用。但是我国是市场经济发展比较晚的国家，政府在很长时间里面是直接提供公共服务的。公众对政府非常地信任，认为公共服务由政府提供才是非常可靠而有保证的；即使面对政府提供的公共服务有不满意之处，但也只想让政府改善服务提供的水平和服务的质量，而并不想改变原有的供给模式。这种守旧的思想观念在一定程度上阻碍了中国公共服务市场化的进一步发展。

五、对我国公共服务市场化中存在问题的思考

（一）加强市场监管

我们强调市场的基础性调节作用，并不意味着市场是万能的，市场也存在缺陷和不足。企业或者非政府组织的活动在利润最大化的驱使下容易忽视甚至损害公共利益。政府应该按照法律法规的要求，对公共服务的供给过程进行严格的监管和控制，确保公共利益不被损害，维护人民的合法权益。为了确保公共利益的实现，政府应该对所有进入公共服务领域的供给主体进行严格的资质审查，对公共服务供给单位的法人资格、生产目的、单位规模、信誉度、承担该项公共服务的生产供给能力、生产供给经验，以及承担违约责任的能力等进行严格的审查。

（二）完善相关法律、法规，制定公平的竞争规则

在市场经济条件下，由于受利益的驱动，利润最大化是市场主体参与市场

活动所追求的目标。为此，要保证市场经济的有序运行和健康发展，国家必须制定相应的法律法规对市场经济活动进行规范。市场经济是竞争经济，同时也是法制经济，因此，对于通过竞争把公共服务推向市场，如果没有完善的法律法规的约束，就很可能造成损害公共利益的现象。所以，政府把一部分公共服务转移给市场的同时，也要制定有利于公共服务市场化、顺应经济发展规律的法律法规来规范市场秩序，这样才能既保证各市场参与主体的利益，又保障公众的合法权益。从现实来看，我国部分公共服务领域的市场化进程中出现服务水平低、质量不合格、政府官员缺乏公共责任、不公平竞争等现象，严重制约了我国公共服务市场化向纵深发展，同时也反映了我国公共服务市场化缺乏制度规范与法律保障。因此，公共服务市场化过程中，政府应该制定相应的法律法规，以制度的形式为我国公共服务市场化发展营造制度环境。

（三）转变思想观念

新公共管理理论要求重新界定政府和社会的关系，强调政府服务以"顾客"为导向，增强政府对社会公众需求的回应性，更好地为社会提供质量更高的服务。政府机构及其工作人员应该树立全心全意为人民谋福利的思想观念，必须切实把自己的观念转变到有限责任政府上来，在公众心中树立起服务型政府形象，担当起掌舵者和治理者的基本角色，努力完善政府宏观调控职能，加强市场监管，既要考虑市场效率，又要兼顾社会公平和正义，从而确保公共服务均等化目标的实现，达到以优质公共服务惠及全民的最终目标。公共服务市场化并非完全的市场化，而是既要理顺政府与市场、社会的关系，消除政府对市场的过度干预，又要充分有效地发挥市场机制在资源配置中的基础性作用，加快政府职能转变。

由于政府把一部分职能转移给社会承担，那么就要大力发展这类承接政府转移出来的职能的组织和机构。从西方发达国家的经验来看，各类非营利组织在社会公共事务中有着政府不可替代的重要作用，给社会提供优质的、满足消费者需要的各类公共服务。从我国实践来看，我国的第三部门还很不成熟，发展也相对滞后，并且存在着不少问题，不能很好地承接政府转移出来的职能。因此，我们要不断完善第三部门。首先，要对第三部门进行合理定位，它应该是承接政府部门社会职能的组织。其次，要制定相应的法律和法规，为第三部门的发展营造良好的法制环境。不断完善相关法律法规，制定一系列有利于第三部门发展的政策。最后，应该理顺第三部门与政府部门的关系。政府与第三部门是合作关系，而不是领导与被领导关系。只要第三部门的作用得到充分的发挥，公共服务市场化就有了更广阔的承载主体。公共服务的市场化依托于较发达的社会和社会组织。

当今时代，事实上政府已经无法成为唯一的治理者，必须依靠与民众、企业、非营利性组织共同治理和共同管理。从实践来看，我国的社会资源和权力高度集中于政府手中，推行公共服务市场化有一定的难度。所以，开放的市场环境是公共服务市场化必不可少的外部环境，而不是要求政府过多地干预市场主体的市场活动。强调打破政府提供公共服务的垄断地位，这就要求政府积极培养包括政府、非政府组织、企业以及个人在内的多元化治理主体，为公共服务供给主体的多元化创造条件。通过政府与公民社会的合作、政府与非政府组织的合作，形成良好的合作互动关系网络，进而形成合作伙伴关系。目前，我国的公民社会才刚起步，政府需要致力于建立和培育一个成熟而发达的公民社会，充分发挥各治理主体的优势，推动公共服务的供给和实现善治。

（四）以公众需求为导向，提高服务质量

由于我国的公共服务长期由政府垄断提供，而不是在市场机制的条件下进行供给的，所以从实践上看，我国提供的公共服务与人民日益增长的物质文化需要还存在较大的差距。我们的公共服务市场化要以消费者的需求为导向，以公众为导向，是公共服务提供从"政府本位"到"社会本位"、"公民本位"思路的转变，也是合理界定政府与社会关系的体现。政府要千方百计提高公众参与公共政策制定的热情，扩大公民参与的范围。政府提供什么公共服务、如何提供公共服务，需要广泛听取公众的意见和建议，有效减少公共政策实施的压力和阻力，为提高政府服务的质量和效率提供保证。另外，公共服务部门及其工作人员应当主动向服务对象征询意见，充分了解民意，让公众有一个表达利益的机会和渠道。政府还应该与公众进行面对面的交流与沟通，对公众提出的有利于改进公共服务的各种问题作出迅速的回应。总之，政府应当采取一切可能的方式满足公众对公共物品和服务的需求。

（五）推行电子政务，实现政务公开

当前我国的电子信息技术获得了飞速发展，互联网也在突飞猛进地发展，基于信息网络化的电子政务也由此而迅速发展起来。电子政务通过互联网的普及，可以优化政府的办事流程，成为提高政府管理效率、降低行政成本的有效方法和途径之一。在公共服务市场化改革的过程中，推行电子政务不仅可以使政府利用信息技术改善和提高公共服务，而且可以强化政府行政效率和监管的有效性，增强政府政策信息的透明度。许多西方国家通过建设电子政务来改进和提高公共服务的效率和服务质量，通过在各级政府部门建立网站的方式公开政务信息并提供各类公共服务。我国的公共服务市场化运作要打破传统体制下政府对公共服务的垄断地位，把一部分政府职能转移给企业或者非政府组织，通过开辟公共参与的渠道提高公众参与热情，提高公共服务中政府决策的公开性和透明度。同时，鼓励各类社会组织参与到公共服务领域中来，并发挥社会各界的监督作用，从而监督公共服务提供主体的公共服务提供过程，确保并改善公共服务质量，实现好、维护好最广大人民的根本利益。要实现这些目标，就需要政府大力推行电子政务，通过网络的途径加大公众对公共服务提供主体的监督作用。

电子政务就是"利用现代信息技术和通信技术，代替、加强、延伸和优化政府依法行政过程中的部分事务，最大化地提高政府的行政绩效"。在实施公共服务项目市场化的过程中，政府需要向市场或者社会公开各类服务信息，如向社会公布有关公共服务的需求状况、供给价格等信息，对招标的结果及实施方案的公布，等等，网络化和信息化给政府的信息公开提供了便利的条件和技术支持。政府政务公开使公众更能了解政府目前在做什么、做得怎么样，还有什么需要改进的地方，有利于公众对政府工作进行评估，有利于增强政府的公信力，从而树立起责任政府、民本政府、服务型政府的良好形象。

第三部分 社会保障与社会政策

瑞典人口发展问题与调控对策

苏 力

一、瑞典的人口发展历程

瑞典位于北欧斯堪的纳维亚半岛东部,东北部与芬兰接壤,西部和西北部与挪威为邻,东濒波罗的海,西南临北海,国土面积45平方公里,其中陆地面积40.7平方公里。截至2010年12月底,瑞典全国总人口为9415570人,陆地人口密度为23.11人/平方公里。相当于地球陆地平均人口密度(46.98人/平方公里)的一半,人均国土资源相对充裕。经济自由与教育普及使瑞典踏上了快速工业化的轨道。从19世纪90年代开始发展制造业,到20世纪中叶,瑞典已成长为一个工业高度发达的资本主义国家;20世纪60—90年代,瑞典经济飞速发展,人民生活水平得以大大提高;20世纪下半叶瑞典逐步建成了一个极力追求平等的现代化福利社会。2010年瑞典人均国民收入为35.59万瑞典克朗,是全世界最富裕的国家之一。

瑞典现今的边界于1809年划定,从1814年以后,瑞典这片国土一直未发生过战争。1935年,瑞典成立了历史上第一个人口委员会。瑞典的人口统计数据可以追溯到1749年。瑞典的人口数量在1749年只有1764724人,到2010年增长到9415570人,在261年的时间里增加了4.3倍,年均增长6.44‰。人口死亡率由1749年的28.06‰逐步下降到2010年的9.61‰。随着人民生活质量的大幅提升,人均预期寿命从18世纪的不足40岁提高到2010年的81岁。但是在过去的两个多世纪里,瑞典的人口发展历程也是动荡多变的。19世纪以前,人口自然增长率很不稳定。1860年的人口自然增长率高达17.01‰,而1773年的人口自然增长率低至-27.3‰,偶发的瘟疫和战争甚至使人口数量出现了较大幅度的减少，1772—1773 年（远征印度造成大量伤亡）、1789—1790 年（与俄国交战）、1800—1801 年（与英国交战）、1808—1809 年（与俄国再次交战）等年份出现了人口数量负增长的情况。1871—1911 年的 40 年出现了一个稳定高增长阶段，年均自然增长率达 11.43‰。这段时间还出现了人口的大量外迁，40 年间累计移民外迁人口超过 80 万，但是国内人口仍然由 1871 年的 420 万增长到 1911 年的 556 万，年均增长 7‰。1912—1935 年人口自然增长率又出现了逐年下降的趋势，从 1912 年的 9.57‰下降到 1935 年的 2.09‰。其中，1918 年的流感大流行使当年死亡人数比正常情况增加了 2 万多人，当年死亡率上升到 17.99‰，而之前的 1917 年的死亡率只有 13.34‰。1936—1945 年人口自然增长率又逐年回升，到 1945 年达到 9.51‰。1946 年以后，人口自然增长率又逐年下降，到 1983 年人口自然增长率只有 0.12‰。1976—1985 年的连续 10 年里，人口自然增长率一直在 1‰以下。1983—1990 年人口自然增长率逐年回升，但是在 1990 年人口自然增长率达到 3.35‰后，1991—1999 年人口自然增长率又逐年下降，到 1999 年降到 -0.74‰。1997—2001 年连续 5 年人口为负增长。20 世纪头 10 年里人口自然增长率逐年回升，2004 年 8 月全国人口总数达到 900 万，到 2010 年人口自然增长率达到 2.67‰。

排除战争和瘟疫等偶然因素，瑞典人口发展的一个大的趋势是生育率和死亡率均逐渐下降，生育率从 1749 年的 33.71‰下降到 2010 年的 12.28‰，死亡率从 1749 年的 28.06‰下降到 2010 年的 9.61‰。结果是老年人口越来越多，老龄化指数从 1749 年的 0.16 逐步上升到 2010 年的 1.11，老龄化问题越来越突出。生育率下降的幅度大于死亡率下降的幅度，人口自然增长率总体呈现明显的下降趋势：1749—1788 年的人口自然增长率平均值为 6.16‰，而 1971—2010 年的人口自然增长率平均值只有 1.35‰。

二、瑞典人口发展问题与调控对策措施

瑞典非常重视人口问题，建立了非常完善的人口发展统计体系：自 1749 年以来就有了完整的人口出生、死亡和婚姻统计数据，1851 年又建立了移民监测统计；自 1860 年起建立了分年龄、分性别的人口统计体系，目前已形成了 261 年完整的人口数量变化统计数据集；从 2009 年开始，瑞典统计网逐月更新人口统计数据，2011 年 2 月 20 日就可以从该网站查询到截至 2010 年 12 月底的逐月人口数量、性别、年龄、婚姻状态、国籍、出生地和区域分布的统计数据。完善的人口发展统计体系让政府可以及时了解人口发展的最新动态和

面临的问题，及时找出问题的症结并采取适当的人口调控对策措施，通过适度的调控，鼓励生育和移民，保持了合理的人口结构。尽管瑞典人口的老龄化指数由1749年的0.16逐步升高到2010年的1.11，但是劳动年龄人口比重长期保持在60%以上，人口抚养比长期控制在57%以下。

1749—1877年的128年里，瑞典的人口出生率（活产婴儿数占总人口的比重）始终保持在30‰以上，平均值为32.61‰，每个女性平均生育3.62胎。由于当时欧洲社会娼妓盛行，性病广泛流行，斯德哥尔摩患性病的人数居全欧洲之冠。瑞典又是当时欧洲的学术中心之一，除拥有1477年建立的乌普萨拉大学和1668年建立的隆德大学外，1877年瑞典又建立了斯德哥尔摩大学，学者云集，一些学者指出了在瑞典进行避孕教育的重要性，并开始普及避孕知识。1890年，女医生卡洛琳娜提出要对青年人进行性教育。性知识和避孕知识的逐步普及使得瑞典人口的生育率开始逐年下降，这一下降趋势一直持续到1934年。面对人口自然增长率的不断下降，瑞典政府在1929年调整了移民政策，从1930年开始，其移民格局发生了历史性转变，移出瑞典的人口大幅减少，而移入瑞典的人口大幅增加，每年净增加移民人口数千人。此时，人口问题开始得到政府的高度重视。1935年，成立了瑞典历史上第一个人口委员会，密切关注人口发展动态，及时调整人口政策。从1935年开始，生育率又逐步回升，人口调控政策的效果明显。但1944年开始不加区别地大量接收巴尔干半岛移民，加上1942年政府规定在学校里要进行性教育，1945年出台了性教育大纲，瑞典学校的学生都要接受义务性教育，性知识和避孕知识在青少年中也得到广泛普及，从1945年开始，瑞典人口的生育率又开始逐年下降，这一下降趋势一直持续到1960年。此时，瑞典政府再次调整了移民政策，加大了吸引劳动年龄人口和育龄女性人口移民瑞典的力度，每年净移民人口超过1万人，随后生育率又得到回升。此后虽然进一步加大了移民迁入人口的力度，1970年移民净增加的人口达48673人，人口生育率下降的趋势却无法再扭转。加上1969年的人口总数已达到800万，1971年移民政策再次调整，不再将其作为生育率调控手段了，进而重视政治庇护，偏重难民接收，计划每年接收1700名难民。1972年正式确立并实行义务教育，瑞典女性接受教育的时间延长，初育年龄普遍推迟。到1983年生育率下降到11.02‰，通过移民调控生育率的政策再次推出，随后生育率得到小幅回升，至1990年达到14.43‰。随后虽然加大了移民调控力度，生育率仍然再度下降。1995年反而加强了对移民入籍的限制，到1999年生育率下降到9.95‰。2000年又加大了移民调控力度，生育率有所回升；2008年又放宽了对外国留学生居留和工作的限制，2010年生育率回升到12.28‰。

为应对日趋严重的老龄化问题,瑞典将退休年龄推迟到 65 岁,并实行灵活的退休年龄制。对于在 60~64 岁提前退休的雇员,每提前 1 年就减发退休金 5%,对已丧失劳动能力或失业后无再就业可能的雇员,仍发给全额退休金。65 岁以后推迟退休的人员,每延迟退休一个月增发退休金 0.6%。最近,瑞典首相赖因费尔特接受媒体采访时希望民众能够工作到 75 岁再退休,并呼吁雇主雇佣年龄在 55 岁以上的员工。为弥补家庭养老的缺陷,瑞典还建立了非常完善的社会养老体系,为老人们免除了后顾之忧,生活有保障而且有意义,使其子女免除了经济上和精神上的沉重负担。

由此可以看出,瑞典的人口发展问题主要是生育率下降和人口老龄化,原因主要是性知识和避孕知识的普及、义务教育时间的延长以及生活质量和健康状况的改善。而政府调控的对策主要是通过对移民政策的调整来调控生育率和劳动年龄人口的比重,通过推迟退休年龄来弥补劳动力的缺口,通过社会养老体系的完善弥补家庭养老的缺陷。

参考文献

[1] 瑞典概况 [EB/OL]. http://news.xinhuanet.com/ziliao/2002-06/13/content_438438.htm.

[2] Statistics Sweden. National accounts, quarterly and annual estimates [EB/OL]. http://www.scb.se/Pages/Product_22922.aspx.

[3] Statistics Sweden. Population statistics [EB/OL]. http://www.scb.se/Pages/Product_25799.aspx.

[4] 瑞典性教育经验与历史 [EB/OL]. http://learning.sohu.com/46/03/article 214130346.shtml.

[5] 许真. 瑞典人口老龄化对策 [J]. 南方人口, 1989 (4).

[6] 看瑞典如何解决老龄化的问题 [EB/OL]. http://www.xywy.com/laoren/lnxw/201008/12-734255.html.

瑞典社会保障制度及其启示

傅学敏

瑞典，国土面积近45万平方公里，人口约900万，是欧洲大陆最早建立社会保障制度的国家之一，也是近百年来世界上最安定的国家之一。早在1891年，瑞典就出台了《自愿健康保险计划》（*Voluntary Health Insurance Schemes*），其后又相继出台了工伤保险条例、养老保险法、疾病补贴等一系列社会保障法律法规。特别是1932年社会民主党执政以后，大力推动社会福利建设，不断完善各种社会保障制度，使瑞典成为其公民"从摇篮到坟墓"都有保障的普享型福利国家。瑞典社会福利模式一度成为欧洲最先进和最具平等理念的成功样板，对于我国同样具有借鉴意义。笔者通过学习瑞典社会保障制度，开阔了视野，增长了见识，拓宽了思路，受到了启发。

一、瑞典社会保障制度的主要概况

瑞典以崇尚平等的高福利国家著称于世，政府提供的社会福利项目包括收入保障、医疗、教育、住房等40多种，覆盖范围极广，几乎涵盖了公民一生的每个时段、生活的每个角落，涵盖了老年人、残疾人、儿童、妇女等各个社会群体，具有广泛性、普遍性及平等性。其社会保障制度主要有六大类。

（一）养老保障制度

瑞典对65岁以上的老人实行全体养老制。发放的退休金有老年基本养老金、老年国民补充养老金、退休补助金、职业退休金四种，这四者是重叠的。一般而言，退休者的收入高于本人工作时收入最高的15个年头的平均收入的1/3。老年基本养老金是对每位退休人员提供的生活基本保证，所有人领取的基本养老金的金额是相等的，与退休前的工薪收入水平无关；而补充养老金则与退休前的工薪收入水平相关，并且能够反映退休者以前的工作技能、劳动性质等的差别；对于没有资格领取补充养老金或只可以领取很少一点，但在生活中又有着各种不幸的退休人员，基本养老金系统提供了附加部分的补贴，包括养老金补贴、市政住房补贴、儿童补贴和残疾津贴。在这样的养老金系统中，基本每位退休人员都能够实现"老有所养"。

（二）医疗保障制度

瑞典实行疾病保险和全民医疗保障制度。疾病保险的费由雇主负担，公民在生病期间获得相当于工资收入 80% 的现金补偿。瑞典的医疗保障覆盖到全体公民，国家提供基本的预防保健服务，20 岁以下的青少年可以享受免费医疗。政府对医疗费用实行定额限制，收费水平非常低，患者在公立医院就医时，每次门诊收费为 60～300 瑞典克朗，累计一年内个人承担的诊疗费用上限为 900 瑞典克朗，超出部分可以报销；住院费用每天最高为 80 瑞典克朗；1 年内的医药费用个人负担上限为 1800 瑞典克朗，超出部分免费。另外，生病还有现金补贴，以补偿职工因病损失的收入。一般而言，职工病休津贴为原工资的 90%，如因病全休，便领取病休津贴的全部数额，半休则只能领取一半。对于无业或低收入者，只要在社保办公室办理了"自愿疾病补贴保险"，也可以享受相应的疾病补贴。

（三）工伤保险制度

国民遭遇工伤或职业病可以享受工伤保险待遇，补偿金额根据伤残者的致残情况而定。凡 16 岁以上、失去大部分劳动能力的国民都可以享受伤残年金。临时性的工伤疾病可以得到相当于收入损失 80% 的补偿；完全丧失劳动能力者可以享受终身残障年金，待遇相当于工资收入的 100%。工伤死亡者除给予丧葬补助外，其未成年子女可同时享受遗属补贴直至 19 岁。

（四）失业保险制度

瑞典的失业保险制度有基本失业保险和自愿性保险两个计划。基本失业保险计划适用于 20～65 岁的失业人口，保险费由雇主承担，失业津贴数额根据雇员失业前参加工作的时间长短按比例确定，失业前每周工作满 40 个小时的，可以获得每天 320 瑞典克朗的补助；不足 40 小时的，补助额递减。享受失业津贴的最长期限为 300 天。参加自愿性缴费失业保险计划的雇员可以获得相当于工资收入 80% 的保障待遇。

（五）教育保障制度

在瑞典，从小学到大学，凡公立学校一律实行免费教育，一至九年级学生在学校享受免费午餐，住所距离学校较远的学生还可享受交通费补贴。高中学生每个月可以领取一定数额的助学金，大学生每个月可获得助学金和低息学习贷款。此外，在成人中，凡参加教育培训的雇员以及参加军训和民防训练的国民，还可以获得雇员培训补助、成人教育补助和军训补助。

（六）家庭津贴制度

家庭补助包括孕妇补贴、父母照料儿童补助、儿童津贴、单亲儿童生活扶助、住房补助等项目。这些保障项目大多与儿童的生活福利相关，有些项目是十分慷慨的。例如，凡16岁以下的少年儿童都有基本儿童津贴，接受义务教育的16岁或16岁以上的学生可享受扩展津贴，多子女的家庭还有儿童附加津贴，而父母中只有一方抚养子女的家庭，儿童除获得一般津贴外，还有相当于津贴2倍的额外补助，这些津贴和补助确保了儿童有接受教育的机会并能够正常地成长。此外，凡婚龄达到5年并失去丈夫超过3年的寡妇，享受寡妇年金直至65岁，金额与基本养老金相同，如果再嫁则取消该项待遇。

二、我国与瑞典社会保障制度的对比分析

完善的社会保障制度是构建和谐社会的重要基础。我国社会保障始于1951年国家颁布的《劳动保险条例》，随后经历了由计划经济体制下的单位保障，向社会主义市场经济体制下现行的社会保障转变两个发展阶段。目前，我国已初步建立起与市场经济相适应的社会保障制度框架，形成了以养老保险、失业保险、医疗保险、城镇居民最低生活保障等为主体的社会保障制度体系。但与瑞典社会保障制度相比，我国目前的社会保障水平还比较低，两国社会保障的覆盖面、资金来源和管理制度等方面都还存在较大的差距。这种差距不仅是历史和制度的差异，还存在观念上的差异。

（一）从保障项目来看

瑞典是世界公认的社会保障项目比较齐全的国家，素有"福利国家的橱窗"、"第三条道路的楷模"之誉。其社会保障制度几乎无所不包，具有广泛性、普遍性及平等性。瑞典的公务员、企业职工和其他就业人员都参加国家统一的养老保险制度，同样收入水平的职工，不论在什么行业工作，退休后得到的养老金是大体相同的。这些社会保障制度为广大国民解除了生老病死、伤残、失业等后顾之忧。

我国也是各个保障项目建立较早的国家之一。早在20世纪50年代计划经济时代初，就建立起以职业为依托、以城镇职工为主体、关怀职工生活方方面面、

所需经费几乎全部由国家财政提供的福利制度。但计划经济时代的社会福利主要是以集体、企业为单位，每一个单位就是一个小社会，不同的单位福利标准不同。一旦企业破产了，职工及其家庭所获得的福利待遇也就没有了。随着社会主义市场经济体制改革的深入开展，这些单位福利制度必然随改革深入而取消。目前，我国现行的社会保障体系主要包括养老保险、失业保险、医疗保险、城镇居民最低生活保障等。与瑞典相比，我国社会保障制度不及瑞典的周详。

（二）从社会保障覆盖面来看

瑞典是一个高度民主、法治的国家，其社会保障网络已覆盖全社会。我国目前虽然建立了养老保险、医疗保险和最低生活保障制度等，但养老保障制度覆盖面还比较窄，真正能享受到社会保障的人只是国家公务员、国有企业和城镇集体企业职工，这部分人仅占社会的小部分，大多数"三资"企业、私营企业和个体经营者并没有参加。特别是农民，参加保险的人数十分有限。医疗保险虽然100%覆盖全社会，但目前还是非常低水平的。最低生活保障制度虽然能基本实现"应保尽保"，但同样还是低水平的。另外，不同社会群体的保障待遇不尽公平，地区之间、城乡之间、企业与事业单位和政府机关人员之间、不同所有制企业以及不同就业形式人员之间的社会保障待遇不公平问题突出。据统计，我国企业退休人员人均养老金水平不到机关事业单位退休人员人均养老金水平的50%。如果进行县市之间的比较，那么养老金水平的差距会更大。这些情况决定了我国社会保障改革任重而道远。

（三）从资金保障来看

瑞典社会保障支出占财政支出的比重高达2/3，占GDP的比重也高达1/3。政府为支付高昂的社会保障费用，除了要从国家税收中拨款外，还向雇主、雇员征缴社会保障税。一般雇主要按雇员工资收入的31.26%缴纳社会保障税，雇员仅负担1%的失业保险和2.95%的医疗保险税以及1%的年金税。自谋职业者根据收入情况，要缴纳17.69%～29.55%的社会保障税。瑞典社会保障目前采取的是现收现付的基金模式，但专门的社会保险税已不能满足支付，还必须靠政府从国家税收等其他方面给予补充。如2001年，瑞典全国用于社会福利、社会保险和社会服务的总开支相当于GDP的36%，其中用于社会保障的总支出（不含失业保险）约3600亿瑞典克朗，相当于GDP的16%。社会保障支出的具体情况是：养老金支出1740亿瑞典克朗，占48%；医疗保险1140亿瑞典克朗，占32%；家庭和儿童福利支出540亿瑞典克朗，占15%；其他保险支出94亿瑞典克朗，占2.6%；管理费支出86亿克朗，占2.4%。

而我国的社会保障支出占财政支出的比重还比较低。2008年，我国包括社会保险基金在内的社会保障支出只占财政支出比重的22.2%，占GDP的比重只有5.2%。且社会保障基金以征收社会保险费为主，筹集难度非常大，特别是企业和农村，部分社会保险费欠缴现象严重。欠缴原因有主观和客观两方面。客观上确有部分企业经营困难，资金筹措难度较大；主观方面就是缴费意识不强。同时，现行社会保障制度缺乏吸引力和激励机制。如对于灵活就业人员，雇主和雇员本人对参加社会保障都缺乏积极性；农民对新型农村合作医疗保障的积极性也不太高。此外，社会保障基金使用不规范，缺乏合理的保值增值手段。一方面，挤占挪用情况时有发生，"收支两条线"不到位；另一方面，当前基金通过存入银行或购买国家债券的办法难以确保基金增值，而目前我国的资本市场尚未成熟，缺乏合理健全的投资结构和科学细致的收益、风险分析，不可避免地会出现亏损现象。要确保社会保障支出，费改税是改革的必然选择。

（四）从管理模式来看

瑞典社会保障强调国家的作用，实行高度的计划和调节，在管理上分三级管理。①国家立法机关。社会保障法律由议会批准生效。②专业部委。与社会保障相关的立法和预算事务主要由社会部负责，此外，与失业保险有关的立法和预算事务由工商部负责（1998年以前由原劳动部负责）。国家社会保障委员会承担具体执法工作并监督检查各地方社会保障办公室工作，国家健康和福利委员会负责监督除社会保障办公室以外的其他公共社会服务机构的工作。③地方管理机构。瑞典各个省都设有省级社会保障管理办公室，省级管理办公室在下辖主要城市设地区办事处，其主要职责是督促检查基层社保工作人员是否依法办事；基层社保工作人员是提供社会保障、社会保险和社会服务的执行人员。设在各市、区的基层社会保障办公室是直接面对公民的社保机构，承担具体的决定、支付、信息和服务工作。

我国的社会保障管理模式与瑞典大致相同，但在管理上远不如瑞典的科学和严密。一是制度设计上缺乏一定的统筹规划，缺少具体目标的设定以及长期规划和总体部署，形成了"头疼医头、脚疼医脚"的局面。二是权利与责任不够清晰。我国社会保障的权利与责任规定尚不够清晰，政府、企业、个人的责任界定模糊不清，居民个人承担了较高的社会保障责任。三是制度设计不够公平。由于长期存在社会保障制度城乡分割与针对部分人群设计制度的问题，使得我国社会保障制度设计越来越复杂，管理成本越来越高。四是资金管理不严。同时，社会保障制度设计改革与实施的法律保障不够，非制度化特征明显，社会保障立法滞后。

三、借鉴瑞典经验加快我国社会保障制度建设的思考

社会保障的本质主要是涉及社会劳动者的保障，以及与劳动者有关的所有社会成员后顾之忧的一种保障。它的作用是对整个社会最积极、最本质的劳动要素——劳动力的保障。一个国家只有对劳动力的生存和发展做了全面的保障，这个国家才能长期稳定地发展；从国家政治来讲，国家只有对劳动力的生存和发展做了全面的保障，这个国家才能长期保持政治稳定和经济繁荣的局面。加强社会保障制度建设，对于构建社会主义和谐社会意义十分重大。

"他山之石可攻玉"。瑞典的社会福利制度是瑞典社会民主党在20世纪40年代至70年代建设和完善起来的，在消除贫富差距和稳定社会方面发挥了积极的作用。瑞典的社会保障制度值得我们学习和借鉴。

（一）适应经济社会发展的需要，建立国民基本社会保障制度

社会保障制度是社会主义市场经济体制的重要支柱。我国是一个发展中国家，人口众多，且人口老龄化趋势越来越明显。随着经济体制改革的推进，我国的就业格局已发生了明显变化，而原有的主要适用于有固定用人单位的正规就业人群的社会保障制度设计已不能适应当前就业格局的深刻变化。加快建立适应经济社会发展需要的国民基本社会保障制度，是坚持以人为本、构建和谐社会的迫切需要。

要加快国民基本社会保障制度设计，制定实施包括社会保障在内的基本公共服务均等化标准，进一步明确社会保障在国民经济社会中的地位。要强化政府职责，建立健全适度普惠型的国民基本养老、基本医疗和最低生活保障制度，逐步实现基本社会保障水平与我国现阶段的经济社会发展水平相适应。要坚持国家、企业、个人共同负担，以个人负担为主的原则，加大现行养老保障制度改革的力度，改革养老保险个人账户和统筹账户捆绑的模式，把社会保险统筹部分改为社会保障税，由中央政府集中社会统筹资金和适量财政资金，重建国民基本养老、基本医疗保障和最低生活保障制度，使国民真正实现"老有所养"、"病有所医"。

（二）适应不同层次群体的需求，建立多层次社会保障体系

社会保障制度是对国民收入进行再分配的重要手段，通过改革完善社会保障制度设计，能够分散社会风险、缩小贫富差距、避免两极分化和缓解社会矛

盾、促进社会稳定协调发展，有助于实现社会公平正义。当前，我国正处于经济社会结构转型的关键时期，也是"经济容易失调、社会容易失序、心态容易失衡"的关键时期。加快建立多层次的社会保障体系，适应不同层次群体的需求，正逢其时，意义重大。

如何构建多层次的社会保障体系？笔者认为可从如下方面入手：一是强化个人账户强制缴费功能，将社会保险统筹部分费改税，形成统一规范的社会保障基础层，确保国民基本生活保障；二是强化政府和企业的责任，鼓励地方政府、企业根据自身效益和经济发展水平，建立企业或地方统筹账户，形成社会保障，确保保障对象获得不低于当地平均水平的生活；三是积极发展企业保险年金和个人补充养老保险，不断提高社会保障的水平。这样通过多种途径，逐步建立以政府基本社会保障为基础，以社会保险为主体，社会福利和社会救助、商业保险为补充的多层次社会保障体系，让各类人群可以根据自身的实际需要和经济实力，自行选择保险类型。同时，逐步推进城乡社会保障制度的对接、衔接和统一，简化制度设计，针对灵活就业人员、保险关系转移等，设计出更加便捷的制度办法，完善多层次体系发展的激励政策措施。

（三）适应社会保障事业发展的需要，建立财政支持社会保障建设的长效机制

瑞典经验告诉我们，发展社会保障事业，关键要有一个与经济发展水平相适应的资金投入长效机制。"二战"后，发达资本主义国家普遍实行了福利制度，各国财政预算用于社会保障的经费稳步上升，逐渐成为政府支出中最大的开支项目。长期以来，我国社会建设"腿短"现象十分突出，公共财政用于社会保障支出的比例偏低，与经济增长不相适应。社会保障覆盖范围仍较为狭窄，保障水平低，城乡、区域社会保障差距较大，等等，成为社会的突出矛盾和热点问题。

要进一步加强政府对社会保障资金的投入，进一步明确公共财政用于社会保障的支出比重，并随着经济发展水平、财政实力增长逐步调整。要加大财政对社会保障的资金支持力度，加强财政预算，探索建立参保农民补贴制度和退休人员等人群医疗保障资金的财政支持机制，重点落实各级财政对养老金收支缺口以及做实个人账户的补助资金，建立健全社会保障资金投入的长效机制。要合理划分中央政府和地方政府的社会保障事权，调动地方政府参与管理社会保障事务的积极性。同时，要加强社会保障基金的管理和运营，确保基金保值增值。

（四）适应社会保障管理需要，加强配套制度建设和规范化管理

瑞典十分重视对社会保障的审计监督，不但在国家社会保障机构中有内部审计机构，负责对社保制度和基金执行情况进行日常的监督，同时在省和地方社保办事机构中也有内审人员负责监督检查。社会保障资金是老百姓的"养命钱"，加强社会保障资金的监管，对于推动社会保障事业的正常发展和维护社会稳定至关重要。

要建立社会保障资金的管理制度，加强对社会保障资金的规范化管理。要加强与社会保障制度关联的行政审批与行政许可管理，研究提出社会保险关系区域转移制度，推行异地投保方式，制定社会保险异地结算办法。建立企业劳动保障诚信制度和管理机制，加快社会保障制度改革的法制化建设，逐步实现社会保障的规范化、法制化，为社会保障资金的安全使用提供保障。

参考文献

[1] 房连泉. 改革中的瑞典社会福利制度 [J]. 天津社会保险，2009（1）.

[2] 王亚萍. 评瑞典福利型制度模式 [J]. 世界经济与政治论坛，2004（4）.

[3] 杨晓. 中国社会保障制度的国际比较 [N]. 中国财经报，2009-11-03.

[4] 郑功成，等. 中国社会保障制度变迁与评估 [M]. 北京：中国人民大学出版社，2002.

[5] 孙长学，等. 深化社会保障制度改革的几个重要问题 [M]. 中国经贸导刊，2008（2）.

改变与颠覆　突破与回旋
——完善广东省养老保障基金管理体制的思考

钟仕颖

2009年9月，国务院《关于开展新型农村社会养老保险试点的指导意见》的出台与实施，意味着继实现全民医保之后，全民养老也指日可待。而全民养老基金统筹之复杂性、敏感性、艰巨性、长期性，引起决策层、管理者、专家学者和社会大众密切关注，能否科学分析其现状、合理判断其发展趋势是启动和推动这一福祉的关键，尚需诸多考量与胆识，并非某个领导人物登高一呼就可一蹴而就。贫富差距巨大的广东省面临着比其他省市更大的困难与障碍。

一、多驾马车并驱，空白地带长存

改革开放30年来，广东省养老保障基金管理改革与发展具有明显的时代烙印。广东与全国其他省市相同，离休养老保障制度、机关（公务员）养老保障制度、事业单位养老保障制度、企业养老保险制度、企业年金（补充养老保险）制度、地方补充养老保险制度、家庭养老制度并存又割裂。1980年第五届全国人大常委会批准《广东省经济特区条例》，其时，广东省以适应经济体制要求、有利生产、保障生活、安定社会为基本宗旨，将企业职工养老保险作为重点，进行社会保险（早年称社会劳动保险）改革的探索与推进，迄今历时30年，按照行内的划分，大致分为四个阶段。

（一）第一阶段（1983年至1993年6月）：统筹与分割

1983年由深圳市政府颁发《深圳市实行社会劳动保险暂行规定》，担当对劳动合同制工人和企业固定职工建立社会保险制度的排头兵。1984年省政府印发《广东省全民所有制单位退休基金统筹实行办法》，以市、县（区）为单位开展全民所有制企业和县以上集体所有制企业固定职工和干部退休费用统筹。至此，企业自我养老保障机制宣告结束。1986年按照国务院《关于发布改革劳动制度四个规定的通知》，广东制定实施细则，普及劳动合同制职工养老保险。1989年省政府颁布《广东省临时工养老保险办法》，当时地位明显低于干部、固定工、合同制职工的临时工也有了养老保险。1990年始，全省实行企业固定职工个人缴纳少量养老保险费进入统筹基金。在此期间，商业保险与社会保险的功能之争一度甚嚣尘上；劳动部门管理的企业养老保险、人事部门管理的机关事业养老保障、民政部门管理的农村养老保险、商业保险公司经办的养老保险，各自为政，缺乏衔接。从上述年份罗列的政策出炉情况也可以看出，由于受当时社会环境、思想状况和经济条件所限，按企业性质和用工身份分别建立的退休费用统筹与养老保险模式，虽在一定程度上均衡了企业之间离退休费用的负担，但统筹层次仍以县为主要核算单位，且大部分实行双基数计缴（在职和退休人员都按一定标准由企业缴费）。随着全民所有制单位退休统筹基金赤字县区的扩大，期间虽存有少量的积累金用于缓冲，仍属杯水车薪，寻求新的模式就成为必然的选择。

（二）第二阶段（1993年7月至1998年6月）：整合与个账

1993年6月，省政府颁布《广东省职工社会养老保险暂行规定》（粤府〔1993〕83号），其核心内容包括：养老保险费由单位和个人分别缴纳（个人缴费在起步阶段按本人工资额的2%计算，之后逐步提高到8%）；为每个参保人员建立个人账（专）户，除个人缴费金额外还从单位缴费中划一部分进入；养老保险待遇的计算与本人在职时的缴费水平直接挂钩；参保对象为所有企业职工、个体工商户和自收自支事业单位工作人员，以及与机关事业单位建立劳动关系的合同工、临时工。这一政策的实施，促进全民所有制单位退休基金统筹、集体所有制企业退休基金统筹、合同制职工养老保险、临时工养老保险四种企业职工养老保险的整合，时称一体化管理。这一时期，除1994年8月省政府出台机关事业单位工作人员也参加个人缴费外，机关事业单位单位缴费、地方养老保险、企业补充养老保险、农村养老保险基本上没有根本性突破。虽有一定比例的省级调剂制度帮扶待遇发放困难的地区，但企业养老保险的统筹层次还是继续停留于市、县统筹。在基金管理模式上，由于出现部分社保基金被挤占挪用现象，所以在本阶段的末期，回收被挤占挪用基金一度成为重要工作，从此在基金中提取管理费、社保部门自收、自支、自存社保基金的历史画上了句号。设立社会保障基金财政专户，由财政部门管理。为堵塞管理漏洞和确保待遇发放，社会保险基金实行收支两条线管理、社会保险经办机构所需经费出财政核拨作为重大政策在此期间出台。

深化广东的改革开放：瑞典经验借鉴

（三）第三阶段（1998年7月至2006年6月）：并轨与过渡

1997年7月，国务院发出《关于建立统一的企业职工基本养老保险制度》（国发〔1997〕26号），标志着从国家层面对全国企业职工基本养老保险制度进行统一。全国统一制度主要体现为"四个统一"：①统一费率，单位缴费费率原则上不超过20%（如需超过则报劳动部、财政部两部审批），个人缴费费率以1997年的4%为基点，每2年提一个百分点，2001年达到8%；②统一个人账户记账规模为缴费工资的11%，当期个人缴费比例外的差额（不足11%的部分）由单位缴费比例（部分）划入；③统一基本养老金的结构和计发办法（基础养老金按上年度职工平均工资20%计发，个人账户养老金按退休时储存额除以120个月计发，过渡性养老金按1998年6月30日前参保并在之后退休的参保人指数化月平均缴费工资的一定比例计发）；④统一个人账户养老保险基金转移办法。对广东而言，要执行全国统一政策就要实现四个过渡：按月享受待遇最低缴费年限的过渡（由省定10年向国家规定的15年过渡），结算办法过渡（不再允许差额结算，必须全额缴拨；不得从基金中提取管理费、退管服务费、宣传费），待遇结构过渡（基础养老金由30%改为20%），过渡性养老金向全国计发办法过渡（原待遇计发比例略高的广东向全国统一办法过渡）。结合这一制度修订和完善的契机，广东于1998年7月完成与全国制度的并轨，并于1998年和2000年由省人大常委会和省政府分别通过《广东省社会养老保险条例》、《广东省社会养老保险实施细则》，行内以此称广东省养老保险事业迈上法制化的轨道。期间，还推行地税机关征收社保费，实行原由政府直管的社保部门与劳动部门的合并。这一阶段，全省参保人数和基金规模明显扩大，管理手段和行为得到规范。

（四）第四阶段（2006年7月至目前）：规范和完善

以省政府《关于贯彻国务院完善企业职工基本养老保险制度决定的通知》为标志，广东再次步入幅度较大的调整和改革时期。其主要内容包括：个人账户规模从11%调整为8%；统一以全省上年度在岗职工月平均工资为缴费基数设定缴费工资上下限（低于60%的，可暂按所在市在岗职工月平均工资，逐渐过渡）；基础养老金计算基数采取全省在岗职工月平均工资和本人指数化月平均缴费工资加权计算（平均值）；设置5年养老金计发过渡期；允许前补后延缴纳养老保险费（允许退休时达不到按月领取基本养老金年限条件的本省户籍参保人继续缴费至达到条件）；个人账户养老金储存额计发月数作重大调整。此一阶段，陆续有重大政策出台，《关于改革完善省级养老保险调剂办法的通知》(粤府〔2008〕106号)规定从2009年1月1日起,省级养老保险调剂金上缴比例从单位缴费额的3%提高到9%,大大提高了全省养老保险基金的调配能力。《关于强化社会保险费地税全责征收促进省级统筹的通知》的实施,强化了社保费征缴责任和力度。

二、强调整体推进,困难障碍并行

正如广东省人大常委会财经委员会于2010年5月中旬调研后所判断,2009年广东省各级政府高度重视社会保险工作,积极发挥社保政策在保增长、保民生、促稳定中的重要作用,各有关部门通力合作,在基金征收、发放及监管等方面做了大量工作,取得了显著成就,基金运行总体状况良好。

(一) 广东省养老保障基金管理回眸

第一,企业基本养老保险有长进。2009年,基金收入837.86亿元,支出526.22亿元,当年结余311.65亿元,累计结余1783.19亿元;参保在职职工2219.32万人,离退休人员282.4万人,人均月养老金达1418元。

第二,新型农村养老保险有突破。继前几年深圳、广州、珠海、东莞、中山、佛山、惠州开展农(居)民养老保险之后,2009年又有平远等14个县区根据《广东省新型农村社会养老保险试点实施办法》开展新型农村养老保险试点。新型农村养老保险参保人数达到76.4万人,其中,18.7万60周岁以上老人按月领取养老待遇(国家标准为55元)。

第三,企业年金基金有增加。截至2009年上半年,全省(不含深圳)建立企业年金的企业431个,参加职员11.12万人,受托管理金额18.18亿元,各指标比2008年末均有较大增幅。

第四,被征地农民养老保险有扩展。全省共有128万名被征地农民参加了被征地农民养老保险。40万人享受了老年津贴。

(二) 广东养老保障工作的特点

从上述数据可发现,2009年广东养老保障工作即使谈不上成绩斐然,也是可圈可点。这归结于明确的工作思路和有力的推进手段。

第一,注重组织协调。既有省领导的现场调研、会议部署、批示交办、督促跟踪,也有部门间、地区间的互相支持与密切配合,而这正是养老保障事业良性发展的基础性保障和关键性环节。

第二,注重政策创新。颁发省级统筹实施方案,印发实施该方案的具体要求,提高省级调剂金上缴比例,强化地税全责征收,出台全省单位缴费比例控制办法,明确基金预算管理办法,实现养老保险关系无障碍转移,探索建立养老金最低起付制度,抓好视同缴费账户建账。每一项制度的制定与实施,无不渗透着决策层、管理层的胆量与智慧,尽管其中仍存在有待完善乃至商榷之处。

第三,注重征收保发。下达征收计划,强化征收职责,克服客观困难,基金仍保持平稳增长。与此同时,在近年连续大幅度提高养老金标准后,部分欠发达地区仍做到按时足额发放养老金,这对稳定社会起到了不可磨灭的作用。

第四,突出民生福祉。2009年,全省企业退休人员平均增长养老金225元。全省共为20万名早期离开国有和集体企业的人员、回城未安排就业的知青等特殊人员解决了养老保险的历史遗留问题。

第五,突出基金安全。严格履行制度制约、部门联动、内部制约机制,开展现场和非现场监督检查,回收了部分1998年以前被挤占挪用的基金,也追缴了数以亿计的少报、瞒报、欠缴养老保险费。

第六,突出援企稳岗。根据人保部、财政部、国家税务总局《关于采取积极措施减轻企业负担稳定就业局势有关问题的通知》,各地允许在一定期限内缓缴五项社会保险费和适当降低除养老保险费外的四项社保费费率,为815户困难企业办理缓缴社保费3000多万元,减轻企业缴费共76.34亿元,为帮助企业稳定就业局势,促进经济回暖发挥了重要作用。

广东省2009年养老保障工作取得了长足的进步,但是,公务员养老制度改革依据《公务员法》规定由原渠道解决的方案在短期内难以执行,事业单位养老保险制度改革也是牵一发而动全身,必须慎而重之。凡此种种,足可见改革涉及利益调整时的艰难。

(三) 广东养老保险存在的困难和障碍

第一,部分地区企业养老保险基金支付压力明显增大。根据国家调整待遇的统一部署,广东部分欠发达地区的平均养老金2009年比2004年翻了一番,征收基金却不能同步增长,难免收不抵支,若不是省级调剂金及时补充,保发放都成了令人头痛的大事。如广东农垦作为中央企业,其体制又未下放到广东省,在中央财政安排4000万元补助后由广东兜底的现行做法,也徒增省级调剂金的均衡压力。

第二,企业养老保险做实个人账户明显困难。2009年年底,全省16个统筹区(含省直单位)企业养老保险统筹基金累计结余出现赤字,广东省人民政府《关于贯彻国务院完善企业职工养老保险制度决定的通知》(粤府〔2006〕

96号）提出"我省要逐步做实基本养老保险个人账户"，虽然目前人力资源社会保障部和财政部已原则上同意广东省做实个人账户的方案，但欠发达地区财政部门几乎无力补助养老保险个人账户缺口，除非另有统筹渠道，做实个人账户举步维艰。

第三，全收全支（统收统支）的企业养老保险统筹进展明显缓慢。2009年年底对市级统筹验收，结果只有9个市达标，未达标的12个地市各有理由，归根到底也就重归核心——资金。积累不多但待遇增长又快，倘无明确的基金责任分担机制，贸然启动市级统筹恐招社会动荡，但也不排除个别地区期望省级统筹一步到位解决这一重大问题。

第四，社会保险法制化进程相对滞后。首先是养老保险法律法规体系有待于进一步健全。2010年10月28日全国人大常委会通过《社会保险法》，这是最高国家立法机关首次就社会保险制度进行立法。该法的全面实施，也有待相关法规配套，而广东省已实施12年的《广东省社会养老保险条例》亟需进一步修订完善。其次是养老保险政策不配套。《关于贯彻国务院完善企业职工养老保险制度决定的通知》提出的"地方养老保险的事实办法由省劳动保障厅会同有关部门研究制定，报省政府批准后组织实施"的要求，确有付诸行动，但迄今未见其果。作为地方立法的社会保险征缴条例，目前也暂时搁置，以部门文件来规范。最后是养老保险征缴执法不到位。按照现有配置的经办机构、稽核力量和地税机关征收力量状况，难以完成规定比例和数量的企业和就业人员的检查，执法刚性偏弱，企业违法成本低，少报、瞒报缴费人数、缴费工资也就时有发生。

第五，社会保险一体化水平较低。首先，信息一体化水平低。虽然经过20多年的摸爬滚打，全省统一的社保信息系统仍未见眉目，各地分散投入建设相似又不相容的信息系统，随着政策调整、业务增加，维护、升级费用也增加，浪费与滞后也就不可避免。其次，区域一体化水平低。同处珠三角又临近的江门市和中山市，养老保险单位缴费比例相差很大；号称广佛同城化的广州和佛山的人均养老金水平差距也不小。同处珠三角的城市群中，缴费工资上下限迥异。最后，城乡一体化水平低。虽然业内外对城乡一体化尚无标准概念，但部分地区农转居养老保险、被征地农民养老保险、农村社会养老保险多轨运行，也凸显更高层次一体化道路的漫长与艰辛。

三、明晰各方责任，冲破当前瓶颈

社会保险是"民生之本、公平之器、和谐之基、稳定之策"，而养老保障作为保障范围最广、连续保障时段最长、耗费资金最大的一项,毫无疑义具有举足轻重的地位。唯其如此,才多有争论与平息、试点与铺开、检讨与改良。按照学者的研判,改革开放的 30 年是广东以经济建设为中心的 30 年,今后 30 年则应以社会建设为中心,而社会保障无可争议的应是社会建设的核心内容。关于建立普惠型还是选择型的养老保险制度,广东还是要量力而行,不可盲目复制国际经验。广东的养老保障要实现"全面覆盖,人人享有"的目标尚需时日,但笔者认为,短期内还是可以有所作为的。

（一）着力健全法制,不断完善养老保险法律体系

《社会保险法》关系国计民生,对于规范社会保险关系,保障全体公民共享发展成果,维护社会和谐稳定,具有十分重要的意义。随着《社会保险法》的实施,广东省必将结合本省实际情况,进一步修订完善《广东省社会养老保险条例》,加快推进养老保险法制化建设。

（二）着力协调推进,切实提高企业养老保险统筹层次

首先,指导 12 个地市尽快实现全收全支（统收统支）的企业养老保险市级统筹,这是向省级统筹的必要过渡。其次,推进广佛肇、深莞惠、珠中江三个经济圈养老保险服务一体化,逐步实现养老保险政策趋同直至并轨,发挥珠三角的辐射作用。最后,尽快启动基础养老金全省统筹。就目前的财政体制而言,一步到位实现统收统支的省级统筹几无可能,但先统筹基础并非不可行。以 2009 年离退休 282.4 万人计,全省平均基础养老金按 600 元算,需要年筹资 203.3 亿元,相当于 2009 年省级养老调剂金的 5.5 倍,难度固然不小,但迟早要走这一步,早走总比晚走好。

（三）着力制度覆盖,构筑全民养老保障网

2010 年再适度扩大新型农村养老保险试点范围,争取三年全覆盖。推动城镇 60 周岁以上无养老保障人员的养老保障工作,填补制度空白,并与居民最低生活保障水平衔接。推进地方补充养老保险,改善养老金结构和发放模式,提高养老待遇。发挥机构积极性,吸引更多的企业和人员建立企业年金。

（四）着力扩面征收,切实做到应收尽收

坚持政府统筹全局,部门联动,完善扩面征缴联动执法机制,建立工作进度考核通报制度,健全地税全责征收管理机制,明确扩面重点,加大对非公企业、个体工商户人员的促保工作,确保扩面任务落实到位、基金征收到位。按

照用工数量，全省扩面仍有较大空间。

（五）着力开发信息系统，实现无缝对接

地税和社保两个信息系统差别甚大，存在数据项目不对称，信息传输不规范、不及时、不准确等问题，全省社保大集中信息系统的开发迫在眉睫，耽搁越久越被动。应将两部门系统的对接提到足够高的位置，急或怠都不是明智之举。

（六）着力完善基金预算，严格实行预算控制

国务院早在 2000 年就提出，调整财政支出结构，逐步增加社会保障支出，将社会保障支出占财政支出的比重提高到 15%～20%。今后预算超收的，除保证法定支出外，主要用于补充社会保障资金。即使上述比例远低于欧盟 40%～50% 的标准，但时至今日很多地方也未达到。2009 年年底，国务院又出台《关于建立社会保险基金预算的意见》，由此可见，社会保险基金预算与公共财政预算、国有资本经营预算同等重要。"头痛医头"的现行财政补助基金办法有一定的随意性和局限性，不是长久之计。为更好地保持社会长久稳定，必须全面加强基金预算的约束力和严肃性。

瑞典老年人社会福利制度及其对我国应对人口老龄化问题的启示

陈 奇

早在1996年，瑞典就已成为世界上25个高度老龄化的国家之一。作为典型的高福利国家，为应对人口老龄化的挑战，瑞典建立了后为各国广为效仿的老年社会福利制度。笔者利用在瑞典学习期间，认真考察了瑞典社会保障制度尤其是老年人社会福利制度，深切感到瑞典在养老社会保障方面有很多好的做法和经验，对我们探索建立有中国特色的养老社会保障体系具有很好的借鉴作用。

一、瑞典老年社会福利制度的基本情况

老年社会福利是指在政府的领导下，在社会各方面力量的参与下，根据老年人特殊需要和老年人自身特点，提供给老年人的养护、医疗、康复和娱乐等方面的物质和服务，包括老年人经济福利、福利服务、医疗保健等内容。瑞典老年社会福利制度已有100多年的历史，已成为世界上最完备的老年社会保障制度之一。

（一）养老金制度

作为福利国家的典范，瑞典是世界上最早建立全民养老金体系的国家。1913年，瑞典议会通过国民年金法案，规定对所有老年人口实行没有差别、一视同仁的养老金给付。这种具有普及性和强制性的养老金体制，保证了瑞典每一位老年公民都能享有基本的生活保障。

早期的养老金制度主要包括两部分：一是全民基本养老金。每位年满65岁的瑞典公民都可以领取金额相同的全民基本养老金，与其工作时收入的多少不挂钩，目的在于满足每个老年人的基本生活保障。全民基本养老金的资金来源于雇主缴纳的保险费以及中央和地方的财政拨款。由瑞典社会保障委员会根据全国各阶层的收入状况确定支付标准。二是附加养老金，于1960年实施，

与领取人的工作年限和每年的工资收入挂钩，实行现收现付制度。一般情况下，加入附加养老金计划并持续缴纳保险金30年的人，才有资格在退休后领取全额的附加养老金；不足30年的，按百分比予以扣除。附加养老金的资金完全来源于雇主所缴纳的社会保险费以及基金的利息收入，雇员不缴纳。早期，附加养老金占全部养老金支出的60%，基本养老金占40%。

随着人口寿命延长，领取养老金人数的增加，使得养老金的支出上升，同时瑞典经济增长放缓，因此，瑞典于1991年起着手养老金制度改革，建立了一套多层次、多支柱的养老保险模式，将担子分担到政府、企业和个人身上，使老有所养建立在一个更坚实的基础上。具体说来，退休老人的收入来源由三部分构成：一是保障养老金，即原来的全民基本养老金。新制度对享受待遇的条件进行了限制，要求满65岁且在瑞典居住40年以上者才有权领取保障养老金。二是附加养老金。改革前，附加养老金的多少，以一个人在过去30年中工资收入最高的15年的收入计算，新附加养老金则以其一生收入的多少和纳税情况评算。这一计算上的变化促使人们终生努力工作，多赚钱，以便退休后多拿养老金。另外，对养老金的来源也进行了改革，由以前全靠雇主支付，为雇主和雇员各支付一半。三是企业年金。企业年金的设立不具有法律方面的强制性，是总工会与雇主联合会通过集体谈判决定的，目的是提高雇员退休后的生活水平。企业年金制度是对瑞典养老保险制度的重要补充。瑞典养老金体制改革后，企业年金发挥的作用日益增大，发展至今，瑞典已有90%的退休人员可领取企业年金。

（二）养老服务制度

瑞典政府养老服务的基本出发点是"最大限度的让老年人住在自己家里养老"，主张开展社区服务、远程服务、定点定期上门等措施为老年人服务，切实解决居家老年人的各种生活困难和问题。瑞典政府规定，由市级政府提供社会服务保障，在各市建立政府服务网，服务内容包括入户服务、住房维修、短期照料、日常活动、社区医保等。目前瑞典国内参与社区服务总人数达到24.48万人，有50万老年人可以在社区享受到全天候的各种照料服务。具体来说，瑞典的养老服务体系主要包括二个方面：

第一，老年公寓制度。退休后的老年人经过个人申请，均可以到老年公寓居住生活。老年公寓设施完备，人均居住面积达到67平方米。居住在老年公寓的老人既可以自己烧饭，也可以申请送餐上门。患病的老年人，护理人员将按时到公寓为老人服药、打针和理疗，且有详细的治疗方案和治疗记录。公寓的老年人有集体活动和个人活动的周到安排，使老年人既有自己独立的活动空间,又普遍不感到孤独。

第二,老年护理制度。瑞典每年投入老年护理方面的开支为 600 亿瑞典克朗,老年人只要自己提出申请并得到核实批准,就有护理人员到家中进行医疗、家政等项服务,并且所有服务都是免费的。据统计,50%～80% 的护理时间用于老年人的日常饮食起居,每个月护理每位老人的时间平均在 30 个小时以上。对有需要的老年人配以专门的警报器,监护部门可以全天候监测警报和呼叫。对需要住院治疗的老年人有专门的规定,如在上一级医院就诊后需要住院的,原居住地的医疗保健服务点或医疗保健中心必须在 4 天之内为老年人安排妥当,否则将调走该位老年人住院所需的医疗保险金。

第三,临终关怀制度。当老年人处于病危状态,将启动妥善的临终关怀制度,除了通知有关亲朋临床慰藉告别之外,还有专人 24 小时守护,使老年人在弥留之际享受体面和尊严。老年人去世后将获得妥善的安葬。

(三) 老年人医疗保障制度

老年人的医疗保障最早由教会负责,1953 年通过《国民健康保险法》后,改由政府负责。在瑞典,居住相对集中的 0.5 万～5 万居民组成的社区内,设一个医疗保健服务点,几个社区构成一个医疗保健中心。居住的老年人若出现病状,可先进入社区医疗保健服务点,接受初级医疗保健服务;若社区医疗服务点难以诊治,可由他们负责转送至省市级医疗保健中心继续医治。此外,瑞典还有各类专业医疗机构服务负责收治需要长期住院的病人或进行有难度的手术等。居家的老年人生病,可以得到家属的照顾,照顾老年人的家属可以得到适当的津贴;老年人若无亲属照料,可以享受护士的照料;失去独立生活能力的老年人可以得到国家免费提供的服务。老年人去医院就诊,只需交挂号费和少量医药费,其他绝大部分费用由当地保险机构支付。完善的医疗服务体系,使老年人患病时能得到及时的治疗。

二、瑞典应对人口老龄化的经验

(一) 建立完善的法律法规体系

完善的法律法规体系和执行监督体系,保证了养老保障制度运转通畅。针对瑞典养老金问题,1905 年,瑞典在议会中成立了养老问题委员会,开始了立法事宜,并先后多次制定修改有关养老金的法案:1913 年,议会通过了《国民普遍年金保险法》,开始实施针对老年及失去劳动能力者的普遍强制性养老金制度；1935 年，议会通过《国民年金保险法》，提高退休人员的基本养老金，养老金津贴标准依照各地生活水平而定；1948 年，全国退休法案付诸实施，开始推行统一标准的养老金制度；为了弥补基本年金数额的不足，1959 年增加了与从业者个人收入挂钩的"国民补充年金保险"；1976 年又对上述法案进行了修改，对退休年龄作了较灵活的规定。此外，瑞典于 1953 年制定了保障老年人医疗的《国民健康保险法》，1982 年制定了《社会服务法》。

为保证养老法律法规的实施，瑞典还设立了三个地方公共保险法院和一个高级公共保险法院，公民应该享受的社会福利待遇的权利不能实现或者受到侵犯时，可以向地方公共保险法院起诉。

（二）大力发展社区养老服务

1982 年，瑞典政府颁布了《社会服务法》，把关怀高龄者的重心从集中护理、医疗转变到支持社区和家庭服务，提倡老年人在原来的住地生活，减少养老院的入住率。为了让老年人住在自己家里养老，政府实施了一系列鼓励措施。例如，在普通住宅区内建造老年公寓、康复中心，免费为老年人改建住房，使其更适合于老年人居住；为患慢性病需要长期护理的老年人配备家庭护理保健助手，国家发给家庭护理补助费；建立老年护理制度；等等。此外，1992 年，瑞典政府对高龄者的护理、医疗制度进行了改革，提高了高龄者住院费用中个人负担的份额。通过一系列政策引导，老年人住院率大幅度下降，到 2002 年，在社区养老的高龄者中，65～79 岁的已达 97.7%，80 岁以上的也有 80.7%，大大减轻了社会养老费用。

（三）鼓励老年护理机构商业化经营

1980 年年底，瑞典雇主联合会向议会提出建议，为有效降低社会保障支出，提高社保服务的效率，应适当引入竞争机制，鼓励老年护理机构实行商业化经营。议会批准了这项建议，到 1992 年，瑞典建立起 270 个私营老年护理机构，占全国老年护理机构的 1/3，71 个地方政府和 6 个省政府与私营老年护理机构签订协议。一些大城市还建立了城市医疗保健服务有限公司。私营老年服务机构为老人，特别是收入较高的老人提供了更为个性化的服务。这些机构降低服务费用，有效抑制了公共老年服务机构费用支出大幅度增长的势头。1980—1987 年，居住在公共老年服务机构的老人占退休者的比例从 41% 下降到 28%。另外，瑞典鼓励慈善团体、非营利机构大力兴办公益事业，这些社会团体和机构对老年社会保障起到了十分重要的作用。

三、对比瑞典，看我国的老年社会福利制度

目前，我国正面临人口老龄化的严峻挑战。截至2008年年底，我国60岁以上老年人达到1.5989亿，是世界上老年人口最多的国家，也是发展中人口大国崛起过程中老龄化问题最严峻的国家，我国老龄化问题呈现出老年人口规模庞大、高龄老年人口增速加快、家庭结构日益小型化、农村老龄化超前于城镇、未富先老等特点。与此形势相比，我国老年社会福利制度还面临着许多突出的问题和矛盾。

（一）老年社会福利总量供给不足

随着经济发展和社会进步，特别是人口老龄化进程的加快，老龄社会福利的需求迅速膨胀，而我国现有老年社会福利总量供给严重不足：一是现有老年社会福利保障面窄，福利项目偏少。受经济发展水平和传统观念的制约，我国老年人社会福利制度的主体相当长时期内是以保障"无劳动能力、无法定扶养人、无生活来源"的"三无"对象基本生活权益为主的补缺型福利，虽然近年来在居家养老等方面逐步扩宽保障面，但普惠型老年社会福利体系仍未完全建立。二是社会福利产品供给数量严重匮乏，供需矛盾突出。三是现有社会福利设施利用率不高，功能不完善，服务整体水平较低。

（二）责任主体不明，福利资金投入严重不足

从瑞典的老年福利制度可以看出，国家是发展社会福利事业的责任主体。但在我国，由于责任主体不明，长期导致老年社会福利资金投入不足。尤其是近年来，我国在推进社会福利社会化的过程中，不少地方片面理解社会化的含义，认为既然社会化了，只要依靠社会力量来发展老年人社会福利事业就行了，政府就可以全身而退、撒手不管了。这种认识淡化了政府在老年人福利事业上的主体责任，很大程度上导致政府作为社会福利事业发展主体的资金投入不足。据统计，2008年国家投入社会福利事业103.1亿元，仅占当年国家财政支出的0.16%，相当于当年GDP总量的0.034%。而在瑞典，以2006年为例，仅用于社区医疗保健服务费用支出和为老年人服务支出就高达893多亿瑞典克朗，这两项开支约占当年国民生产总值的3.15%。

（三）老年社会福利布局不合理，地区发展不平衡

一方面，我国的经济社会发展的不平衡性决定了城乡之间、地区之间老年

社会福利事业发展的不平衡。从总体上看，城乡之间、东西部地区老年人社会福利事业发展的整体水平差距较大。另一方面，当前我国社会福利事业的布局多集中在机构服务方面，而广大老年人需要的社区康复、文化、娱乐、家政等福利服务则严重匮乏。

四、几点启示

（一）完善经济保障制度，推动老年社会福利向适度普惠型转变

一是加快建立覆盖城乡居民的养老保障制度。瑞典的养老金制度是覆盖全国所有老年人口的、普惠制的养老保障制度。借鉴瑞典经验，我国养老保障制度应以"全覆盖"为方向。在我国，养老保障制度建设启动较晚，20世纪90年代开始建立企业职工养老保险制度，2009年启动新型农村社会养老保险制度的试点，2011年6月启动城镇居民社会养老保险试点，至此初步建立起覆盖所有城乡居民的养老保障制度。现阶段，我国仍应坚持低水平起步、广覆盖，重在制度建设，当前重点是加快试点步伐，先把覆盖全民的制度建起来，随着经济社会发展再逐步完善制度和提高保障水平。

二是建立高龄老人津贴制度。根据各地的财政状况、高龄老人的数量、当地生活水平、消费水平等因素，合理制定与当地经济社会发展和消费水平相适应的老龄老人津贴标准，由临时性、不确定救济向常态化、制度性保障转变。

三是建立养老服务补贴制度。采取必要的资金补助或低偿、无偿服务方式，有差别地为老年人提供服务。对于城乡"三无"老年人，采取集中供养或分散供养的方式，保障其基本生活不低于当地平均生活水平，供养资金纳入财政预算，供养标准随着当地居民平均生活水平的提高而提高。对于最低生活保障及其他经济困难的老年人，对他们接受养老服务提供必要的资金补助，或者为他们提供低偿和无偿的服务。对于收入比较稳定的老年人，由老年人或其家庭支付养老服务的费用。

（二）强化社区功能，建立以居家养老为基础的养老服务体系

推动社区养老，是以瑞典为代表的福利国家应对人口老龄化的有效措施。社区养老，不仅使老年人在自己熟悉的生活环境中安度晚年，更符合我国安土重迁的传统观念。因此，构建以政府为主导、家庭成员积极参与、社区组织相协调的综合式社区养老模式尤为必要。

目前，我国居家养老服务还处于起步阶段，社区资源分散，社区养老服务

配套设施匮乏，服务实体缺乏，服务队伍素质有待提高。推进居家养老服务最重要的是从四个方面着手：一是建立居家养老服务工作机制。在区一级政府的层面建立居家养老服务指导中心，负责本辖区居家养老服务的实施和管理；在街道（乡镇）、社区（村）设立建立居家养老服务中心、站点，整合社区资源，为居家养老的社区老年人提供家政卫生、营养送餐、医疗保健、法律咨询、精神慰藉等服务。二是大力培养社区居家养老服务机构。通过政府购买服务方式，培育一批社区居家养老服务机构，为社区老人提供集生活照料、卫生清洁、送餐服务、文娱活动、日间托老、医疗护理、心理疏导、康复保健、信息支援、紧急援助于一体的居家养老服务，在社区中开办老年人用品商店、老年综合服务中心、互动式异地养老服务中心等，为社区居家养老服务提供载体。三是构建信息服务网络平台，建立社区老年人档案信息，掌握老年人需求，实现服务需求与服务供给的对接。四是加强服务队伍专业化建设。建立健全以培训、使用、评价、激励为主要内容的政策措施和保障制度，加强养老服务人员职业培训，完善养老护理员职业标准，加强养老护理员职业技能鉴定工作。引进社会工作专业人才，在专业养老服务机构中大力开发设置社会工作者岗位，提升养老服务专业化水平。

（三）鼓励发展民办老年服务机构

机构养老，主要立足于高龄及病残等生活半自理和完全不能自理老年人的养老需求，是养老服务体系的重要补充。一方面，生活半自理和完全不能自理老年人的养老服务复杂而繁重，需要专业化照料及规范化护理，需要入住机构进行养老；另一方面，养老机构可利用在设施、人员和技术上的优势，通过培训、示范等方式，辐射家庭和社区。因此，在强调社区养老的同时，也要致力于建立一个布局合理、种类齐全、功能多样的养老机构网络。瑞典老年社会保障制度改革的成功经验之一，是鼓励慈善团体、非营利机构大力兴办民办老年服务机构。借鉴瑞典经验，我们推进机构养老时，也要鼓励社会力量兴办养老专业服务机构，促进投入主体多元化。政府应当在土地使用、税收减免、市场准入资质等方面予以一定的优惠，并加大对民办养老机构的补贴制度；推行政府购买服务机制，取代原来由政府完全包办社会服务事业的状况，部分养老项目可以通过竞标，将资金交给信誉良好的社团和非营利机构运作，政府只负责指导、评估和监督；鼓励和发动社会各界对民办养老机构开展捐赠，并对捐赠人予以政策优惠。

（四）大力发展社区医疗服务，使老年人获得基本的医疗服务

瑞典社区医疗服务十分发达，全国在社区有680个医疗保健服务点，居住的老人随时可以得到良好的社区医疗服务，完善的社区老年人医疗保健服务体系是推行社区养老的基础，这一点很值得我国借鉴。目前，由于社区医疗服务普遍薄弱，老人到医院看病十分不便。因此，建立和完善社区老年人医疗保健服务体系十分必要。要依托社区卫生服务中心开展居家养老护理服务，让社区卫生服务中心的空余床位接收社区中中等残疾、生活半自理的老年人，社区卫生站应纳入城镇职工基本医疗保险定点医疗机构范围。要建立和完善对城乡贫困老人的医疗补助制度，确保困难老年人、高龄老年人的疾病得到及时治疗。要加强健康教育和预防保健工作，为社区老年人建立健康档案，提供疾病预防、医疗保健、康复护理和心理咨询等服务。

参考文献

[1] 凌先有. 瑞典的养老社会保障服务体系 [J]. 老龄问题研究，2008（4）.

[2] 岳颂东. 瑞典老年社会保障制度的改革与启示 [J]. 北京经济，2006（11）.

[3] 赵金库，赵志国. 瑞典养老服务的做法及启示 [J]. 人口与计划生育，2009（2）.

[4] 王振耀. 社会福利和慈善事业 [M]. 北京：中国社会出版社，2009.

[5] 周弘. 国外社会福利制度 [M]. 北京：中国社会出版社，2002.

瑞典全民社会福利制度的建立：坚持与共享

王金昌

全民社会福利制度究竟可不可学？带着这个问题，笔者初步学习了瑞典全民社会福利制度建立的过程，总的感觉是：瑞典在建立世界上最健全的全民社会福利制度过程中，"坚忍不拔、长期坚持"的精神以及"所有社会成员包括全体农民共享"的普遍原则，对广东省正在建立以农民为主要对象的养老保障制度有极大的借鉴意义。

一、瑞典社会公共福利制度的三个基本原则

瑞典是个小国，但又是建立了世界公认最完善、最为成功的社会保障制度的国家之一。瑞典国土面积45万平方公里，人口约900万，耕地面积不足国土面积的10%，一半以上的国土为森林所覆盖。国民平均寿命很高，男子为76岁，女子为81岁。从"二战"后到20世纪80年代初，瑞典的经济增长率相当高，而这段时间恰恰是瑞典社会保障体系建立并开始发挥作用的时期。优厚的福利确保了社会和谐，促进了经济的发展。

瑞典社会保障制度的普遍福利制度主要体现在：实行收入均等化政策，利用累进所得税和转移性支付，使社会各个阶级之间的收入与消费水平通过再分配趋于均等化。这种高福利、高税收的结果必然是共同富裕。根据联合国开发计划署公布的人类发展指数，北欧诸国的基尼系数历年来都排在工业化国家的前列，在 0.25～0.26 之间，属于收入差距最小的国家。有关资料表明，北欧这些国家的最高收入阶层与最低收入阶层税前收入相差17倍，税后则只相差3倍多一点，因此贫富不悬殊。在瑞典，贫困人口大致占总人口的3.5%，这些"穷人"年收入也在10万元人民币左右。每个人都有权获得适当的住房，低收入不会阻碍儿童生活和成长在舒适的环境之中；每个孩子都有受教育的权利；每个人在患病时都知道他不会受到经济困难和支付大笔医疗费用的困扰；

每个老人都明了他能够享受到赖以生存的养老金。伴随着瑞典从一个贫困的农业国发展成为一个先进的工业国，瑞典的福利从局部开始，走向了全面的福利。劳动者摆脱了过去曾遭受的贫穷，在瑞典，那种为每日的面包而斗争的时代一去不复返。瑞典的生活质量在世界上都是有名的：每周工作40小时，上下午的工作之间有一个小时的休息时间；职工每年享受两个月的假，加上各种节日，一年有近100天的休息日。另外，瑞典人物质生活富裕，充足的医疗服务保证了瑞典人的健康，普及性的大学教育使人口质量大幅度提高。

人类社会发展到今天，社会保障制度也已成为世界各国人民最为关切的大事。建立完善的社会保障制度，除了受经济制度、发展水平的影响外，还受政治制度、哲学思想、伦理的影响，因此，各国都根据各自的政治、经济、文化实际情况，对社会保障制度进行了实践和探索，形成了不同的社会保障模式，包括社会保障型、纯粹的社会保险型、公办自我保障型和福利国家型等等。瑞典属于福利国家型的社会保障制度，它以提高全民福利为目标，提供全方位的福利保障。

瑞典社会福利制度作为福利国家型社会保障制度的典型代表，有三个基本原则非常值得研究：一是全面性。主要体现在福利结构详尽而多角度，包括收入保障、医疗、教育住房等福利，具体项目有社会救助、国民基本年金、国民附加年金、国民健康保险、失业保险、工商事故保险、儿童补助、培训补助。二是广覆盖。它关照到不同人群的不同生命阶段的方方面面，涉及老年、残疾、儿童、妇女和贫困家庭等不同群体。甚至每位在瑞典居住1年以上，拥有居民号码的人，不论国籍都可享受瑞典的医疗保障。三是可协调性。强调公共部门在提供社会保障、社会福利、社会服务方面的作用。在整个社会福利领域，瑞典政府的介入都是强有力的。瑞典福利制度的组织和管理是由各个机构分工进行的，国会负责法律的制定和修改。福利政策的出台都经过全社会不同利益群体的讨论、协商以取得共识，再以法律的形式加以确认。政府部门按照分工分类执行，并制定相应的制度和实施细则。如劳动部门、卫生部门、内政部门以及建筑部门分工负责养老、工伤、医疗、失业以及住房保障等项目，财政部门参与法律法规的制定以及管理政策和监督，并负责社会福利拨款。

瑞典的经验表明：经济增长不仅仅取决于财富的创造，更取决于公平的分配。

二、瑞典社会公共福利制度的建立过程及其特点

（一）瑞典社会保障体系的形成

1. 萌芽阶段（19世纪中期至20世纪二三十年代）

19世纪中叶，议会通过《济贫法》，国家开始以征税的方法取得社会资产，对全社会的贫困者实行救助。这被认为是瑞典实行社会福利制度的开始。这一时期的主要举措有：1913年瑞典议会通过了《全国养老金法案》，规定对全国的老年人和丧失工作能力者提供社会保障，成为世界上第一个全国性社会保障计划；1918年通过实施了《工伤事故保险法》；1919年通过了8小时工作制的规定。在第一次世界大战爆发后，为应对战争，保障制度没有太大的进展。

2. 实施社会保障制度的中期阶段（20世纪30年代）

经过近一个世纪的初步探索，瑞典保障制度正式进入形成和发展的最重要阶段。这一时期，瑞典执行国家干预政策，其中最重要的举措就是实行公共救济工程，通过征收高额税收以解决就业、医疗、养老等问题。在此基础上，当时的执政党社会民主党把工作重心放到了全社会福利上，提出年金、社会救助、医疗保健和教育等一系列激进的改革方案，目的在于缩小阶级差别，使得全体公民享有更多的社会保障和均等的机会。具体包括：1934年对住房建造实行补贴，建立了失业保障制度；1935年通过了法律调整了农业劳动者的工作时间；1936年又扩大了对家庭的福利补贴，规定年轻夫妇在建立家庭时可申请国家有关贷款，同时通过新的年金立法；1938年规定全体职工每年享有两周的带薪假期。这一时期，以社会保险为主干的社会保障制度基本形成。

3. 社会保障制度实施的后期阶段（第二次世界大战以后）

"二战"后，瑞典的社会保障体制逐步建立，老百姓人人有份的全民就业、全民养老金、全民医疗保险、全民免费教育等一项项计划开始落实，瑞典经济也同时进入了快车道。到1980年，瑞典人用了大约20年时间，使人均GDP达到了57161瑞典克朗，比1960年增加约5.6倍。瑞典不仅成为发达国家之一，而且在20世纪90年代初联合国的社会发展排名中名列第四。

从1946年到1950年短短的5年时间，瑞典政府先后进行了广泛的社会福利方面的改革，颁布了不少有关退休养老金、子女补助、医疗保健服务、房租补贴、教育补助等新法规，使30年代提出的各种福利计划得以实施。此时被

称为大改革的时期。

1946年社会民主党更换领导班子,提出了一个包括27条内容的战后社会改造纲领。魏格福西德在瑞典创建福利国家的过程中起到了不可或缺的重要作用。他既充当了独特的瑞典福利制度和政策的提出者和倡导者,同时也是该福利制度得以操作的重要实践者。

50年代初,政府制定了具体的全国疾病保障立法。

60年代,一个比较完整的社会保障体系在瑞典建成。

70年代,政府采取了有关工业民主措施,1974年生效的就业保证法和1977年通过的雇员参与决策法等都给予雇佣工人更多的权力。至此,瑞典的社会福利制度的主体建设基本完成。

从以上三个阶段看,瑞典社会保障制度发展过程的标志性事件包括:1901年,工伤保险开始实行;1914年,国家基本养老保险建立;1948年,实施国家儿童津贴,对有孩子的家庭予以奖励;1955年,国家健康保险建立;1960年,国家补充养老保险建立,以补充基本养老金的不足;1994年,双亲保险建立,以资助那些抚育小孩子或照顾生病孩子的父母;1990年开始,实施再就业优先或将重要资源用于帮助病残者恢复能力计划;1994年,以收入为依据的新的养老金制度形成。

(二)瑞典建立全民社会福利制度过程的启示

1. 坚定信心,坚忍不拔,长期坚持

19世纪的瑞典还是欧洲最贫穷的国家之一。19世纪40年代,瑞典开始了工业革命,此时,大量失去土地的农业劳动者纷纷涌入城市或流往国外。1884年,瑞典议会第一次讨论了社会保障问题。一直到今天,在建立世界上最为完美的社会福利保障制度的历史进程中,瑞典社会民主党起到了非常关键的作用。北欧国家选择这种独特的经济社会制度,与长期执政的社会民主党的指导思想不无关系。瑞典社会民主党"政治纲领"第九条简明扼要地写着:实行事故保险、医疗保险、妇婴保险和失业保险,实行养老金制度,对残疾人、孤儿、寡妇给予抚恤金。社会民主党的指导思想是政治、经济、社会、国际四大民主,主张用改良渐进的办法和平进入社会主义,核心是力图以平等和公正的分配把经济增长与私人所有制相结合,通过实行社会的经济民主,消除阶级差别和一切社会、经济不平等的现象,让平等、关心、合作和互助精神贯穿于整个社会。实践证明,他们是成功的。

在此过程中，社会民主党也经受了来自各方的压力，其中最主要的担心是建立如此广泛而深刻的社会福利制度，是否会拖垮瑞典经济的发展。事实证明，答案是否定的。从20世纪30年代经济危机之后起步的瑞典变革与包括美国在内的西方国家的变革大体同步，不同的是，它找到了一条更适合自己的发展道路。1960年，也就在社会民主党执政差不多30年后，瑞典的人均GDP达到了8615瑞典克朗，越过了人均1000美元的关口。从另一个角度说，瑞典劳资关系出现和谐是工人利用合法权利争取的。

2. 坚持社会福利全民共享原则

现代福利制度的最重要特征就是社会福利的普遍享有原则。瑞典福利制度的发展史表明，在现代国家中，福利的主要作用是通过再分配来达到社会公平。没有了这样的分配，社会就不会有公平，发展就不可能持续。有什么样的福利水平并不重要，重要的是有没有这样的政策目标。这才是我们在谈论福利国家时最应重视的。优先设立公平合理的制度对瑞典实现经济增长是至关重要的。

瑞典曾多次被评为世界上最适宜人类居住的国家之一。近百年来，瑞典比较彻底地贯彻了这一原则，使所有公民都可以享受到社会提供的基本福利，福利面前人人平等。因此，瑞典模式被誉为福利国家的楷模。

三、建立广东省农民社会福利制度的启示

通过对建立农场主—农民共享社会福利制度到瑞典成为世界上最幸福的国家之一的历史考察，笔者认为，瑞典的社会保障制度一直是在经济增长、农民党发展壮大、农业势力不断增强的情况下不断发展起来。瑞典的所谓平等，实际上就体现在全民福利体制之中。无论从事何种职业，无论职位高低，都可以享受到基本的福利；无论生活或工作在沿海还是内地、山区还是城市，患病时都可以得到水平大体相同的医治。从瑞典社会福利制度覆盖到农民可以看出，解决了农民的基本福利，实际上也就解决了全民福利。因为农业在所有产业中是最弱质的，对农民权益的保护也是最底层的，农村发展也是社会发展进步的最起码保证。虽然瑞典福利制度与广东省的情况并不存在明显的可比性，但建立全民共享的社会福利制度的理念精神及原则特别是坚定信心，长期坚持，并一贯坚持社会福利全民共享原则，非常值得我们学习。因此，广东省应该尽快建立和完善农民社会福利制度、提高全民福祉，使广大农民共享社会成果。

目前，广东省各地的农民保障制度存在以下问题：一是区域差距。不同区域的保障制度差异明显，在那些集体经济比较发达的村庄，村民们享受着近似于城市居民的福利，而经济落后地区的村民连最基本的社会养老保险都享受不到。二是城乡差距。城乡隔离的二元社会经济结构也使农民享受不到城市人口的社会保险待遇。三是总体覆盖面不够，保障项目不齐全，没有一项福利制度能惠及全民住房、教育、医保、社保等。例如，到城市务工的农民大部分没有参加保险，或没有按照统一的标准缴费；农村人口流入城镇，应当享受到的社会保险待遇却享受不到。

因此，完善广东省农村社会保障制度的总体思路，应是从广东省农村的实际出发，以保障农民基本生活为目的，以制度建设为核心，分地区（先发达地区，后偏远贫困地区）、分项目（先农村最低生活保障和农村合作医疗，再养老保险）、分重点（先保障农村中的弱势群体，再一般群众）、分阶段（先试点，再推广）进行，尽快使农民享受到社会最低养老保险、医疗保险和最基本的社会福利保障制度，直至达到社会利益群体的利益均衡。这是解决农民贫困和缩小城乡差距的根本出路，也是广东省在21世纪末达到中等发达国家的经济水平所必须解决的问题。

瑞典医疗保障制度初探

李迎春

瑞典地处欧洲北部，经济发达，社会稳定，人民享有较高的生活水平。同时，瑞典社会发展具有一定的独特性，具有长期稳定的政党体制，工会组织高度发达，市民社会发育完善，并在此基础上建立起了由"高税收、高福利"支撑的社会保障制度，被誉为现代福利国家的典范。在"从摇篮到坟墓"的众多福利制度中，瑞典的医疗保障制度以最为国民看重而显得独树一帜。在经过多次改革完善后，瑞典的医疗保障政策形成了名目繁多的医疗保障项目，如药品补贴、牙科补贴、病假工资、生育补贴、父母补贴等。这些项目大致可以分为两类，一是医疗用补贴，为全体瑞典公民及外籍人员提供低收费或者免费医疗服务；二是现金补贴制度，病人只要从事有报酬的工作，对因疾病造成的收入损失都可以获得一定的补贴。本文拟就瑞典的医疗保障制度的建立、发展、改革等作一些初步探讨。

一、瑞典医疗保障制度的建立和政策演变

19世纪80年代，瑞典的一些工业地区开始出现了由工人在自愿基础上自发组织起来的"医疗互济社"。为了鼓励这种行为，1891年，瑞典实施了"自愿性疾病保险计划"，政府开始对注册登记的自愿性健康保险团体提供国家资助。1910年，瑞典政府颁布立法，对自愿性疾病保险作出具体规定，扩大对自愿性健康保险团体提供国家资助。在政府的支持和鼓励下，自愿性健康保险团体得到了较快发展。

1931年，瑞典政府决定，所有健康保险团体必须接受国家资助，并按照政府的规定运行，于是，瑞典的健康保险制度由互助型转变为强制性的国家资助的社会保障制度。1938年，瑞典实行了牙科公费医疗制度。

1946年，瑞典议会通过了新的健康保险法，第一次建立起强制性的健康保险制度，并且这一保险制度是针对所有瑞典公民的。1951年，瑞典强制性健康保险制度正式生效。新的健康保险制度规定，每一个16周岁以上的瑞典

公民都必须参加强制性健康保险制度，健康保险制度将为被保险人支付 3/4 的医生诊疗费用。1955 年，瑞典将强制性工伤事故保险制度与健康保险合并。

1959 年，瑞典对健康保险进行了改革，把自愿性疾病保险基金团体转变为强制性国家健康保险机构，提高健康保险日现金津贴标准，并改进其他各种健康保险津贴，增加健康保险津贴种类。

1962 年，新颁布的《国民保险法》将健康保险制度与其他各种社会保险制度合并，并提高了健康保险日现金补贴的标准，自营劳动者也有权领取健康保险补充日现金补贴。健康保险实行强制性缴费，健康保险缴费和津贴标准与参加者的收入情况相联系。健康保险制度所提供的健康保险津贴是一种综合性津贴，包括现金补贴、卫生服务补贴、住院医疗补贴、医药补贴、交通补贴等。1957 年，瑞典将国民保健制度改为地方政府负责。

丰厚的医疗补贴水平（疾病补助的日支付额达到实际税前收入的 90%，并且没有等候时间，持续领取时间也是没有限制的）刺激了"泡病号"现象的出现。据有关资料表明，瑞典职工平均每天缺勤率在 20 世纪 60 年代不到 10%，到 80 年代上升到 25%，由此导致瑞典医疗保障支出负担沉重。从 20 世纪 80 年代开始，为了压缩社会保障支出，医疗保障方面也进行了改革。

1989 年，社会民主党政府成立了一个有关健康保险的调查委员会。委员会提出建议，主张健康保险津贴每月发放而不是每两周发放，让雇主承担起前 14 天的疾病津贴责任，健康保险津贴只能发放给可以康复并重新恢复工作者。

1991 年，政府对健康保险津贴进行实质性削减，前 360 天的健康保险津贴标准从相当于原工资的 90% 降低到 65%，以后 90 天的津贴标准相当于原工资的 80%，实行健康保险津贴 2 天等待期，由雇主承担前 14 天健康保险津贴责任，并有义务调查因病长期不工作者的实际情况。医生的证明不再作为病假者健康状况的充分证据，将就诊费由 60 瑞典克朗增加到 100 瑞典克朗，处方费从 65 瑞典克朗增加到 90 瑞典克朗。1993 年 4 月 1 日，政府重新规定了等候时间，再次降低健康保险津贴，无时间界限的健康保险津贴第一年为工资的 80%，以后每年为 70%。

二、瑞典医疗保险的主要内容

瑞典医疗卫生体系的目标是为有需要的瑞典居民提供平等的医疗卫生服务，并且这种医疗卫生服务是按需提供的，而非按个人费用支付能力提供的。本着为每一个公民提供经济安全网的指导思想，医疗卫生服务实行普遍性和统一性的原则，全体公民都有获得基本社会医疗保障的权利。

医疗保险对象为全体公民、在国外工作不足1年的瑞典人和在瑞典工作的外国人。投保人按规定缴纳社会保险税后，本人及其家属就可以享受医疗保险待遇，主要待遇有：

（1）药品补贴。患者（或家人）可以持处方到药店购买到优惠药品，购买非处方药需要全部自费。在规定时间内，患者购买药品费用达到一定数额后，将有资格在这之后的一段时间内免费领取药品。

（2）康复补贴。对需要康复治疗的患者提供补贴。

（3）牙科补贴。国家对20岁以下患者承担全部费用，对20岁以上患者承担部分费用。

（4）交通补贴。提供给已经具备工作能力，但无法乘坐普通交通工具上班的患者。

（5）疾病携带者补贴。传染性疾病的携带者或疑似携带者可获得此补贴。

（6）病假工资。有工作者患病时可以向雇主申请，有权利从雇主那里获得14天的病假工资。

（7）疾病补贴。补偿投保人生病期间的收入损失，此补贴补偿一般无时间限制，但生病3个月以上者，需要进行身体健康检查，要确定其是否能够继续做原来的工作。

（8）护理亲属补贴。因照顾严重患病的亲属而放弃工作者可以获得此补贴，所有的医疗单位对儿童和20岁以下者一律免费就诊。

（9）父母补贴。孕产妇和婴儿的医疗保健待遇同一般病人大致相同，此外，父母还可以领取父母津贴。

按照规定，每位在瑞典居住1年以上的拥有居民号码的人，不论哪国国籍，都可享受瑞典的医疗保障。凡去医院看过病，就能得到一张全国通用的医疗卡。有了医疗卡，可选择一位家庭医生。需要看病时，可以首先与家庭医生联系，由家庭医生诊断并推荐前往不同的地方诊治；也可以不必通过家庭医生，而直接与社区的医疗保健中心联系。每个社区都有医疗保健中心，那里每天有七八个医生坐诊，能处理一般的病情。遇上大病急病时，可以直接去大一点的医院诊治。

三、瑞典医疗保险的收费情况

患者在获得医疗保障时也要支付相关税费，该费用是以医疗保险税的形式支付的，支付额由省政务委员会或市政当局规定。不管是居住在省政务委员会区域内，还是居住在市政区域内，患者都可以得到同等对待。

医疗保险基金采取现收现付制模式。2007年，雇主按照工薪总额的8.78%缴纳医疗保险费，职工自己缴纳的比例为2.95%。由于存在资金缺口，国家每年还必须从税收中拨款给予补充。

在瑞典也存在收费医疗项目，有四种需要患者缴费的情况：

（1）门诊缴费。门诊患者到医生、专家处看病时，需缴门诊费，缴费金额因就诊的区域、医生档次的不同而不同。基本医疗费用的限额是每12个月900瑞典克朗。有多个孩子的家庭，不满18岁儿童的医疗费用可累加，超过900瑞典克朗的均免费。

（2）药品缴费。患者购买药品时需缴费，每12个月购买处方药品的上限是1800瑞典克朗，超过1800瑞典克朗的部分完全免费。

（3）治疗缴费。治疗费用主要针对牙科护理，牙科护理的患者需自己支付部分费用。牙科护理的费用会因治疗方法、年龄层、牙科治疗材质的不同而不同。

（4）住院缴费。经医生诊断，认为患者需住院治疗的，省政务委员会每天会对住院治疗的患者收取一定的费用，每个区域收费标准不同，最高收费是每天80瑞典克朗。

医院和基础医疗服务机构（卫生服务中心）门诊挂号费标准由各省政务委员会、市政府根据本地情况自行确定。基础医疗服务机构的挂号费一般为100~150瑞典克朗，为避免个人负担过重，政府规定了最高收费限制，病人累计支付门诊挂号费最高限额为900瑞典克朗，超出部分从第一次门诊算起的1年时间内，免收以后的挂号费。若省政务委员会对此最低收费额另有规定，则以两者中较低的为标准，本年内超出的金额可免于支付。

四、瑞典医疗保障制度的特点

因为人人参加医疗保险，人人可以享受公费医疗待遇，因此瑞典公民生病后没有后顾之忧。在瑞典，住院和手术不用交费，病房内设备齐全，医疗设备和服务模式都是现代化的。瑞典医疗保障具有以下特点：

（一）医疗保险覆盖范围广

瑞典政府提出了人人健康和公民一律平等享受国家公共服务的目标，并认为向公民提供医疗服务和资金支持是政府的责任，社会保障（特别是医疗保险）制度应覆盖全体公民，人人平等享受医疗保险服务。

（二）医疗保险管理水平高

瑞典医疗保障已经建立起完善的医疗服务网络，能够掌握每一个人的基本情况，随时随地查询每个居民的医疗保障状况，包括服务于他们的家庭医生。瑞典政府可以为全体公民提供细致、周到的服务。

（三）社区卫生服务全面

在瑞典，参保人员都有为自己服务的家庭医生，可以足不出户地接受治疗。社区还设有基础医疗服务机构，配有一定数量的全科医生，一般性疾病都能够就近治疗。对社区医疗服务，国家还有治疗费用、药品价格等优惠政策。社区卫生服务有效降低了医疗保险费用，方便了参保人员就医。

（四）地方政府在医疗保障中承担主要责任

20世纪60年代后期，医疗保障职责改为主要由地方政府负责，提供医疗保健服务成为地方政府的重要任务，医疗保障支出在地方财政支出中所占比重非常高，占一半左右。

五、近年来瑞典医疗保障制度进行的改革

为解决医疗经费不足和公费医疗体制本身存在的弊端，瑞典政府近年来逐步采取了多项改革措施，具体改革内容如下：

（一）为提高医疗服务效率，引进了激励机制

以前，瑞典政府对医疗机构实行按预算拨款的方法，致使医疗机构工作效率低下，经费需求不断增长，医疗机构把精力放在了如何争取更多经费，而不是放在如何提高服务效益上。针对这些弊端，瑞典成立了"诊断相关组织"，专门负责对主要医疗手段确定价格标准和进行评估，对医疗机构的拨款改为按照实际治疗病人人数、服务质量和效果等标准，医疗机构的服务水平和效率得到了明显提高。同时，扩大了门诊范围、减少住院病人人数。

（二）引进企业化经营管理模式

把现代化企业管理和激励机制引入公共医疗机构，逐步对医院实行股份公司化，使政府与公共医疗机构权责分工更加明确。通过对公共医疗机构的服务项目进行公开承包招标，鼓励公共医疗机构之间、公共医疗机构与私营医院之

间进行良性竞争，以此提高公共服务机构的服务质量，减低医疗服务的价格。

（三）明确政府与医疗服务之间的分工和责任

实现了政企分开，政府主管部门把工作重点转移到倾听公众意见和要求上，正确制定以人为本的医疗政策，并让公众更好地了解医疗政策，让公共和私营医疗机构独立进行经营活动。

（四）鼓励公共医疗服务机构和医护人员从事医疗服务企业化经营

对接受经营基础护理门诊和其他承包医疗服务机构相关业务的医护人员，给予法律和培训方面的支持。这项措施提高了医护人员的工作积极性和主动性以及竞争意识，提高了医疗机构的服务质量和水平。

（五）赋予病人更大的选择权

近几年来，省、市政府在医疗保健领域引入的一个主要改革就是让病人有选择医院和医生的自由。当患者面临威胁生命的重大疾病和伤害时，在决策前有权力获得第三方的意见。病人可以选择他们的卫生服务中心（或家庭医生），选择他们希望就医的医院。如果病人希望到本辖区以外的医院就诊，医院可以出具转诊证明。

综上所述，从20世纪30年代初，瑞典即在卫生保健领域推行"全国健康保险"，逐步扩大医疗照顾等医疗福利措施。1946年，国会又通过一项法案，规定凡本国公民都必须参加医疗保险，这标志着瑞典开始实行强制性医疗保险制度。此后，瑞典政府又在福利保险及卫生方面立法，最终确定了国家预算型的医疗保险制度。本着"公平优先，兼顾效率"的原则，经过近80年的改革实践，瑞典建立起了十分完善的医疗保障制度。在瑞典，无论是穷人还是富人，在医疗保险内看病年最高花费只有1800瑞典克朗，医疗服务的可及性和公平性都非常高。当然，瑞典的医疗保障制度是建立在社会经济高度发达的基础之上的，我国与瑞典国情不同，复制照搬肯定行不通，但在维护公平的理念、以人为本的政策设计、先进的管理手段等方面，瑞典经验对我国的医疗保障制度改革还是很有启迪和借鉴意义的。

瑞典职业教育与培训改革对广东的启示

黄存足

职业教育被西方一些人喻为"使社会走向博雅的杠杆",在西方发达国家很受重视。西方发达国家职业教育在不断更新理念中发展壮大,引领了国际职业教育的发展潮流。本文评述了瑞典及国际职业教育的改革理念和趋势,反思广东职业教育现实,探索广东职业教育的发展策略。

一、瑞典职业教育与培训模式概况

瑞典是一个发达的资本主义国家,地处北欧,人均国民生产总值位于世界前列,在近几年的国际竞争力评比中一直名列前茅。瑞典国家经济的高速发展和人力资源的最大限度利用,均归功于其良好的职业教育管理体制和机制。

分权制是瑞典教育管理体制的主要特点。议会和中央政府负责制定教育法律、方针政策,对法律政策实施情况进行检查和监督。教育科技部是主管全国各级各类教育和科研开发工作的政府部门,负责根据法律确定的课程方案制定教育和教学目标;教育科技部下设主管基础教育的国家教育署和国家教育发展署。地方政府须制定并实施本地区教育发展计划,并自行确定教育管理体制;各地政府均设立分管各类教育的管理委员会。高中和成人教育则由教育与文化委员会分管。

瑞典教育体系依就学年龄可分为五大类,分别是学龄前、义务教育、中等教育、高等教育、成人教育。

(一) 瑞典的职业教育与培训的一般框架

瑞典职业教育与培训体制是一种典型的职业教育与普通教育统合的体制,即没有专门的、独立的职业教育与培训体系。瑞典职业教育与培训主要包括两个方面,即初始职业教育(initial vocational education,IVE)和继续职业培训(continuing vocational training,CVT)。

1. 初始职业教育

瑞典初始职业教育主要是指综合高中的职业教育。20世纪60年代后期以来,瑞典教育政策的目标在于统合普通教育和职业教育,推行综合教育体制。这种改革主要基于以下三个方面的理由:①促使职业教育普通化,为学生面临未来变革的社会职业市场做好准备;②通过教育整合,进一步改变社会职业偏见;③确保学生接受中等教育机会均等,不论性别、社会地位、经济背景以及居住地方。1971年瑞典开始改革的第一步,职业学校、商业学校与古典中学统合为一种新型中学。自此以后,瑞典职业教育训练形成一种没有专门职业训练的学校体制。这种体制改革的思想在于,尽可能缩小职业教育与普通教育之间的差距。

2. 继续职业教育与培训

(1) 劳动力市场培训。最初的劳动力市场培训是以失业人员和因缺乏职业技能而难以寻觅工作的人为对象的。训练课程主要是职业实践性的,介绍职业基本理论作为职业训练的辅助手段。目前,劳动力市场培训对象也逐步转向具有职业经历和相关良好教育背景的人员。劳动力市场培训主要由瑞典国家劳动力市场委员会和地方劳动力市场委员承担。

(2) 在市立成人教育框架内的职业培训。瑞典有关法律规定,政府有义务为那些年龄在16~18岁,未能进入高中且没有固定工作的青年提供就业培训;在职雇员有权带薪请假离职学习,并获得特别助学金;接受劳动力市场培训(再就业培训)者除免费学习外,还可领取生活补贴。

(3) 公司和机构内部培训和员工培训。20世纪80年代,由雇主组织或者委托雇员协会进行的工作场所训练形式迅速发展,并成为职工继续教育的主体。瑞典教育统计表明,90年代参加工作场所训练的人数是参加其他训练方式人数的2倍。工作场所训练的经费主要由雇主投资,根据1998年的统计,雇主投资于工作场所训练的经费占所有继续职业教育经费的95%。

(4) 高等职业培训与职业学位项目。从20世纪70年代中期开始,瑞典在部分技术学院、综合大学等高等教育机构中开始实施高级技术员职业计划。对象主要是至少具有4年相关工作经验的人员,目的是为学习者在技术职业领域提供更为宽泛和深厚的知识。从1993年起,瑞典推出职业学位项目,职业学位的标准一般由学校自行制定,没有全国统一的标准,也没有全国性的权威机构具体管理和指导。职业学位的学习期限不固定,主要取决于学生本人的具体情况和不同的职业背景。职业学位主要满足学生从事某些职业的需要而设,如医学、工程学或农学硕士以及义务教育学校的教育学学士等。

(5) 高等职业教育发展计划。为了探索劳动力市场所需的高级职业人才的新的培养途径和模式，适应工商业劳动领域对于新技能的要求，从1996年起，瑞典启动了高等职业教育发展计划。该计划根据学习者工场实践状况设置科目，是一种基于问题解决的课程模式。该计划采用一种开放的模式进行推广实施，一方面培训机构多样化，可以是地方成人教育机构、高等教育机构，也可以是商业训练公司，根据用户需要进行选择，政府并不做硬性规定；另一方面，教育对象多样化，可以是综合高中的应届毕业生，也可以是在职人员，还可以是希望接受特殊领域新技能学习的其他人员。

（二）瑞典职业教育投入的体制和机制

瑞典是一个高税收高福利的国家，基础教育经费主要由地方政府从当地税收中筹集，国家给予适当补助。高等教育主要由教育科技部及国家高等教育署代表中央政府进行管理，教育经费以政府拨款为主，科研经费从政府和其他渠道获得。

国家举办的各级教育都是免费的。除免收学费外，义务教育阶段学生的教科书、交通和午餐均免费提供。所有年过16岁的高中生，可获得无须偿还的助学金和低息学习贷款。除纯公立教育机构和私立教育公司外，由政府资助的通过多元化筹资渠道运转的成人教育机构也成为提供各种培训课程和项目的主体。以斯德哥尔摩市的人民高等学校为例，它是由25所开放的综合性成人学校组成的体系，它向成人提供各种教育服务，国家和地方政府的经费资助占经费总额的1/3，学费收入（由在职者雇主支付的费用）占约2/3。

在瑞典，政府投资所有形式的职业继续培训。其中，劳动力市场培训的经费主要由瑞典国家劳动力市场委员会和地方劳动力市场委员会提供。公司和机构内部培训和员工培训的经费主要由雇主投资。另外，商业协会和雇主协会也提供了一定形式的职工训练计划。

二、瑞典及国际职业教育与培训的改革

（一）瑞典职业教育与培训改革及其趋势

20世纪90年代开始，瑞典致力于综合职业教育与成人教育改革，在终身学习思想的影响下，瑞典形成了多元性、开放性的职业教育与培训体制，在欧洲乃至国际上都具有一定的影响。

1. 综合高中的职业教育改革

1991年开始，瑞典将初始职业教育作为综合高中的一部分。改革的主要

目标包括：①确保所有 16～20 岁的青年有接受高中教育的机会；②国家设置多元选择性课程和特别课程，以适应变革的劳工市场的需要。课程改革提供了大量的普通课程和职业知识课程。

1999—2000 学年开始，瑞典 531 所综合高中为学生提供 17 个领域的国家课程，其中 15 个领域涉及职业教育，2 个领域涉及普通教育，也称为普通课程，为学生升大学做准备。在高中的二年级和三年级，许多职业课程又进一步分化，以适应劳动力市场的需求。1999—2000 学年，瑞典 32.3 万名高中学生中，有 15 万名学生选择了职业教育路径的课程。在职业教育路径课程学习大纲中，学生工厂训练时数占总学时的 15%。地方政府设置部分地方性职业课程，市政学校委员会为学生工厂训练的机会提供保障和监控。特别课程主要是反映当地劳动力市场职业的课程。尤其是学生作为学徒在工厂训练时，法律规定学生不能从业，也不享受特别待遇，如退休金、年休假、病休等。

综合高中"学徒式"职业教育课程的目标在于满足学生个体学习的需要，学生在实践中获得职业经验。在职业教育课程方面，公共机构占主体地位，市政课程占 92%，县占 4%。值得注意的是，1993 年以来，独立学校开始提供职业教育课程。1999—2000 学年，73 家私立学校教育机构提供职业教育课程，参加学习的学生人数达到 13400 人，占高中生总数的 6%；2000—2001 学年则有 101 所私立学校参与职业教育课程。

2. 高级职业教育改革

瑞典 1996 年开始实施高级职业教育（AVE）改革计划，目的在于适应工商业劳动领域对于新技能的要求，为此，瑞典实行地方分级管理的职业课程，并于 1996 年颁布高级职业教育法令。AVE 课程计划中有 1/3 属于职业理论在工商业实践中的应用，课程改变传统的科目设置，而是根据学习者工场实践状况而定，是一种基于问题解决的课程模式。目前，AVE 计划的学分为 40～120 学分，其中每一学分相当于一个星期的课程学习；另外有 80 学分为职业证书课程，由企业及其他部门提供，包括综合高中、地方成人教育机构、高等教育机构、商业训练公司等。

3. "个人学习账户"体制

1999 年 12 月，瑞典政府成立一个专门委员会分析和制定"个人学习账户"（individual learning accounts）体制。2002 年 1 月，瑞典政府发起"个人学习账户"计划，"个人学习账户"与其他形式的培训方式相结合，能够为公民提供更多的机会提高能力，减少失业的风险。瑞典"个人学习账户"体制的一个做法是，致力于学习提高的公民获得相应减税的待遇，例如，公民工作学习能力达到一定水准，每年可以免除一半的税务，相当于 18300 瑞典克朗。

此外，雇员和雇主共同承担"个人学习账户"。公司为雇员付出学费，可以减免部分税务。学习者今天的投入是为未来的加薪做准备的。学习者如果想从"个人学习账户"取得现金，则必须至少有12个月的学习记录，并且资金必须用于自己的能力提高上。而且，从"个人学习账户"取得的现金将不征收消费税务。另外，学习者能力得到提高，政府还予以特别的奖励，并将奖励资金存入"个人学习账户"。

"个人学习账户"另外一个突出的特征在于雇主与协会的联盟。瑞典政府致力于形成雇主与劳工协会的伙伴关系。在这种背景下，政府不必干预劳动力市场，企业雇主与劳工协会根据市场来决定劳动关系。特别是雇主与雇员一起协商学习时间、学习要求以及所要达成的学习成就。

（二）国际职业教育改革新趋势

关于职业教育何去何从的问题，发达国家普遍采取的对策是积极进行改革，使其适应经济和社会发展的需求以及劳动力市场的变化。尽管西方发达国家职业教育的管理体制多种多样，很难简单地描述其改革的趋势。然而，可以通过他们一些共同或相似的政策策略，归纳出改革的新趋势。

1. 职业教育与普通教育的综合化

西方主要发达国家纷纷采取多种举措，使职业教育与普通教育相互沟通、相互渗透、取长补短。在美国，由于没有单独的职业教育体系，职业教育和普通教育课程被结合成综合课程向学生提供。在欧洲，由于经济危机和失业的威胁，人们意识到有必要使青年在接受普通教育的同时熟悉技术学习和职业世界。法国于1985年、英国于1986年、荷兰于1989年、西班牙于1990年在义务教育阶段就引入了技术教育课程。在英国的义务教育和高中教育中，职业培训单元作为学生的选修课程。瑞典和意大利的高中改革也正朝同样的方向发展。在德国，获得中学毕业证书的学生中，有15%～20%的学生转而接受双元制职业教育。与此同时，有相当数量的学生在完成了职业学习后进入学术性的完全中学学习。日本于20世纪80年代设立职业高中，在专业设置上打破传统的专业划分，开设诸如人文学科群、自然学科群、国际合作群、电子机械群等一系列适应时代发展的崭新的综合学科，供学生选修，消除普通教育和专业教育的严格界限，并积极开展职业高中和普通高中的合作教育等。

2. 课程体系整体性与课程设置通识性

在发达国家职业教育体系中，均设有由工商界人士和教育界人士共同参与的课程开发委员会，主要负责开发、审核和评价所有专业课程的实施情况。发达国家职业教育课程的开发不只是针对某一阶段或特定阶段的学习者，而是面向所有从业人员的任何阶段。在专业和课程的取舍或更新方面，均严格按照职业群集或行业、企业的特点与需要来确定，并根据社会变革对人的知识、技能以及品质的要求，为不同层次的学习者提供更为灵活的职业教育服务。另外，课程设置体现通识性。西方发达国家职业教育课程设置的重要目标，是学生个性的全面发展和综合素质的提高；日本高等职业学校的教养课程的总学分比专业课程学分多，且涉及范围非常广泛，涉及政治、经济、文化等各个领域；1992 年，英国全国职业资格委员会就出台了普通国家职业资格（GNVQ）课程，该课程不是为了培养某个具体专业领域内的职业能力，而是培养广泛的职业或专业都需要的一般技能、知识和理解力；美国、瑞典等国家在职业教育课程设置方面，十分注重增强课程的弹性，表现为广泛增设选修课。

3. 职业教育终身化与上移化

为了增强劳动力的可持续发展能力，发达国家纷纷制定了实施终身职业教育的政策，把职业教育作为终身教育的一个重要组成部分，用全民继续学习和培训的模式取代集中于一段有限时间学习和培训的模式，提出职业教育要面向可持续发展。20 世纪七八十年代，发达国家的职业教育主要关注 14～18 岁的青年，从义务教育阶段向劳动生活阶段的过渡。进入 90 年代后，职业教育扩展到对成人包括再就业者进行继续教育和培训。在西方发达国家，随着职业教育的终身化，专业分化上移的趋势开始出现。职业教育从高中阶段推移到高中后阶段，高等职业教育得到迅速发展。在美国，进入 20 世纪 70 年代以来，随着科学技术的进一步发展，美国对各种专业人才的需求急为迫切。为满足青年人升入中学后的职业教育，美国大面积开办社区学院，社区学院提供的高中后职业教育在美国具有举足轻重的地位。在德国，1995 年只有 1/3 的培训学徒毕业于五年制的职业学校，有 15% 的学徒毕业于九年制的完全中学。在日本，随着中等职业教育多渠道、多途径的广泛发展，其重点逐渐转向中等以后的教育阶段。日本职业教育就是通过专修学校、高等专科学校、短期大学等三种形式向上移的。

4. 职业教育的法制化

美国早在 19 世纪 60 年代就颁布了历史上第一部职业教育法案——《莫雷尔赠地法案》，首次认可了职业教育的社会地位与作用，并使之正式成为国民教育的重要组成部分；随后又通过了《国防职业教育法案》、《职业教育法》等；1982 年，美国联邦政府根据国内产业结构急剧调整，亟需大力推进劳动力再培训的社会现实，制定颁布了《职业培训合作法》。德国早在 1869 年就颁布了《强迫职业补习教育法》；1889 年又颁布了《工业法典》，以法律条文的形式规定企业学徒培训必须与职业教育结合；1969 年颁布的《职业教育法》

正式把职业教育作为国家教育制度确定下来，是西方国家中比较严密和详细的职业教育法规；1981年制定了《职业教育促进法》，对双元制职业教育作了进一步修订，以提高职业教育立法的适应性。日本政府在1983年对原《产业教育振兴法》作出了适应性修订；1985年，日本政府在1969年、1978年先后二次对《职业训练法》作出较大修改的基础上，进一步将其修订命名为《职业能力开发促进法》。英国、法国等也致力于加强职业教育法规建设，而且在最近一二十年内先后颁布了一系列职业教育立法和规程。西方发达国家颁布的一系列职业教育的法规、法令，对职业教育的体制、经费、地位、形式都作了详尽而明确的规定，使得职业教育的实施有法可依，有章可循。

5. 职业教育师资队伍"校企"化

瑞典统一综合学校前6年的教师是在20所教师训练学校培养的，修业年限为2.5～3年，学生要接受学科教育和教育理论与实践的训练。高级班的教师属于学科教师，需在大学接受教育，取得大学第一学位后，还要到具有大学水平的6所师范学院进行1年以上的教育理论的学习和实践训练。高中教师需在大学受8年的教育，取得第二学位后才可充任。

丹麦职业教育的教师首先应是熟练工人，或是完成了第三级教育，具备一定的专业技能和实际工作经历，才能够参加教师培训课程，考取教师资格证书。美国职业教育的教师必须是大学本科或硕士研究生毕业，并经过教育学院和实践环节的专业培训之后，才能成为职业学校的教师。同时，美国职业教育的教师每隔2～3年要参加一次教师资格考核，并取得连续任教合格证书之后方可继续从事职业教育教学工作。澳大利亚职业教育的师资培养通常有两种途径：一方面，通过高等院校培养高学历、高素质的专职职业教育师资；另一方面，从社会选聘专业技术人员，让他们接受师范教育而逐渐成为兼职的职业教育教师。德国职业教育的教师培养分为两个阶段，第一阶段是通过大学师范教育，并参加第一次国家考试，通过考试的人进入第二阶段的学习。第二阶段的学习为见习期，见习生一方面要参加大学里关于教育学、专业教学法等方面的研讨，另一方面要到职业学校去实习。在完成第二阶段的学习后，还需参加第二次国家考试。考试通过后，才能获取教师资格证书。

三、广东省职业技术教育现状及存在的问题

（一）广东省职业技术教育的发展目标

广东职业技术教育整体水平和综合实力居全国领先地位，实现了职业技术

教育的现代化，紧紧围绕广东省经济社会发展的总目标，加快完善"政府主导、依靠企业、充分发挥行业作用、社会力量积极参与、公办与民办共同发展"的职业技术教育格局。到2020年，全省中、高等职业技术教育质量和效益显著提升，基本适应经济社会发展要求。初、中、高级职业技术教育结构合理，区域间职业技术教育均衡协调发展，职业技术教育与普通教育比例协调，职业资格证书与学历证书并重，灵活、开放、有序、规范的职业技术教育网络覆盖全省，充分满足人民群众多样化学习和发展的需要，形成具有广东特色的现代职业技术教育体系。

（二）发展中存在的主要问题

1. 教育理念错位

职业技术教育往往被看作一个低层次的教育。新闻媒体对高考"精英"的片面宣传，助长了这种"普通教育脚长，职业技术教育腿短"的畸形教育发展。在资金投入上，对普通教育的投入多，而对职业技术教育投入少，呈现出两极分化的状态。在招生制度上，有利于优秀学生进入普通教育系统而非职教系统，造成人才培养上的严重不协调，以至于管理人才饱和、高级技工奇缺，出现企业以年薪30万招高级技工却无人应聘的情况。事实上，职业技术教育是大众化教育，在任何一个国家都具有极其重要的作用，这种作用是大学或任何精英教育都无法代替的。

社会认识有偏差。一是受传统"学而优则仕"、"金榜题名"为奋斗目标和成功标准的观念影响，青年人一般不大愿意做技工，认为干这行辛苦、没出息。二是社会偏见。有句俗话："工字不出头。"长期以来，即使在同一企业，当一名技术员与当工人的社会地位和福利都有差别，前者是"干部"，后者是"工人"，至今两者之间依然横着一道难以逾越的鸿沟。三是我国至今没有建立起技术工人的成才通道，大多数企业干部和工人的收入分配差距还很大。

2. 经费投入结构不合理

近年来，广东省积极实施"科教兴粤"和"教育强省"战略，千方百计加大教育经费投入力度，有力推动了教育事业的发展。但是，就教育经费的支出结构来说，政府对职业技术教育特别是技工教育的投入严重不足。这导致了普通教育与职业教育、中等职业教育和高等职业教育的结构问题。广东省的经济实际要求普通教育与职业教育的比例应大体相当，但现状却是普通教育的学校数和在校学生数大大超过了职业学校；中等职业教育和高等职业教育应呈正三角形，而现状是中职学校在逐步升格或者被合并。

3. 改革滞后

广东职业技术教育的改革力度不大，步伐缓慢。当前，广东省职业学校分属行业和部门办学、企业办学、地方政府办学，政府统筹不力，条块分割。办学观念陈旧，用普通教育的理念去办职教，片面追求升学率，职教特色不鲜明，以至于有的职业院校被人戏称为"打职教牌子，做普教压缩饼干"。就拿已在全国普遍推广的"3+2"和五年一贯制培养模式来对照，广东"3+2"模式还没有推开，五年一贯制也仅在由师范升格的高职院校中的5个专业进行了试点。许多有条件的学校如深圳华强职业学校，强烈呼吁举办"3+2"或五年一贯制的教育模式，却得不到应有的重视。在机制上也没有充分发挥部门、行业、企业和社会力量的作用，民办职业教育的发展不充分。

4. 职业技术教育"门槛"过高

职业技术教育办学成本高，学生入学收费比普通学校还高出30%～40%；同时，教育层次只有专科，普通中专和职业高中毕业生再去读高职，经济上不合算。

5. 高职院校的定位存在问题

目前高职高专教育的定位存在着两种倾向：一种倾向是一些学校在教育中强调学科型的倾向，表现为沿用本科的教学模式、教学计划和课程体系，根据本科相关专业进行删减和压缩，就是本科"压缩饼干"式的教育；第二种倾向是盲目追求"专升本"升学率的倾向。这一方面是国家的宏观调控导致的，国家的评估、投入和就业政策总是倾向于本科院校，这直接影响着高等职业学校的定位；另一方面，高等职业学校本身的专业设置、课程安排和老师教学方法存在问题。在专业设置上不能根据当地经济实际设置相应的专业，课程安排受政府的影响，过分强调理论考试，学生的动手能力差，"双师型"教师队伍相对较少，教学方法缺乏灵活性。高职院校应安心于引领人才的培养，如果定位不科学、不准确，找不准市场的切入点，培养出来的人才就没有特色，就业自然就困难。这就是一方面高职学生无业可就，另一方面很多专业领域又紧缺技能应用型人才的原因所在。

四、瑞典及国际职业教育改革对广东的启示

职业技术教育作为我国教育体系中与经济联系最为密切的部分，其改革发展应有国际的视野。抛开社会制度、国情等深层次的原因，从以上评述的国际职业教育改革新理念和新趋势中，我们至少可以得到以下几方面启示。

(一) 把发展职业技术教育置于突出的战略位置

"没有一流的技工，就没有一流的产品。"发展经济既需要科技创新人才，也需要能把科技成果应用于生产实际的应用型人才，还需要生产一线的技术工人。大批高素质劳动者的培养有赖于高质量的职业教育。近几年，广东省经济建设和各项社会事业进入了全面转型和发展的新时期。在这一过程中，人才短缺、劳动者素质低下成为制约经济发展的一个突出因素，特别是农村经济的综合发展对人才的需求更加迫切。要改变这种状况，从根本上实现经济由粗放型向集约型转化，就必须从教育入手，特别要突出抓好职业教育，培养出适应经济发展的，有文化、懂技术、会管理的新型高素质劳动者。为使职业教育对广东产业结构调整和升级有一个大的推动和加速作用，我们必须有一个认识上的大转变，切实把发展职业教育放在突出的战略位置上。

(二) 构建和创新广东现代职业教育体系

构建现代职业教育体系必须以人力资源的全面开发、职业内涵的变化、就业观念的转变和终身教育思想的确立等为背景和依据；应与社会经济的快速发展相适应，保证所有人均等接受教育的权利，充分反映职业技术人才培养类型的不同特点。广东"双转移"战略的提出，要求职业教育必须与经济社会的发展相匹配、与人力资源配置相适应，提高劳动者的整体素质，满足广东经济快速发展的需要，实现劳动者的充分就业。因此，加快职业教育的改革与发展，构建与广东"双转移"战略相适应的现代职业教育体系，是新时期广东职业教育改革发展的重要任务，是解放思想、落实科学发展观的重大战略举措。

1. 创新职业技术教育发展机制

（1）建立全社会共同参与的多元化办学机制。积极探索以公有制为主导、产权明晰、多种所有制并存的办学体制。推动优质职业技术院校创办分校或与薄弱职业技术院校兼并、重组、联合办学。公办职业技术院校可以采取联合、连锁、集团化、股份制、与企业和社会力量合作办学等模式，积极利用各种社会资源，吸纳民间资本和境外资金办学。各类院校可以利用自身的办学资源和优势，开展与其办学层次和类别相适应的职业技能培训项目。

（2）建立和完善职业技术院校教学评价机制。加强对全省职业技术院校办学条件、教学管理和人才培养质量的评估与监督，逐步建立和完善以技能水平、创新能力和就业质量为导向，符合职业技术教育规律与特点的评估和监督制度。同时，对高等职业技术院校实行定期评估。

(3) 构建终身职业教育体系机制。职业技术教育发展的一个共同趋势是发展终身职业教育体系。统筹各个阶段的职业教育与培训：把普通教育与职业教育、学校教育与成人教育、正规教育与非正规教育、职前教育与继续教育有机地统一起来，使不同层次的职业教育能够更紧密地衔接和沟通，以适应社会经济发展的需要以及国民日益多样化的学习需求。把职业指导作为义务教育阶段的必修课，加深学生对职业和职业教育的理解；缩小中等教育阶段普通教育与职业教育的差别，改变中等职业教育在升学方面的不利地位，增强职业课程的适应性和灵活性；创设高等职业教育，开辟职业学校学生升学的新途径；积极发展成人教育和继续教育，为职业能力开发提供更多的机会；等等。在这方面，瑞典的经验有一定的借鉴意义。

(4) 建立、完善与终身学习体系相适应的学习成果与职业能力评价制度。为了促进职业教育与普通教育、学校教育与成人教育、职前教育与职后教育、正规教育与非正规教育之间以及教育机构与劳动力市场的衔接，作为相互沟通的桥梁和中介，必须建立一套科学的学习成果和职业能力评价制度。建立健全以职业能力为导向、以工作业绩和实际贡献为重点，职业道德和职业能力并重的技能人才评价体系。大力推进职业技能鉴定社会化管理，加快改革技能人才评价方式。根据各类考评对象的特点，探索采用社会化技能鉴定、现场能力考核与业绩评定相结合等多种方式进行考评。对企业在聘的高技能人才，由企业实行动态管理，定期进行技能业绩考核。落实和完善职工凭技能、业绩和贡献确定收入分配和晋职晋级的技能人才使用机制。取得高级职业资格证书的高级技工学校、中等职业技术学校的毕业生，在政策上视为大专学历人员。按照评聘分开的原则，用人单位（包括机关、事业单位和所有企业）凡聘用获得高级技工、技师、高级技师资格的人员，分别对应视同助理工程师、工程师、高级工程师。

2. 加快推动广东省职业技术教育实现"三大"突破

(1) 实现职业资格证书与学历证书并重的突破。加快建立职业技术教育纵向衔接、横向贯通机制，建立弹性学习制度，推行学分制，建立普通教育与职业技术教育互动和对接的人才培养方式。

(2) 实现中、高等职业技术教育衔接制度的突破。建立中等职业技术教育与高等职业技术教育相衔接的人才培养体系。根据职业标准和岗位需求开发课程模块，以课程模块组合教学内容，构建灵活多样、符合职业技术教育规律与特点的模块化课程体系。研究制定中、高职技术教育相贯通的人才培养方案、专业教学计划，构建和完善职业技术教育人才培养体系。选择办学实力强、办学质量高的高级技工学校和技师学院，按照国家有关法律法规及设置高等职业技术学院的申报程序、标准和要求，建设成为大专层次的高级技工学院或高等职业技术学院。加快中等职业技术教育与高等职业技术教育招生专业的衔接。选择若干所具备条件的高等学校开展本科或研究生层次职业技术教育试点。在高级技工学校、技师学院建设一批3～4年制预备技师、技师试点专业。

（3）实现政府购买职业技术教育成果的突破。公办职业技术院校（含技工学校）经费按学校类别和现有财政预算关系，以在校生人数为基数，鼓励实行生均综合定额为主的预算管理体制。政府对举办消耗性大、艰苦行业以及特殊职业（工种）的职业技术院校实行特殊收费标准并给予适当的补贴。完善落实职业技术教育与培训补贴政策，启用个人学习培训账户卡。试行政府职业技术培训个人账户补贴制度，启用全省统一的职业技术培训账户卡。所有符合省财政培训补贴政策条件的人员均可持卡择校接受职业技术培训。

3. 建立职业技术教育资源共享平台

（1）建立资源共享、开放性的实训平台。整合职业技术教育实训中心资源，按照行业、产业类别集中优势建设，实行资源共享、开放性服务，提高使用效益。在广东省先进制造、电子信息、精密加工、石油化工、医药、环保、安全工程及其他重点专业领域建成一批设备先进、种类匹配、向社会开放的高技能公共实训基地。

（2）建立职业技术教育课程标准和教材开发平台。根据国家职业标准、职业分类的要求，适时开发出既能体现广东省经济社会发展和技术进步现状，又能适应行业、企业需求的课程标准和精品教材。按专业大类分别成立由行业组织、企业与有关职业技术院校共同参与的省级专业教学指导委员会，鼓励行业组织、企业直接参与职业技术院校专业建设和课程开发，研究制定专业教学计划、教学大纲和人才培养方案，根据行业、企业职业岗位群对技能人才知识、能力、素质的要求，研究制定职业技术教育专业系列课程标准。实施"职业技术教育精品教材开发计划"，开发以能力和职业实践为主导、以服务职业岗位群为目标、具有广东特色的职业技术教育系列教材。具体实施计划，由省教育部门与人力资源和社会保障部门共同研究制定。

（3）建立全省职业技术教育信息平台。加快全省职业技术教育信息网络建设，坚持高效、适度超前的原则，有计划、有重点、分地区、分层次，积极稳妥地推进全省职业技术教育网络化。通过信息化平台，实现校际互认的学分制管理、招生与就业管理和电子化教学资源的共享，以及半工半读、工学结合等弹性学制的网络化管理；通过远程教育网络，系统开展社区职业技术教育，普及农村劳动力的教育与培训。具体建设方案可由省教育厅、人力资源和社保障厅、信息产业厅会同有关单位共同制定。

（4）构建终身学生体制和开放的学习制度，大力发展成人教育和继续教育。

（三）构建"校企合作、工学结合"的职业教育新模式

不同的国家有不同的职业教育模式。综合分析各国职业教育的发展现状，大体可以归纳为四类职业教育模式：①以职业学校为特征的职业教育模式；②以市场调节为导向的职业教育模式；③市场调节主导、国家主管的职业教育模式；④"双元制"的职业教育模式。进入21世纪，我国职业教育改革发展将呈现两大趋势：一是规模快速发展，中等职业教育招生数将从2004年的550万增加到2010年的820万以上，高等职业教育招生数也将进一步增加，以适应大规模的工业化与城市化进程要求；二是职业教育模式转型，由传统的学院式教育模式向政府主导下的就业导向模式转变，以适应经济增长方式转变与社会转型的需要。

因此，职业教育应从本国经济社会发展的实际需要出发，探索有效的模式。广东省职业教育模式从传统的学院学校式教育模式转向政府主导下的"校企合作、工学结合"就业导向职业教育模式，是教育适应经济社会发展的重要举措。

1. "校企合作、工学结合"教育模式的主要特征

在培养目标上，将从偏重文化技术和理论知识转向重视就业技能和发展能力。

在学习制度上，将从学校是核心、全日制教学是主体，转向学校与企业合作，重视工学结合，实施弹性学制，职前与职后相结合。

在教学内容上，将从校内课程为主、重视学科性与专业性，转向重视校内学习与工作经验的一致性，行动导向重于书本知识。

在证书制度上，需要从学历证书转向双证书制度，注重学历证书和职业资格证书的双证融通。

在教学评估上，将从重知识考试、重学科标准，转向重就业能力、重社会评价，注重校内评价与社会评价的一致性。

在学习方法上，将从教室、图书馆和实验室是主要学习地点，书本学习是基础，转向教室与实习地点一体化，注重工学结合，使就业成为促进学习的重要动力。

在学习过程上，系统地学习经过组织的主题材料，为进一步学习打牢基础，转向满足经济和生涯发展的双重需要，为提高就业技能打基础。

在专业教师的要求上，需要从知识理论型转向强调"双师型"教师队伍建设，重视聘请行业企业专家和兼职教师占有一定的比例。

在决策管理方面，教育行政部门将从重决策向重服务转变，更加重视企业用户的意见。

2. "校企合作、工学结合"需要关注的五个重要问题

要实现上述转变，最有效的途径就是在办学上强化校企合作，在教学培训上加强工学结合。目前，重点要关注以下五方面的问题。

（1）加快完善校企合作机制的法律规章。健全的校企合作机制是实施工学结合教学培训模式的一个重要保证。只有在一定的法规体系保证下，才能实现校企双方、教育行政部门与行业组织、校企与学生等各方面的协调。由于缺乏合作的动力机制，企业往往不愿参与学校教育的全过程，学校则难以灵活地根据企业变化改革办学模式和课程等。发达国家发展职业教育的校企合作模式，都是依靠立法来规范职业教育体系和相应的管理体制，并不断按照经济社会发展要求来进行修订。我国完善职业教育法规体系的重点，应是明确规定企业参与职业教育的责任，以及实施校企合作办职业教育的途径、方式，等等，促进工学结合的教学模式走向成熟。将企业参与职业教育的鼓励性政策与不履行职业教育义务的惩罚性政策法规化，是非常有效的举措。

（2）重视研制工学结合的一体化教学培训大纲及其配套学习包。一体化教学培训大纲及其配套学习包是有效实施工学结合教学培训模式的重要基础，教学培训大纲如何一体化也是一个深层次的问题。这也是国外实施校企合作、工学结合过程中存在的一个主要问题。例如，德国的"双元制"职业教育模式确实有很值得借鉴之处，对每一个"国家承认的培训职业"（相当于我们职业教育所设置的专业）都制定一个具有法律效力的"职业培训条例"，作为国家法律文件正式发布，并进行定期的修订，以对全国企业的职业培训标准作出统一规定，并指导学校开展教学工作，取得了良好的效果。但是，由于具体执行中的问题，在学校教学与企业培训两方面仍然可能出现不融合的问题，最近德国职业教育界提出"学习领域"的改革，在学校推行"行动导向"教学，以提高学校教学与企业培训的结合。在我国职业教育体系中推行工学结合的教学培训模式，可以更多地发挥教育行政部门的服务作用，组织力量研制工学结合的教学改革新模式。

（3）加快建立企业培训师队伍。参照发达国家实施校企合作办学与工学结合的经验，企业培训师队伍建设是提高工学结合教学培训质量的保障条件。例如，德国的企业培训师并非来自高校，而是经过职业继续教育的高技能人才。这种人才培养的唯一途径，是完成"双元制"职业培训（相当于中职）

后再在技术工人岗位上工作若干年（积累实践经验），然后再经过师傅培训（相当于高职）并获取相关专业的师傅资格证书以后，才可以在企业承担带学生实习的培训任务。在地方示范性职业教育实训基地调研中我们发现，技能型师资短缺已经是制约实训基地发展的一个重要因素。由于技能型实训教师学历不高及引进后的待遇等问题，目前大多数学校的高技能教师短缺，特别是实习指导教师严重短缺。为了保证学生在企业的培训质量，目前必须加快建立企业培训师队伍，建议政府建立适应工学结合需要的企业培训师资格证书体系，先期研制企业培训师资格标准与培训考核获证办法。从某种程度上说，此项工作的进展情况应该成为工学结合教学培训模式能否持续开展的重要依据。

（4）依法加强对学生参加企业劳动培训的保护工作。这是我国中等职业学校开展工学结合培训活动的一个重要问题。由于中等职业学校刚入学学生的年龄关系，其劳动环境和强度受法律的特定保护。为此，建议事先做好相关工作，保障学校与学生的权益。其一，学校要按照《劳动法》的有关规定，对参加企业培训学生的年龄、劳动场所和环境等进行审核与检查；其二，要与企业签订符合法律规定的培训合同并办理相关保险，确保学生每天与每周的合法工作时间，这是德国实施"双元制"职业教育的一条重要的经验；其三，要重视并落实学生劳动前的安全教育，使学生熟悉相关防护设施，增强自我保护的能力；其四，教育行政部门要加强对工学结合活动的管理和服务，建立健全学生培训备案制度，保证工学结合教学培训活动的正常开展。

（5）优先扶持先进制造类、服务类专业职业教育开展校企合作、工学结合的试点。首先，先进制造类专业职业教育是今后一个阶段我国教育为经济建设服务、为企业发展服务的重中之重。这是从经济社会发展以及新型工业化道路对教育的需求考虑的。我国教育重点应由初中教育为主转向初中后教育为主，而初中后教育应以职业教育为重点，职业教育发展应该以制造类专业为重点。其次，由于制造类专业核心技术提高对技能型人才的要求也不断提高，但一般认为制造业工作比较艰苦且回报率较低，加上城市学生及其家长对职业的选择偏好，使制造类技能型人才短缺的现象严重。最后，制造类职业教育的培养成本较高，实施难度较大，企业可能缺乏主动参与工学结合教育培训模式的动机。总之，制造类职业教育实施工学结合模式既是迫切需要，又是比较困难的工作，因此要优先支持制造类职业教育开展工学结合的试点。一方面，要对企业开展工学结合教学培训进行有效的政策扶持，包括对学生补助津贴的发放，体现教育支持产业发展；另一方面，要鼓励在工科类高等学校开展制造类专业工学结合模式的研究，加强工科类职业教育学科建设，包括培养工科类职业教育学的硕士、博士等高层次的职业教育工作者，促进制造类专业的职业教育发展。

五、结论

一个国家的职业教育体制的形成和发展，是该国文化传统、社会观念、经济结构、政治体制等综合作用的结果。无论是企业主导的学徒培训模式，还是学校主导的职教模式，都是与一个国家的国情相联系的，不能简单地判断哪种体制好、哪种体制不好。据瑞典教育部的官员介绍，20世纪90年代，瑞典曾仿照德国进行过学徒培训的试验，但这一试验并不很成功，未取得预期的效果。这表明，学徒培训制度有很多优点，但同时需要很多社会条件，如社会对学徒制度的教育价值的广泛认同、企业对学徒培训的积极支持。这些实际表明，职业教育制度应根据国情，扎根于一个国家的文化土壤之中，改革职业教育与培训制度必须与国情相适应，不能简单照搬其他国家的制度和经验。

参考文献

［1］江伟. 发达国家职业教育的新理念［EB/OL］. http：//www. edu. cn/zong-he-293，2006 – 03 – 23.

［2］黄尧，刘京辉. 国际职业教育发展趋势［EB/OL］. http://www. edu. cn/zong-he-293，2006 – 03 – 23.

［3］吴雪萍. 发达国家职业教育发展趋势及其启示［EB/OL］. http：//www. edu. cn，2006 – 03 – 23.

［4］薛颖. 发达国家职业教育改革特点［J］. 上海教育，2006（7B）.

［5］未名. 发达国家职业教育发展趋势及其启示［J］. 中国成人教育. 2001（7）.

瑞典职业教育体制对我国的启示

李 胡

在现阶段,我国大力发展职业教育,开展职业教育院校办学模式和培养模式的改革,推行工学结合、校企合作的人才培养模式,使职业教育与社会需求、企业需要相结合。我国政府早在20世纪80年代就对职业教育给予了相当的关注,并且在2002年8月和2005年10分别颁发了《国务院关于大力发展职业教育的决定》和《国务院关于大力推进职业教育改革与发展的决定》,都说明了我国政府认识到培养高素质劳动者和高技能专门人才的重要性。然而,如何使职业教育广泛有效地参与到办学模式和培养模式改革中来,是一个严峻的挑战。探索世界职业教育体制的发展特点,特别是发达国家职业教育体制发展特点,汲取国外职业教育体制的经验,是研究我国职业教育改革的重要方面。在现阶段,对瑞典职业教育的结构体系和政策体制的成功经验进行借鉴是非常有必要的。

一、瑞典职业教育概况

20世纪90年代以来,瑞典不断进行职业教育改革,注重构建各个层次的职业教育与普通教育的有机统一体。在终身学习思想的影响下,瑞典形成了多元性、开放性的职业教育体制,在欧洲乃至国际上都具有一定的影响。

(一) 瑞典职业教育的背景

瑞典人十分重视教育,他们认为只有依靠教育,才能使瑞典这样的小国在竞争激烈的国际社会生存下去。瑞典是世界上比较早实行义务教育的国家之一,目前教育普及水平在欧洲国家中名列前茅。瑞典实行九年义务教育,高中教育虽不是强制的,但升学率已达98%。瑞典法律规定,地方政府必须向所有义务教育毕业后、愿意接受高中教育的学生提供免费的高中教育机会,并保证学生自由选择专业的要求得到满足,以使学生掌握未来的职业生活和社会生活所需要的基本知识和技能。高中毕业生升大学者的比例为45%左右。此外,成人教育也很发达。作为福利国家,瑞典的学前教育、学校教育均为免费教育,成人教育的费用由政府或者雇主分担,对个人来说基本上是免费的。所有年过16岁的高中生,在上学期间可以得到政府的助学金,并可以申请一定数额的学习贷款。瑞典的学校大都为公办,只有很少的私立学校,且私立学校也可得到公共经费的资助,并对学生实行免费教育。

20世纪90年代以来,瑞典教育改革的重点是职业教育。改革的主要目标是建立能够更好地适应社会和市场需求的更加灵活的教育体制和模式。改革职业教育主要出于以下原因。第一,90年代初的经济衰退使得社会的失业率上升,1996年达到12%。劳动力需求的减少使学校毕业生就业率下降,1991—1996年,学生毕业一年后统计的就业率,大学生约下降了10%,高中生约下降了30%,高中男女毕业生的就业率分别从59%、55%下降到31%、28%。第二,由于产业结构的调整、科学技术的进步,特别是信息技术在生产中的广泛运用,劳动力市场对就业者的素质和技能提出了更高的要求。第三,随着高中教育逐步普及,终身学习体制不断发展,以及政府积极发展高等教育政策的实施,青年人的升学需求增大,选择职业教育的学生比例下降,1998年全瑞典高中学生中普通高中与职业高中在校生比为45.7∶54.3。因此,以往的作为终结性教育、单纯为就业做准备的高中职业教育模式已难以适应社会的需要。在这样的背景下,瑞典政府一方面加强青年、成人继续教育,如为了将失业率在2000年前降到4%,政府计划在1997—2000年间,提供6万个到高等学校长期进行学习的席位、14万个市办成人教育和职业教育的席位;另一方面,通过改革扩大高中职业教育对各种社会需求的适应性。

(二) 瑞典职业教育的体系

瑞典职业教育体系是典型的职业教育与普通教育统合的体制,其推行职业教育主要有两个方面,即初始职业教育(IVE)和继续职业培训(CVT)。IVE是由高中阶段提供的职业导向性课程,CVT包括中学后阶段所有的职业教育和成人继续培训(包括专门培训),不包括高等学校提供的专业学位教育。

瑞典职业教育培训的特点是实行综合学校教育体制,尽可能缩小职业教育与普通教育之间的差距。学生在中学以前没有课程差别。另外,瑞典学生义务教育阶段和高中阶段的课程学分在全国范围内普遍得到认同。瑞典学校教育体制中不存在类似英国和德国的"学徒制"传统,不要求学生在工业和商业中工作的学徒计划,只在小范围内具有学徒课程。

随着普通教育的发展,瑞典政府以及企业越来越重视职员的在职继续教育。企业雇主、雇员组织等纷纷倡导不同形式的继续职业培训,特别是工作场所培训（IHT）受到重视。一方面，瑞典国家机构，如国家教育署、国家劳动市场委员会扮演了重要的角色；另一方面，地方当局也与企业主进行磋商，以促进职工的继续职业培训。

瑞典政府认为，所有人不论经济状态如何都应接受培训。瑞典继续职业培训机构包括公立学校教育机构、私营企业和培训公司，商业协会和雇主协会等也提供一定形式的职工培训计划。就职工个人而言，参加继续职业培训是为了适应新的市场技能要求，尽可能避免失业，这成为个人终身学习的明确动力。教育和培训日益成为提升新技能的工具，以更为有效的、灵活的组织方式向全民提供。瑞典继续职业培训主要包括工作场所培训、劳工市场培训、成人职业培训等。

一般而言，瑞典职工大多参加公立机构举办的继续职业培训，其中，公务员、中年人和全日制雇员大多接受工作场所培训。另外，工作场所培训分布广泛，尤其是大公司大企业提供了较多的工作场所培训。工作场所培训主要在工作期间进行，雇主则倾向于接受工作之余的工作场所培训。

劳工市场培训主要是针对失业人员和因缺乏职业技能而难以寻觅工作的对象。培训课程主要是职业实践性的，同时介绍职业基本理论作为职业培训的辅助手段。参加劳工市场培训课程的人员要求10岁以上，在公共服务局登记失业或者寻找职业者。近年来，由于瑞典的失业率较高，劳工市场培训方式也逐步面向具有职业经历和相关良好教育背景的人员。瑞典政府政策改革的一个重要方面是劳工市场培训主要面向处境不利的失业人员，给予他们必要的技能培训，使其获得职业经验。劳工市场培训的经费主要由瑞典劳动市场委员会以及地方劳动市场委员会提供，并承担主要培训使命，这样能够激励企业雇主对职工进行培训。

从1968年开始，瑞典的地方成人教育机构就对20岁以上人员提供职业培训。他们提供的职业培训主要有基础成人教育、高中成人教育和补偿性成人教育。基础成人教育、高中成人教育的目的在于使参加者通过一系列课程学习，能够获得与正规教育相当的义务教育或者高中教育文凭；补偿性成人教育的目的在于为那些在教育机构中没有学习过职业课程的人员进行补偿职业教育。课程的主要功能在于培养人员的较高职业能力或者新职业能力。

瑞典的职业教育体制是一种开放的体制，一方面，培训机构可以多样化，根据用户需要和选择，政府并不作硬性规定；另一方面，教育对象可以多样化，学习对象可以是综合高中的应届毕业生，也可以是在职就业人员，还可以是那些希望接受特殊领域新技能学习的其他人员。瑞典民众大学就是这样一个向全民提供职业教育培训的培训机构，其培训范围涵盖了瑞典职业教育培训的各个方面，包括在职的和就业前的各类职业培训和失业者的再就业培训，此外还有为人们的兴趣爱好培养开设的其他课程。

二、瑞典的职业教育体制

（一）瑞典职业教育的特点

1. 延长高中职业教育年限，强化职业教育中的普通教育

瑞典1991年开始实行了一项重大改革措施，把多数为两年制的职业高中统一延长到三年，目的是增大职业教育中普通教育的比重，增强学生的基本能力，拓宽学生的知识面，使职业高中的学生在毕业后的道路选择上有更强的适应性，特别是增加他们进入高等教育继续学习的机会。此外，改革后的新制度规定：所有高中学生，无论普通学科还是职业学科都必须学修以下8门核心课程，即瑞典语、英语、数学、公民、体育卫生、自然科学、宗教研究和艺术。

2. 改革学科与专业设置，扩大学生的职业面向和升学选择

20世纪90年代以来，瑞典把高中教育中的172个专业合并为16个"国家学科"，即自然科学（艺术与设计、舞蹈与戏剧、音乐）、商务与管理、幼儿教育、建筑（建筑金属、油漆、建筑）、电器保健、饭店餐饮娱乐（饭店、餐馆、大众娱乐）、工业（制造业、加工业、木工、纺织与服装工业）、汽车工程（航空工程、汽车制造、汽车维修、运输）等。其中，自然科学和社会科学属于学术性学科，其他14类属于职业学科。所有学科的毕业生都有进入大学学习的机会。1997—1998学年度，84%的高中毕业生获得了大学入学资格，各学科中比例最高的是自然科学（90%），最低的是汽车工程（67%）。

在这次改革中，有约1/4的专业被划转到成人教育中。此外，还设计了一些为满足部分学生特殊需求的个别课程，学校可根据个别学生的特殊需要，安排在长度和内容上多样的、灵活组合的个别课程，如允许学生采用学徒制，即类似"双元制"的边工作边学习的方式等，学徒制的学习方式也是三年制。

3. 改革课程和教学方法，努力提高职业教育的质量和灵活性

第一，注重教学中理论与实践的结合。由于瑞典与实行学徒制的国家不同，职业教育主要在学校中进行，因此教学中非常重视实际操作学习。为了保证高质量的实习，无论职业高中还是综合高中，都有非常完备的、同实际工作场所几乎没有区别的实习车间和设备。另外，新的"国家学科"课程规定，职业学科的学生学习期间必须到实际工作场所进行校外实习，时间不得低于总课时的15%。

第二，积极探索新的教学模式。近年来，在瑞典职业高中的教学改革中出现了一个趋势，教学模式从原来的学科导向的知识学习模式向职业导向的能力培养模式转变。斯德哥尔摩市泰比传媒高中就在教学中采用一种"项目主导"的学习方法。例如，学校要为某个客户制作电视节目，教学活动便围绕节目制作这个项目来进行：学生通常分成几个项目小组，每个小组6～7人，由编导、记者或主持人、摄像、照明和机械技师等不同专业的学生构成；不同年级的学生也经常参加同一个项目，或被编在同一个小组；在制作节目过程中，学生与指导教师有很大的自主权，小组之间既有竞争，又有合作。这种项目主导教学法的特点是教学完全是在实际项目过程中进行的，学生的职业技能也是在项目进行过程中培养的。

第三，构建模块化课程体系，增加课程组合的灵活性和学生选择课程的自由度。在瑞典的高中里，学生可在占总课时10%的范围内自主选择课程。为了方便学生根据专业需要或个人兴趣能力灵活地选择课程，瑞典积极探索新的模块化课程组织方式。所谓模块化课程，是把课程分解为一些程度或侧重点不同的模块，供学生选择。例如，将数学课程分解为按程度从低到高的A，B，C，D，E 5个等级或模块。A是所有学生都必须达到的水平，B是艺术类学生应达到的程度，C是社会科学相关专业学生应达到的水平，D和E则是工科和自然科学专业应掌握的水平。这种模块式课程，既满足了学生因兴趣或专业方向不同而进行灵活选择的需要，也方便了升学时上级学校对学生专业能力的鉴别。这种灵活的学习模式，对学生的升学和不同专业之间的流动和转换提供了一个共同的媒介。

4. 积极发展高等职业教育

由于科技发展、劳动力市场需求的变化以及高中后教育的逐步普及，瑞典近年来积极研究和探索高等职业教育的发展途径。为了探索劳动力市场所需的高级职业人才的新的培养途径和模式，从1996年起，瑞典启动了一项为期五年的高等职业教育发展试验项目。该项目设计并着手实验一种新的高中后职业教育课程，这种课程一般时长40～120周，其中约1/3的时间用于实习，实习期间的经费由企业负担。承担该项目的教育机构主要是大学和职业高中，生源主要是应届高中毕业生和有工作经历的青年。目前，高等职业教育培训课程已发展到250种。1999年，政府增加了12000个高等职业教育课程的学习席位以加大实验力度。

5. 构建终身学习体制和开放的学习制度，大力发展成人教育和继续教育

瑞典十分重视发展成人教育，并有着完善的成人学习保障制度。在瑞典，除了专门的成人教育机构外，很多高中和大学都承担成人教育的任务，很多学

校都向成人敞开大门。以斯德哥尔摩市立奥索中学为例，该校原本是瑞典最大的职业技术学校，后来改成兼有普通教育和职业教育的综合高中。它同时承担着成人职业教育的任务，其课程科目的约 1/3 是面向那些因各种原因未受过高中教育，或者准备转换职业的成人开设的。瑞典民众大学就是一所开放的综合性成人大学，它向成人提供各种教育服务。在教育层次上，既有高中阶段的，也有高中后阶段的；内容上，既有成人普通教育、文化教育，如文化补习、语言、艺术等，也有成人职业教育和培训，如继续教育和劳动力市场培训等；课程组织形式上，既有白天课程也有夜间课程，既有学历课程也有非学历课程。瑞典民众大学教学上重视根据成人的特点组织教学，重视能力、技能的培养，强调理论联系实际，并与瑞典的其他大学、企业和其他成人教育组织和机构有良好的合作关系，从大学及生产第一线聘请很多兼职教师。该大学专职教师仅 400 名，但却拥有 7000 名兼职教师。瑞典民众大学不仅在瑞典国内有 5 个课程中心，而且还在英、法、德等欧美 13 个国家中设有国际分校或语言中心，向外国人提供语言、旅游、市场及行政管理方面的成人培训。

此外，终身职业教育体系的一个重要内涵就是把各个层次的职业教育和普通教育统筹起来，包括在基础教育阶段加强早期的职业理解教育或职业指导，这是终身职业教育的基础阶段。在义务教育期间，所有学生都要接受 6~10 周主要在校外进行的就业指导训练。

6. 改革办学与管理体制，促进社会力量参与，增强职业教育办学活力

在职业教育管理上，改变过去过度的中央集权管理模式，给地方和学校更大的自主权。中央政府的主要职能是制定政策、规范制度及提供经费支持。地方政府主要负责举办职业教育和培训、协调地方各相关部门的关系。同时，为提高职业教育资源的利用效率和质量，政府鼓励学校面向社会开门办学，努力促进社会各方面和各地区在职业教育方面的合作。由于考虑到办学的规模效益，地方公立高中不可能举办所有的学科或专业。在这种情况下，允许学生带着本地支付的生均教育费到有该专业的外地高中就读，如泰比传媒高中就允许外校学生来选课。

随着放松管制、强化市场调节作用的经济政策的实施，瑞典在坚持政府主导作用的前提下，也开始探索在职业教育发展中如何进一步发挥民间的作用，吸引更多的民间资金。近年来，瑞典出现了一些被称作"独立学校"（independent school）的新型学校。独立学校经国家教育署的资格审核后，可得到政府的经费资助；但在学校管理和经营方面，享有比公立学校更大的自主权。它可以说是介于公立学校和私立学校之间的第三种类型的学校，与美国的"特许学校"有些相似。泰比传媒高中就是一所校企合作的独立学校，与学校合

作办学的传媒公司派人出任学校的经理,主要负责学校成人教育经费的筹措。近年也出现了多渠道化的趋势,如瑞典民众大学原来主要靠政府补贴,目前,国家和地方政府的经费资助已下降到经费总额的1/3,而学费收入(包括由在职者所在单位或雇主支付的费用)已占约2/3。

(二) 瑞典职业教育的发展趋势

面对不断变化的劳动力市场和多样化的学习需求,为建立更加灵活的职业教育体制,近年来,瑞典主要从以下几个方面对职业教育进行改革。

1. 调整管理机制

瑞典的职业教育是统一于国家教育体制之中的。职业教育与普通教育相结合形成新型综合高级中学。这种中学在同一所学校里提供不同种类的课程,并有共同的行政管理、教职人员、教学设备和设施,使普通教育职业化、职业教育普通化。近年来,瑞典对高级中等教育进行了改革,其中一项主要措施就是下放职业教育的国家权限和决定权。这项措施主要通过解散国家教育委员会和24个县级教育委员会才得以实现,瑞典现在由国家教育代理机构负责三项主要的教育任务即评估、后续行动及监督,许多教育权限被下放到了对市政具有较大决定权的地方教育委员会和学校自己的手中。

为适应新的就业市场需求及经济发展需要,瑞典政府调整高中教育大纲,将初中后的职业教育与以继续升学为目标的普通高中教育合并,统一纳入高中教育体系。并加强了对职业教育改革工作的领导和协调,建立了一个科学高效的领导机构,即设立"职业教育委员会",它有以下三项主要职责:①研究职教现状,在调查研究的基础上提出职教改革的原则与实施方案;②受理承办职业教育单位的申请并拨付经费;③监督职教改革试点工作并保证对试点工作实施独立评估。职业教育委员会的成员具有广泛的代表性,他们来自各政党、劳动力的市场机构(属官办就业信息市场)、地方政府和高等院校,因此职业教育委员会的各项决议和行动都能建立在全面、实际情况的基础上。

2. 理顺课程设置

高级综合中等学校的建立改变了传统职业教育课程单一的局限性,开设了门类众多的课程,不仅满足了青年们多样的兴趣,也适应了社会对各种人才的需求。

(1) 使职业教育融入普通高级中等学校中,并为职业教育的学生增加义务科目即核心科目。现在接受职业技术教育的学生都学习以下核心科目并同样能够考大学:瑞典语、英语、数学、公民教育、宗教、运动与健康和艺术活动等。核心课程这一概念的提出,不仅有助于提高职业教育毕业生的地位,也为他们今后进一步接受高级中等教育、高等成人教育以及大学教育奠定坚实的基础。更重要的是，它有助于推动瑞典终生教育的进程。

（2）调整职业教育的学制年限，原来是2年，现在改为3年。这是职教改革的一个重要步骤。改革后的课程设置，不管是偏重普通教育型的还是偏重职业教育型的，都要为完善学生的人格、提高学生的生活质量做准备，因此学生可以自由地转换专业，甚至转换学科领域。瑞典的职业教育通过灵活多样的课程结构来完成其所承担的双重任务——为学生未来的就业和深造做准备。普通教育与职业教育相互融合，成为瑞典教育的一大特色。

3. 加强与企业合作

新的职业教育体系比以前更强调与企业的密切联系，鼓励企业积极参与职业教育的各项工作，加强企业的参与意识，使职业教育面向市场，如规定企业可派代表参加学校的管理，共同探讨教学与设施更新等问题。也可通过学校聘请的方式，由企业派出较高水平的技术人员作兼职教师，开办各种关于最新生产工艺、生产技术和技术更新成果的讲座，使各项技术成果能够及时反映于教学之中。为此，新的职业教育体制要求职业教育课程设计必须有相关企业、劳动市场研究人员的参与，以便使职业教育及时反映目前和未来就业市场对劳动者的需求。

在3年学习中，2/3的时间为在校学习文化理论知识，1/3的时间为生产劳动实习。教学中加大了普通文化课程和职业基础课程的学习分量，目的在于提高学生综合分析、解决实际问题的能力，促使职业教育从狭窄且过于专业化的职业教育转化为广泛的基础性职业教育。

4. 构建"终身学习"理念

瑞典正在构建终身学习体制和开放的学习制度，大力发展成人教育和继续教育。瑞典法律规定，政府有义务为那些年龄在16~18岁、未能进入高中且没有固定工作的青年提供就业培训；在职雇员有权带薪请假离职学习，并获得特别助学金；接受再就业培训者除免费学习外，还可领取生活补贴。除了专门的成人教育机构外，瑞典很多高中和大学都承担成人教育任务，很多学校都向成人提供各种教育服务。

5. 重视开展全民职业技术教育

"全民教育"是20世纪90年代初提出的概念。其最终目标是"要满足全体儿童、青年和成人的基本学习需要"。同全民教育一样，全民技术和职业教育也有其特定的含义。它主要包括：①保证女童和妇女接受职业技术教育与培训的机会均等；②为失业者和各种处境不利人群（包括辍学者、残疾人、农村贫苦人口、战后的移民和退伍士兵）提供各种正规与非正规职业技术教育；

③对社会所有成员进行职业指导和咨询；④弹性入学以实现终身学习与培训。

6. 重视高职教育的发展

瑞典近年来积极开展高等职业教育，研究和探索高等职业教育的发展途径，启动了一项为期5年的高等职业教育发展实验项目；政府增加了12000个高等职业教育课程的学习席位。这些都有力地推动了高等职业教育的发展。

三、我国职业教育体系概况及发展现状

（一）我国职业教育体系的概况

中国职业教育体系包括职业学校教育与职业培训。职业学校教育分为初、中、高等职业教育。初等职业教育是小学后。实施初中阶段的职业技术教育的学校主要是初级职业中学，招收小学毕业生和相当于小学文化程度的青少年，学制3～4年，培养具有某种初步的职业基础知识和一定职业技能的工人、农民和其他从业人员。这类学校大部分存在于中国经济欠发达的农村地区，它是适应农村经济发展对劳动力的需求而设立的，属于中国九年制义务教育的一部分。目前此类学校有1472所，在校生86.7万人。

中等职业教育主要是指高中阶段的职业教育，它主要由中等专业学校、技工学校和职业高中组成，是中国职业教育的主体，在培养各级各类中、初级应用型人才方面发挥着主导作用。学校招收初中毕业生，学制一般4年，也有部分学制为3年；少数专业招收高中毕业生，学制2年。这类学校主要培养生产第一线的中等专业技术人才，要求学生在相当于高中及中等专门人才必备的文化知识的基础上，掌握本专业的基础知识、基本理论和基本技能，具有解决问题的能力。

技工学校的培养目标是中级技术工人，招收初中毕业生，学制3年。学生毕业后直接从事于生产实践，这类学生具有较强的动手操作技能。

职业高中是中国改革开放以来，在改革中等教育结构的基础上发展起来的，大部分由普通高中改造而成，招收初中毕业生，学制3年，培养具备综合职业能力和全面素质的，直接在生产、服务、技术和管理第一线工作的应用型中级人才和其他从业人员。所设专业以第三产业为多。

高等职业教育主要招收普通高中毕业生及中等职业学校毕业生，学制2～3年，近年逐渐加大了招收职业学校毕业生的比例，逐步了实现中等、高等职业教育的衔接与沟通。这类教育主要培养经济建设所需的中、高级专业技术和管理人才，强调的是应用型、工艺型人才的培养。目前实施高等职业教育的学

校共有五类：①高等职业技术学院和高等技术专科学校，共有 30 所；②具有职业性、地方性、实用性的短期职业大学，共有 101 所，在校生已达 14.9 万人；③普通中等专业学校举办五年制的高等职业教育班；④在部分普通高等学校和成人高等学校中举办高等职业教育，目前已在 180 所学校的 130 多个专业进行了这种尝试；⑤对普通专科学校进行改革，强调为生产第一线培养实用型人才，即培养高等职业技术人才。开展各种形式的职业培训，在职业教育中日益显示出其重要性。目前中国主要由教育和劳动部门负责及管理培训工作，鼓励企业进行企业内职工培训。1997 年，劳动部门就业训练中心 2800 所，年培训能力 300 万人次；企业内职工培训中心约 20000 个，年培训能力约 3000 万人次。

（二）我国职业教育发展的现状

1. 农村劳动者的科学素质在各产业群体中水平最低

我国是一个农业大国，占全国总人口 60% 以上的人员居住在农村，而且在今后相当长的时间内，从事农业劳动的群体仍将占据很大比例。因此，中国的社会进步，在很大程度上取决于农村的进步和农民科学素质的提高。据 2001 年中国公众科学素质调查数据表明，作为群体规模最大的农业劳动者的科学素质水平在各业分布中最低，仅有 0.4% 的人具备基本的科学素质。

比较不同产业和行业人力资源结构可以看出，第一产业从业人员的受教育程度也最低。农村中多数农民还没有达到初级科学技术水平，受过专业技能训练的仅占 9.1%；现有农副产品中的科学技术含量不足 50%。在 2001 年新转移的农村劳动力中，受过专业技能培训的只占 18.6%。随着经济发展水平的提高和新兴产业的兴起，缺乏转岗就业技能的农村富余劳动力的就业难度越来越大，农民工素质亟待提高。此外，在乡村基层干部和农村各部门、企业管理人员，以及农村技术人员中，亦呈文化、技术、管理水平偏低的状况。

上述情况表明，我国农民现有科学素质、智力结构、技术与管理水平，同现代农村社会经济发展极不适应，必须通过发展农村科技、教育，迅速扭转农民科学素质偏低的局面，推动农村、农业和农民向现代化、城市化和科学化方向发展。

2. 企业职工科学素质在各产业群体中亦属偏下

《2001 年中国公众科学素养调查报告》显示，在工交企业工人群体中，具备基本科学素质的比例仅为 0.52%，与城镇待业人员（0.10%）、农林牧渔劳动者（0.04%）、家务劳动者（0.04%）和丧失劳动能力者同属于基本科学素质较低的群体，不仅远远低于学生和待升学人员（11.42%）、专业技术人员

深化广东的改革开放：瑞典经验借鉴

(6.29%)，而且远低于全国平均水平（1.4%）。在科学素质调查的三项指标中，工交企业工人对基本科学知识了解的比例只有4.2%，低于全国平均水平0.9个百分点；对基本科学方法的了解程度的比例为42.4%，与服务性工作人员（39.3%）、城镇待业人员（39.3%）、离退休人员（37.4%）、个体劳动者（29.6%）同属于第二个层次；对科学与社会之间关系的了解程度的比例为18.9%，也排在离退休人员和个体劳动者之后，与城镇待业人员基本持平。

我国企业劳动力资源丰富，但生产一线的职工技术素质不高。在全国城镇1.4亿职工中，技术工人只占一半，其中，初级工所占比例高达60%，中级工的比例为35%，而高级工只有5%。上海有关部门对60家企业进行的调查表明，在企业的技术工人中，高级技师的比重仅占0.1%，技师和高级工也仅仅各占1.1%和6.1%。在深圳市92万技能型人才中，高、中级技术工人分别占职工总数的6.2%、20.9%，与发达国家高、中级技工分别占35%、50%的比例差距显著。

此外，近年来出现的紧缺技术人才断层的尴尬现状在各地十分普遍，不仅集中在机械、建筑、印刷等传统行业，更大量集中在电子信息、环保工程、工艺美术等高新技术产业。仅软件行业的高级技术工人的缺口就高达42万人。

作为企业技术创新的主体，技术工人的素质直接关系到企业科技成果转化效果、产品质量高低和劳动生产率的提高。因此，加强对企业职工科学素质的培养势在必行。

3. 专业技术人员科学文化素质不容乐观

2001年我国从事科技活动的人员从1995年的262.5万人增长到314万人，其中，科学家、工程师为207.1万人；每万人口中从事研究和开发（R&D）的科学家和工程师由1995年的431万人提高到2002年的582万人。

2000年我国专业技术人员平均受教育年限为13.05年，其中，不具有大专及以上受教育水平的人员接近60%；且研究生学历的比例不到1%。

4. 成人文化技术培训供给不足制约着广大劳动者科学素质发展

据2000年第五次全国人口普查结果显示，我国从业人员总数为7.1亿人，其中，城镇从业人员为2.1亿，乡村从业人员约5亿，分别约占从业人员总数的30%和70%。

从前面对公民科学素质现状的分析中可以看出，目前我国劳动者队伍的整体素质不容乐观。劳动者科学文化素质偏低，导致我国产业技术水平不高，高技术产业所占比例很少，劳动生产率仅为发达国家的25%。科技成果的转化率只有15%，技术进步对经济增长的贡献率仅为29%，不仅远远低于发达国家60%~80%的水平，也低于发展中国家35%的平均水平。

另一方面，近年来由于经济结构调整，加快了产业结构升级和城镇化进程。1996—2000年，全国国有与城镇集体单位在岗人员累计下岗4660万人；在农村，目前还有富余劳动力约1.5亿；今后5~10年每年需把1500万~2000万的农村剩余劳动力向城镇和非农产业转移。此外，国家进入了劳动年龄人口增长的高峰期。根据国家统计局的预测，2001—2005年期间将新增劳动力4515万人，也就是说，这些新增的劳动力需要经过一定形式的岗位培训才能就业。要改变我国现实劳动力素质低下这一现状，不仅要为在岗人员提供培训机会，也要为那些由于文化程度偏低、缺乏适用技术等而失去岗位的劳动者以及农村剩余劳动力转移提供各种形式的教育和培训。

然而现实问题是，成人教育培训的供给能力严重不足。面对全国7亿多的各行业劳动者，每年成人教育培训总量基本维持在8000万~1亿人次，年培训率不足15%。同时，成人教育培训的形式和内容不适应学习者的需求，培训方法和手段落后，教育质量不高。在教育类型上，仍然比较注重成人学历教育，对于各类非学历教育则缺乏较为完善的制度保障；在教育对象方面，比较注重青壮年学员的教育培训，而对于老年和妇女等特殊群体的教育缺乏应有的重视；在教学管理上，缺乏相应的制度和要求，教学内容陈旧，不适应学习者多样化的学习要求，教学形式仍以课堂教学为主，教学手段和方法单一，培养学员的综合素质及多方面能力尚未提到议事日程。从总体上看，我国成人教育培训的数量、质量和效益都不能满足劳动者致富和日益增长的文化需求，在一定程度上制约了城乡劳动人口素质的提高和科学技术的推广、应用。

5. 职业教育本身的结构问题

农村转移劳动力的问题将是今后职业教育工作的一个重心。10余年来，我国文盲数量大幅下降，文盲率不断降低；但剩余文盲的绝对数仍然较多，成为制约公民科学素质提高的瓶颈。

从我国现有文盲的地域分布看，文盲总数的70%分布在农村，全国3/4的文盲、半文盲主要集中在西部边远贫困和少数民族地区。目前我国还有尚未实现基本扫除青壮年文盲目标的县约200个，也都是国家级贫困县，主要集中在西部，且居住分散，流动范围大，脱盲周期长，扫盲组织动员工作相当困难。西部地区15岁及以上人口中文盲比重达27.07%，高于全国11.29个百分点，高于东部地区13.66个百分点。西藏、青海、贵州、甘肃等省区的文盲率超过或接近20%。要实现教育部《2003—2007年教育振兴行动计划》提出的到2007年年底，力争使西部地区青壮年文盲率下降到5%以下的目标，还需要做大量、艰苦的工作。

《2001年中国公民科学素养调查报告》显示，我国不同性别、不同文化程度、不同职业、不同地区公民的基本科学素质水平存在明显差异。总体上呈现男高女低、城市高乡村低、东部地区高西部地区低的特点。这种由于经济、教育、文化和社会发展的不平衡导致的公众科学素质发展的不均衡，将成为我国今后进一步提高公民科学素质的一大障碍。

6. 国际化的冲击

我国加入 WTO 后，职业教育面临的冲击和挑战更为激烈，与狼共舞，也要具备狼一样的牙齿和四肢。一要有危机感，二要有对策和智慧。

四、瑞典职业教育体制的启示

瑞典职业教育体制给我们留下了许多可供参考借鉴的宝贵经验，其职业教育的发展趋势给我国提供了许多启示。

（一）职业教育应注重培养具有创新意识的职业技术人才

职业教育是整个教育体制的重要组成部分，应该使职业教育与普通教育具有同等的地位，让职业教育在整个教育体制中发挥不可或缺的作用。另外，职业教育既要让学生掌握基础知识和基本技术技能，又在身体素质、心理素质、社交能力、职业道德等方面对他们提出相应的要求，同时培养学生独立思考的能力和创造性地解决问题的能力。

（二）转变中等职业教育的性质

随着职业教育中心的后移，中等职业教育已不再完全是终结性的就业准备教育，而更应该具有职业基础教育的性质。随着学习需求日益多样化和终身化，中等职业教育必须满足学生的两种需求即就业需求和升学需求。因此，中等职业教育必须从单纯为学生的就业做准备转向更加注重学生长期的、可持续的发展，必须提高其适应性，将升学目标与就业目标并重，使毕业生有更多的选择和升学的机会。为了实现这双重的目标，应该在中等职业教育中增加普通教育的比重，使中等职业教育更具灵活性。

（三）应该充分注重职业培训的动态性

为适应劳动力市场不断变化的需求，职业教育应该不断地对劳动力市场进行预测和分析，及时作出反映，调整职业教育的培训大纲。不能因循守旧，固定不变，致使培训出来的学生没法适应新的劳动力市场需求。

（四）建立新的合作体制，加强社会参与

开创职教办学的新渠道，鼓励更多的经济实体、技术实体加入职教办学行列，并建立合理完善的监控机制和竞争机制。首先，应该要求在各级政府、学校、企业及其他相关的各种社会组织和团体之间建立更密切的合作伙伴关系。近年来，随着我国从计划经济体制向市场经济体制的转轨，原有部门经济格局的打破，以及企业在所有制形式上的日益多元化，使职业教育与培训呈现出社会化与多样化的趋势。在这种情况下，在政府、学校、企业及各种相关的社会组织与团体之间建立新的合作关系，特别是发挥行业对职业教育与培训的教育资源统筹和规范方面的重要作用，是我国职业教育体制改革中的一个重要问题。其次，构建终身职业教育体系需要动员更多的教育资源，形成多元化的资源筹措体制。

（五）完善产学合作制，加强学校和企业的联系

从1979年开始，世界各国正式对产学合作教育的理论和实践进行了有计划、有系统的研究，每年举行一次世界合作教育大会，并于1989年成立了世界合作教育协会。我国于1989年首次参加了世界合作教育大会，正式开始了对合作教育的研究。在2004年的教育工作大会上，时任教育部部长周济也充分肯定了职业教育的产学结合模式，并强调在今后几年要进一步搞好职业教育的产学结合。

我国职业学校与企业的合作很少。学校培养的人才常常不适应社会的要求，导致教育资源的严重浪费。完善产学合作制，加强学校和企业的联系，是目前我国职业教育课程改革的重要措施。在办学模式方面，我国的职业学校主要依赖政府办学，这不仅增加了国家财政的负担，而且导致了许多有发展潜力但缺少资金的职业学校的倒闭。所以，必须充分调动企业与社会力量参与办学的积极性，有效运用市场机制促进职业教育的发展。

学校与企业联合办学有许多好处：①促进学生有目的地学习，因为学生知道自己将来做什么；②学校培养的学生毕业以后有去向，减轻了学校和社会的压力；③解决了学校办学经费不足的问题，减轻国家财政的负担；④促进工商业事业单位了解自己的人才状况；⑤促进学校不断改进专业、课程的设置。

在课程开发方面，职业学校课程开发主要是由教育界专家组织，而企业界人士极少参与。所以开发出来的课程陈旧，偏离企业的生产实际，不适应人才市场对人才的需求。因此，我国要转变职教课程开发，应该把职业岗位要求作为开发的基础，教育界与企业界相互渗透。职教课程开发应由来自企业界的代

表和教育界的课程专家共同完成，这样的课程教学大纲才能符合企业和社会的要求，有很好的针对性和实用性，能够充分展现职业教育的特色。学校也可以要求企业参与教学实施和教学评估工作，保持两者间紧密的合作关系。

在加强校企合作时，建立法律保障机制也是非常重要的。国家不仅应在政策上鼓励和引导企业积极参与职业教育的人才培养，更应该通过立法的形式，明晰学校与企业在培养人才方面的权利和义务，将校企合作纳入国家法律保障体系。

（六）推行"双师型"师资队伍建设

我国职业学校师资的数量不足，学历普遍较低，师资队伍的结构不合理。长期以来，我国职业教育师资的培养主要依托普通高等学校，而从工商企业界聘用企业家、技术工人做兼职教师的极少。1989—2004年间，我国已有160多所高等院校建立了职业教育师范系、专业和班级，在校学生2.1万人；与此同时，师资的培训或进修的机会也较少。职业教育师资的这些现状已经严重影响和制约了我国职业教育的发展。

目前，建立一支适合21世纪职教发展需要的"双师型"师资队伍，已成为我国职业教育发展迫切需要解决的问题。在师资培养方面，一方面，可以通过高等院校培养大批高学历、高质量的人才，提高师资队伍的学历水平、知识水平；同时，高等院校要与企业紧密结合，在提高知识水平的同时，也要加强对教师实践本领与技能的训练。如教师在高等院校学习期间，必须到企业实践一段时间，并获得相应的职业资格证书，才能有资格考取职业教育教师资格证书。另一方面，从社会大量选聘专业技术人员到师范院校学习基础文化知识，学习时间至少要1年以上，以保证教师的综合素质。修完基础文化课程以后，必须参加全国教师资格考试，通过考试者才有资格做职业学校的教师。职业学校还可以聘用兼职教师，如招聘一些具有丰富实践经验的企业家或生产一线的技术工人作为兼职教师或客座教授，即实践指导型教师。

1. 中等职业教育的性质正在发生重大变化

随着社会的学习需求日益多样化和终身化，中等阶段的职业教育，无论是学徒制培训模式还是职业学校模式，都面临着新的挑战。随着职业教育重心的后移，中等职业教育已不再完全是终结性的就业准备教育，而更多地具有职业基础教育的性质，使毕业生有更多的选择和升学的机会。

强化普通教育的目的是使中等职业教育具有更多的灵活性，使其能够赋予学生就业和升学的"双重资格"，从而使学生适应劳动力市场和第三阶段教育这两种需求。这一改革不仅要求对传统的中等职业教育的课程、教学方法和评价制度进行重大改革，而且要求在中等职业学校、企业以及第三阶段的教育培训机构之间建立新的合作伙伴关系。

2. 构建终身职业教育体系，统筹各个阶段的职业教育与培训

建立终身职业教育体系的主要目标是：把普通教育与职业教育、学校教育与成人教育、正规教育与非正规教育、职前教育与继续教育有机地统一起来，使不同层次的职业教育能够更紧密地衔接和沟通，以适应社会经济发展的需要以及国民日益多样化的学习需求。

3. 建立新的合作体制，加强社会参与

构建学习社会和终身职业教育体系，要求全社会更广泛地参与和支持。首先，它要求在各级政府、学校、企业及各种相关的社会组织和团体之间建立更密切的合作伙伴关系。近年来，随着我国从计划经济体制向市场经济体制的转轨，原有部门经济格局被打破，企业所有制形式上日益多元化，职业教育与培训呈现出社会化与多样化的趋势。在这种情况下，建立新的合作关系，特别是发挥行业对职业教育与培训教育的资源统筹和规范方面的重要作用，是我国职业教育体制改革中的一个重要问题。

其次，构建终身职业教育体系需要动员更多教育资源，形成多元化的资源筹措体制。作为高福利国家，瑞典的职业教育体制带有比较多的福利色彩。但是近年来，伴随着经济衰退和公共政策的调整，呈现出职业教育经费渠道多元化的趋势，还出现了一些带有经营和产业色彩的职业教育运作方式。而且随着经济、教育的全球化，瑞典也积极参与国际职业教育与培训市场的竞争。

4. 建立、完善与终身学习体系相适应的学习成果与职业能力评价制度

终身职业学习体系意味着多样化的学习机会的有机整合与衔接。随着知识社会、学习社会的来临，人们的学习需求以及与此相适应的教育培训模式和机会也将更加多样化。人们通过这些多样的学习模式和机会所获得的学习成果和形成的能力、技能，无论在劳动力市场还是在别的教育培训机构中，都应当得到正确的评价。同时，终身学习要求各种教育机构和模式之间建立更紧密的衔接与沟通，作为相互沟通的桥梁和中介，必须建立一套科学的学习成果和职业能力评价制度。而长期以来，我国的学习成果与能力评价存在着偏重学历资格、轻视职业与技能资格的现象。因此，建立和完善职业与技能资格体系，提高其在劳动力市场以及教育培训中的地位，使其具有与学历资格同等的价值，是我国构建终身职业学习体系的一项重要课题。在这方面，瑞士和瑞典的经验也有一定的借鉴意义。

5. 根据国情，确定职业教育体系

一个国家职业教育体制的形成和发展，是该国文化传统、社会观念、经济

结构、政治体制等综合作用的结果。无论是企业主导的学徒培训模式，还是学校主导的职教模式，都是与一个国家的国情相联系的，不能简单地判断哪种体制好、哪种体制不好。据瑞典教育部的官员介绍，20世纪90年代瑞典曾仿照德国进行过学徒培训的试验，但这一试验并不很成功，未取得预期的效果。这表明，学徒培训制度有很多优点，但它同时需要很多社会条件，如社会对学徒制度的教育价值的广泛认同、企业对学徒培训的积极支持等，而这些因素是无法模仿的。这些例子表明，职业教育制度应扎根于一个国家的文化土壤之中，改革职业教育与培训制度，必须与国情相适应，不能简单照搬其他国家的制度和经验。

第三部分 社会保障与社会政策

瑞典的新闻自由

钟育彬

瑞典的廉洁举世闻名,端赖于其分散、制衡的政治权力架构以及公开透明的运行环境,新闻出版自由和信息公开制度(以下简称"新闻自由")在其中扮演了非常重要的角色。本文简要概述瑞典的廉洁制度性原因、新闻自由的发端、新闻自由的具体表现、新闻自由的制度性保障四个方面的内容,试图从一个方面检视瑞典社会运行中的好经验,也说明任何一种制度安排都有其较为特殊的历史文化成因,而且都是置于整体而非孤立的存在;我们的理解和把握更应该着眼于这些安排背后的逻辑、理念,以此来作为反观我们自身问题的起点。

一、瑞典政治制度及新闻制度的基本情况

总部设在德国柏林的"透明国际"每年都会发布一个全球政体的"廉政指数",瑞典都是名列前茅。这显然不是偶然的结果。廉政指数即 CPI (corruption perceptions index) 的直译是"腐败印象指数",它研究的对象是公共权力运作过程中的规范程度。在 2011 年度的廉政指数中,有 2/3 的国家得分在 5 分以内(10 分制),而排在前列的包括瑞典在内的几个国家,得分都在 9 分以上,它们领先于世界大多数国家,并且差距明显,这是非常难得的。

英国政治思想家阿克顿勋爵有个著名的论断:权力导致腐败,绝对的权力导致绝对的腐败。从反向来看,腐败尤其是绝对腐败的减少或消失有赖于两个途径:一是在制度设计上使权力分散,得到有效的制衡,不成为绝对的权力;二是让权力在阳光和透明的环境下运行,确保规范,尽量避免导致腐败的可能。那些廉政指数靠前的国家在这两个方面都表现出显著的特点,瑞典更是被视为具有标本性意义的典范。

瑞典是个君主立宪国家,王室代表名义上的国家首脑和行使礼仪性的权力,但在瑞典国内仍有广泛的拥趸;政治体制上实行的是议会民主制,4 年一轮的大选先选出立法机构——国家议会,再由议会中的多数派组成政府内阁,负责行政管理。除了王室、议会和政府之外的司法系统,还在议会的范畴内设

立了著名的监察专员制度（Ombudsman）。瑞典的《议会监察专员法》规定议会监察专员尤其要确保法院和公共权力机构在活动时遵守宪法关于客观、公正及公民基本权利、自由不受公共行政管理部门侵犯的规定。议会监察专员完全独立于政府，在与议会的关系中也具有很大的独立性。在顶层政制设计中，权力的分散和制衡有了制度性的保障。在政府管理方面，最大的特点就是权力下放（类似于联邦体制），在地方和地区的层面，市和省都是自治的政治机构，各自有非常明晰的职责范围的界定。例如，地方政府负责城市规划和学校教育，而省政府负责医疗卫生和基础设施建设等领域。由此，中央不集权、政府不集权，在纵向和横向两个维度，权力的绝对性都得到了很好的消解。此其一。一国政治制度的安排和设计是首要的和根本性的，但不是本文探讨的重点，所以略为概述。

其二，是瑞典的新闻出版自由和信息公开制度。这既是赋予大众的权利，也是极为重要的监督公权力的安排，确保公共权力在规范的轨道上运行、不被滥用。严格说来，这其实也是重要的政治制度安排。1776年，世界上第一部新闻自由法《新闻出版自由法》在瑞典颁布，作为瑞典宪政的基石之一，是宪法不可分割的组成部分，与《政府宪章》、《王位继承法》并列。而这一法律的颁布，极大地增强了公众通过报纸杂志等印刷媒体自由表达思想的权利，并在历史的不断进展中形成良性循环，渐渐内化为瑞典政治文明的核心价值，公开透明的原则贯穿于瑞典政治生活的方方面面，并具有坚实的文化基础，为广大民众所坚持和守护。

二、新闻自由对廉政建设意义重大

据新闻媒体的报导，1995年10月，时任瑞典副首相萨林误用公务信用卡购买了几盒巧克力，仅花了十几瑞典克朗，后虽已补上，却仍被一个记者一直追查到银行，并调出萨林的全部刷卡消费记录，有根有据地指责萨林"挪用公款"，迫使这位前程看好的年轻副首相引咎辞职。2006年，瑞典首相新提名的几位大臣，因先后被邻居、家电销售商、记者等举报有偷漏雇主税、不缴纳电视费等行为，而先后递交辞呈。在瑞典当地媒体上，常常会有买卖房屋的公告。根据瑞典不动产登记制度，任何人在当地买房子，都必须刊登广告，包括房屋所在地点、交易时间、买卖双方的姓名、交易价格、房屋面积及修建情况等。这样的广告没有任何商业目的，只是公开这条信息，以备当前或今后有兴趣了解购房者财产状况的人查询。除了房屋交易这样的"大买卖"，作为瑞典的公务人员，连聘请保姆、缴纳电视费这样"花小钱"的事情也必须接受监

第三部分　社会保障与社会政策

督。斯德哥尔摩大学的一位教授当面给我们展示如何在瑞典官方网站上找到包括他本人在内的工资收入详情，作为公务人员，这一切都不能作为个人隐私，而且这些信息不仅向媒体公开，也向所有普通人公开，甚至包括我们这些外国游客。实际上，包括一般访客，可以随时无条件地向公权力部门查询感兴趣的非国家机密文件和相关的内容，包括某一个政府工作人员的公务邮件和信件等。在这样的环境之下，公务人员必然严格自律，按照规范行使职权，稍有差池就将被无处不在的"监督的阳光"照到，而一旦被发现有不廉洁的行为，将会付出沉重的代价。这实际上是一整套全民参与、他律与自律有机结合、完善有效的制约机制。然而，这套制度并不是"一出生就风华正茂"，而是瑞典历史上王权和国会相互斗争和妥协的产物，也经历了两三百年的积淀和不断修正。

近代瑞典国家形成于 16 世纪初期，此前，瑞典是中世纪建立的由丹麦、瑞典、挪威组成的卡尔玛联盟的一部分。联盟长期为丹麦人所统治，后来又为德国人所控制。从 15 世纪中期开始，瑞典人认为联盟是一种外来的压迫和束缚，试图从中解放出来。一批下层贵族首先起义，召集了四大阶层（贵族、教士、城市自由民和农民）全国代表会议，这次会议被认为是瑞典的第一届国会。1521 年，国会选举贵族古斯塔夫·瓦萨为瑞典的摄政；1523 年 6 月 6 日，古斯塔夫·瓦萨设法使自己当选并加冕为国王，这一天被定为瑞典的国庆日；1544 年，他成功地使王位获得可世袭继承的法律地位，还鼓励引入新教，并使自己成为新教的首领。通过一系列措施，最终建立了瑞典国家。此后发生了国王和贵族之间绵长持续的争斗，以及天主教短暂和局部的复兴。17 世纪早期，局势重新稳定下来，王权、贵族和平民之间形成了一定的权力制衡。

早在 1527 年，国王瓦萨就通过从教堂没收的方式垄断了所有出版物，1539 年又规定所有的出版物要经过他本人的审查（那个时候的出版物很少，多是王公贵族出版）；到了 1645 年，瑞典出版了第一份报纸 *Ordinarije Post Tijdender*，但这是作为官方为了对抗欧洲天主教会的掌控而出版的宣传品；1661 年，瑞典颁布了法令，要求所有的出版物必须送样本到皇家图书馆（为了便于审查）；1684 年，皇家审查局（Censor Librorum）作为政府部门成立，它审查的标准和流程都是秘密的。在这一段时期，基督教教堂实际上承担了公共出版的功能，主要便于让牧师向民众传教诵经。随着教众的增加，到了 17 世纪末期和 18 世纪初期，书本、杂志和报纸开始变得越来越普遍，以至于实际上其中有不少没有经过审查就印刷出来了。1718 年国王卡尔十二世去世，他没有法定继承人，国会乘机扩张权力，推举国王的妹妹继承王位，条件是她发表声明，承认其缺乏继承王位的正式权利，并批准实行一种新的政府体制，其目的在于防止君主独裁的重现,并在国王和人民之间建立一种分权的机制。在这种政府体制下,国会的权力得到大幅扩张,从此开始了瑞典历史上长达半个世纪的"自由时代"。自由时代的思想观念导致了1766年《新闻出版自由法》的制定。虽然这个法令规定了有关教会事先审查的若干例外,以及对四大阶层、中央政府及其官员的若干特殊保护,但仍然是划时代的首创,极大地增强了公众通过报纸杂志等印刷媒体自由表达思想的权利。虽然此后还经历了古斯塔夫三世、卡尔约翰等人统治时短暂的反复,瑞典社会还是坚定地迈向了新闻自由之路。1949年瑞典国会通过了现行《出版自由法》,并在经过长期争论后,于1991年制定了《表达自由法》,作为《出版自由法》的补充。

三、以法律保障出版自由

在瑞典,新闻自由主要通过《政府宪章》中有关言论自由和信息自由的规定、《出版自由法》、《表达自由法》以及《保密法》加以确立,它们共同构成了瑞典新闻自由的宪法和法律基础。《政府宪章》第一章第1条就规定,"人民对国家的统治建立在自由形成和表达思想",将言论和表达自由提高到人民统治国家之基石的高度;第二章专章规定了公民的基本权利和自由,第1条第1款第1项规定了表达自由,即"以口头、书面、图片或其他任何形式,传播信息、表达思想、观点和情感的自由",第2项规定了信息自由,即"获取和接受信息或者以其他方式了解他人观点的自由"。

瑞典现行《出版自由法》制定于1949年,共十四章,包括:出版自由;官方文件的公开性;匿名权;书面材料的印制;期刊的出版;印刷材料的发行;违反出版自由的行为;关于刑事法律责任的规定;监督和检控;特别强制措施;私人的损害赔偿请求;出版自由案件的诉讼程序;国外印制的材料;等等。瑞典的《出版自由法》不仅适用于报纸、期刊等印刷媒体,还适用于一切印刷品,包括定期出版的以油印、复印以及类似的技术印制的其他任何材料。该法确认瑞典公民以及在瑞典定居的外国人具有不受政府事先审查而出版发行印刷品的权利。

更为重要的是,该法同时规定政府文件须向社会公开,公民享有查阅政府所持有的官方文件的权利。对于公民查阅文件的请求,除非法律有具体、明确的规定,否则不得拒绝。《出版自由法》第二章第1条规定:"为了鼓励思想的自由交流和对公众的启蒙,每个国民都享有查阅官方文件的自由。"这也体现了立法者希望媒体充当公共监督人角色的意愿。依照《出版自由法》的有关规定,任何依法可为公众查阅的官方文件,都应在文件的保存地点尽快地和免费地向有意查阅文件的人提供。申请人有权要求查阅的文件并不限于那些与其本人有关的文件，查阅的方式可以是阅读、收听以及其他能够了解文件内容的方式，查阅人可以复制、抄写文件或将文件的内容转换为录音形式。如果文件中含有部分需要保密的内容，提供原件将导致泄密，则公共机关应将文件非涉密的部分制成抄本或复制件向申请人出示。要求查阅文件的申请人有权在支付一定的规费后取得文件的副本或复制件；但对于电子数据，公共机关没有义务提供除打印件以外任何其他形式的副本和复制件。公共机关对于要求取得官方文件副本或复制件的申请，必须立即予以办理。

有关查阅文件的申请，应向保管文件的公共机关提出，然后由该公共机关予以审查和批准。对于事关国家安全的、特别重要的文件，政府可以通过法令规定由特定的公共机关负责审查和批准要求查阅此类文件的申请。公共机关在审批查阅官方文件的申请时，不得对申请人的身份以及申请动机进行调查，除非这种调查对于公共机关查明是否存在阻止文件公开的障碍必不可少。查阅官方文件的自由和权利对于涉及公共机关的法律程序和诉讼案件中的任何人都具有十分重要的意义，它对于新闻记者探查政府行为的内幕同样是不可或缺的。事实上，在现实生活中运用和主张这项自由和权利最多最积极的就是媒体及其记者。这就是为什么媒体历来是该项自由和权利的积极倡导者和主要守护者的原因。

《表达自由法》是对《出版自由法》的补充。《出版自由法》使报纸、期刊等印刷媒体得到了保护，但由于适用范围的限制，无法向广播、电视、录音录像、计算机互联网络等新媒体提供同样的保护。为使《出版自由法》确定的一般原则能够同样适用于广播、电视等新媒体，1991年瑞典以《出版自由法》为蓝本，制定了《表达自由法》。该法共十一章，包括：匿名权；节目的发射、制作和发行；制片人；违反表达自由的行为；关于刑事责任的法律规定；监督、检控和特别强制措施；私人的损害赔偿请求；表达自由案件的诉讼程序；来自国外的广播节目、电影录音资料；等等。《表达自由法》的适用范围涵盖了差不多所有的电子媒体，在内容上，尽管它贯彻了《出版自由法》的一般原则，但仍然有所区别，突出表现为广播、电视等电子媒体所享有的表达自由不如报刊杂志等印刷媒体充分，以及不能完全免除政府的事先审查。

国家机密、公共安全往往会成为信息公开的例外条件，也会成为限制和削弱信息公开力度的借口，因此，具体和明确地规定哪些是需要保密的，以降低公共部门在这方面的自由裁量权就显得非常重要。瑞典于1980年制定了《保密法》。该法正文共十六章，还有一些过渡性规定，它们详细列举了各种需要保密而不向公众公开的政府文件（官方文件）的范围。任何非为该法所明确指定需要保密的文件，公众都有权利要求查阅。由于《保密法》不具有宪法性法律的地位，因此，国会可以较为容易地根据需要对其内容进行修改和补充。瑞典《保密法》的规定十分详密，有效地限制了行政机关在保密问题上的自由裁量权，它的出发点仍在于保障公民的信息自由权利，与《出版自由法》以及《表达自由法》是一致而和谐的，为宪法性权利和自由的实现提供了切实的保证。

四、有效而独到的权利保护机制

瑞典的出版自由、表达自由、信息自由之所以引人瞩目，得到世界的公认，不仅因为法律对这些基本自由给予了充分而具体的界定，更重要的是确立了一套有效而独到的权利保护机制。

（一）责任出版人制度

印刷品的出版，以及广播电视节目、音像制品、电影的制作涉及诸多环节，当这些活动滥用出版自由和表达自由时该如何追究责任？如果追究责任的范围过宽，无疑将对自由的行使者构成无形的压力，使之不敢充分行使其权利，这一点对于处于分散状态的一般公众尤甚。为此，瑞典的立法者形成了"责任集中于一人，其他人可以免责"的思路，通过《出版自由法》和《表达自由法》确立了责任出版人（节目、影片出品人）制度。

责任出版人（Responsible Publisher）制度适用于期刊的出版。任何每年出版四期或四期以上的报刊或其他印刷品都必须有一位责任出版人，由其对可能发生的出版违法行为承担全部责任。责任出版人由出版物期刊的所有人任命，必须是瑞典人（1978年修改为在瑞典定居的外国人也有资格），须在瑞典有经常性住所，不能是未成年人以及破产者。责任出版人一经任命，出版物期刊所有人必须向法律指定的公共机关注册登记。在责任出版人未被登记注册之前，有关公共机关不得向出版物期刊所有人发布允许出版的许可。责任出版人拥有监督期刊的出版，并拒绝任何违反其意愿的内容出版的权力；对责任出版人法定权力的任何限制都是无效的。责任出版人可以任命一位或几位副手。副手的任命须经所有人同意并向有关公共机关注册登记，责任出版人可以授权他的一位副手代行其权力。如果责任出版人可能因病或其他临时性原因不能履行职务至少1个月以上，责任出版人必须尽快地将其职责委托给他的一位副手。

为了解决滥用出版自由的责任承担问题，《出版自由法》规定了一个"责任链"，责任首先由责任出版人或代行其职务的副手承担。只有在两者都不大可能被判处承担违法行为的负责时,才有可能对其他的人起诉。在这种情况下,责任移转给出版物的所有人。如果因为某种原因,所有人也不能被追究责任,则责任由印刷人承担。作为一种最后的依赖,发行人也可被判负责,这种情形主要适用于进口外国出版物,因为在这种情况下,所有人、出版人、印刷人等都不受瑞典法支配。只有在发生损害的情况下,才会发生责任共担的问题。为了保证受害人得到有效赔偿,同时又不使出版人陷入个人困境,法院可以裁决出版人和所有人共同承担损害赔偿金。

需要指出的是,《出版自由法》主要针对定期出版的大众媒体。然而,除了关于定期出版物责任出版人的一些特殊规则外,法的基本原则和保护对非定期出版物同样适用。其最大的区别在于,非定期出版物的法律责任由作者承担,除此之外,责任链的其他方面基本相同。广播电视节目、电影等的责任出品人制度与责任出版人制度类似。责任出品人由广播电视服务的经营者或者电影的发起人任命。他必须是瑞典人或符合有关法律规定的外国人,在瑞典有固定居所,并且不能是未成年人或破产者。责任出品人有权监督广播电视节目、影片的制作活动,并决定节目或影片的内容,任何违反其意愿的内容都不得进入节目或影片;同时,责任出品人对节目及影片的内容独自承担责任。

(二)对消息来源的保护

由于引入了包揽责任的责任出版人(出品人)制度,立法者有意为各种滥用出版自由和表达自由的行为设置了一个"替罪羊",由此,实际违法行为人的责任常常得到免除。不仅如此,瑞典法律还通过对消息来源的保护,进一步保障了出版自由和表达自由。对消息来源的保护体现在两个方面:

1. 规定消息来源以及出版物作者享有匿名权

《出版自由法》第三章和《表达自由法》第二章分别确认了作者、原创者以及信息提供者的匿名权,并禁止对出版物或广播电视节目的消息来源进行调查或泄漏消息来源的身份及其他情况。《出版自由法》第三章第3条规定:"与印刷品的编辑出版有关的人、与印刷品作者所使用的素材有关的人、编辑出版部门的雇员以及专事向报刊提供新闻或其他消息的机构的雇员,不得泄漏其在工作中所获悉的作者、本法第一章第1条第3款规定的消息提供者(消息来源)以及非期刊类出版物出版人的身份。"《表达自由法》第二章第3条规定:"与无线电节目、电影以及录音的内容或者用以构成内容的素材有关的人、新闻机构的人员不得泄漏工作中获悉的节目、影片的创作者、发起人、参与者以及本法第一章第2条规定的信息提供者(消息来源)的身份。"凡泄漏上述人员身份者,应处以罚金或1年以下的监禁。在有关出版自由、表达自由的违法行为的案件中，除非属于法律规定的例外情形，否则不得提出涉及作者、消息提供者、非期刊类出版物出版人身份的问题。公共机关一般不得对上述人员的身份进行调查。作为例外，在依据《出版自由法》或《表达自由法》对上述人员提起的刑事或民事诉讼中，如确有必要，可以对其身份进行调查；但调查机关以及调查人员仍须遵守法律规定的保密义务。

2. 规定免除消息来源的法律责任

向媒体投稿以及提供消息的人不受追究，这一点不受供稿人身份的任何影响，基于身份的辩护理由不会被采纳。需要特别指出的是，上述保护对中央政府和地方当局的雇员同样适用，这就使他们可以自由地将有关情况提供给报纸以及其他媒体，而不用担心受到法律的制裁以及超法律的压力和恫吓。如此保护的理由是大众传媒——第三等级——需要对社会的情况进行最充分的了解，从而将另外两个等级——国会和政府——的行为置于监督之下。

对消息提供人的免责可能导致一些人向媒体"泄漏"一些不负责任的、有害的甚至是虚假消息，这种危险确实存在；但为了充分保障出版自由和表达自由，则必须付出一些代价。与此同时，《出版自由法》和《表达自由法》对此也规定了必要的限制措施。首先，对于消息来源的免责和匿名的一般规则有一些例外规定。如果国家雇员包括军人告诉媒体的事情可能损害国家安全，对消息的提供者是可以起诉的（尽管媒体在披露此类信息时会很谨慎）；在法律明确规定的几类特殊案件中，当官员泄漏其职业秘密时，也适用同样的规则。其次，在不涉及出版的刑事案件中，以及在揭示消息来源为压倒性的公共和私人利益所要求时，对匿名的保护可以被撤销。最近的一些法律修改增强了对消息来源以及对消息提供人匿名的保护。然而，当消息的收集和泄漏构成或涉及严重的叛国、间谍或其他相关行为以及严重犯罪时，上述保护不适用。

（三）司法保护

《出版自由法》、《表达自由法》、《保密法》和《刑法》详细列举了侵犯和滥用出版、表达和信息自由应当受到惩罚的各种违法行为及其惩罚措施。根据《出版自由法》应受惩罚的违法行为已被列举出来，包括反对国家的各种犯罪（严重的叛国罪、煽动战争和骚乱、谋反和煽动叛乱等），还包括基于种族、肤色、信仰、少数民族，对少数人群体的威胁和蔑视，诽谤以及对暴力的非法描绘，等等。针对报纸的法律诉讼大多涉及诽谤。总的说来，针对媒体的案件，无论是刑事诉讼还是民事诉讼，都非常少。

为了排除媒体对于法律纠纷的担忧和困扰，防止发生针对媒体的轻率的检控行为，瑞典法律规定了一些程序性的保护措施。根据《出版自由法》第九章以及《表达自由法》第七章的有关规定,司法部长必须保证对出版自由和表达自由的法定限制不被超越或滥用。对媒体提起公诉须由司法部长决定,因而普通的地方检察官不能对印刷媒体提起公诉。司法部长在决定对那些有政治影响的案件起诉之前,须得到内阁的同意。对于期刊违反出版自由的犯罪行为的公诉,必须在期刊出版之日起的半年内提出;对于其他出版物,起诉期为1年。逾期没有起诉的,则丧失起诉权,并不得再予行使。此外,对于滥用自由行为的诉前调查只能由司法部长进行。需要对嫌疑人采取强制措施的,只能由司法部长或者法院决定,法律另有规定除外。

《出版自由法》第15条规定,如果公共机关作出决定拒绝一项要求查阅官方文件的申请,或者虽然允许申请人查阅文件但不准其透露文件的内容或以其他方式使用文件,申请人可对公共机关的决定提出上诉。如果决定是部长作出的,则上诉向内阁提出;如果是其他公共机关作出的,则向法院提起,由法院进行司法审查。

瑞典十分重视法院在保护出版自由、表达自由以及信息自由中的基础与核心作用。《出版自由法》第1条在界定出版自由的定义时特别强调对因出版物内容引起的法律责任只能通过法院加以追究,并将其作为出版自由的基本属性之一。这一原则同样对表达自由以及寓于出版自由和表达自由之中的信息自由适用。

除此之外,《出版自由法》和《表达自由法》还确立了一项对媒体有利的审判原则,即法官在审理涉及出版自由和表达自由的案件时,必须始终牢记出版自由和表达自由是自由社会的根本,必须将其注意力更多地集中于思想内容而不是表现形式是否违法上,更多地集中在行为目的而不是表达方式是否违法上;当案件出现难以澄清的疑点时,应当宣布被告无罪而不是判决其有罪。

瑞典的新闻自由跟该国的政治体制建立过程一样,都是权力斗争平衡的产物。如瑞典《新闻出版自由法》的第一句所讲:国家的一切权力来源于人民。人民作为国家权力的主人,信奉的是社会契约论的政治哲学,在新闻自由的安排上也是非常强调民众的权利。在瑞典,新闻自由不仅作为宪法的基本原则基于核心的位置,还通过大量具体而细致的文本规定来在实际运作中真正地落实这些权利,有各种各样的保障机制来保护新闻自由不受公权力的侵犯,也不受利益群体或暴民的侵犯。这些制度的安排是紧密相连地、互为表里地形成一个整体,最终呈现出来的就是整个国家的公共权力都只能在公开透明的环境中运行。而这一点已经成为瑞典政治文明的核心价值,也将为其他国家提供很好的经验。

深化广东的改革开放：瑞典经验借鉴

量刑合理化：司法和谐的选择

吴铭泽

为实现司法和谐，体现国家的社会政策和刑事政策，刑罚裁量不仅仅要体现合法性，还必须实现合理化。量刑合理化就是法官在对犯罪的人裁量刑罚时，在确保刑罚公正性的同时，要根据具体案件的主客观诸要素，体现常情、常理，既符合罪责刑相适应原则，又体现刑罚个别化。这有利于实现刑事司法中法律效果与社会效果的有机统一，符合我国构建和谐社会的总目标和我国的刑罚价值观以及刑事政策的根本要求。量刑合理化的实现，有赖于刑罚制度的完善以及法官自由裁量权的确立与正确运作，并需要一系列相关配套制度的不断完善。

人民法院在刑事审判活动中有两个基本环节，一是定罪，二是量刑。定罪是在查明案件事实的基础上，根据刑事法律确认被告人的行为是否构成犯罪及构成何种犯罪的刑事审判活动；量刑，即刑罚的裁量，是刑事审判中法官在依照事实和法律确定被告人有罪之后，对被告人决定是否给予刑罚处罚、对应当给予刑罚处罚的被告人适用何种刑罚以及决定刑罚的执行方式的审判活动。俄国刑法学家基斯特雅考夫斯基说："在刑法中第一把交椅无疑的应属于刑罚。在刑罚中表现了刑法的灵魂和思想。"通过法官根据不同个案对刑罚所作的裁量，刑罚才能走出冷冰冰的法条，真正体现其规制犯罪行为的作用。可以说，量刑是实现刑法惩罚犯罪职能的最关键环节。由于量刑的法律后果将导致被告人自由、财产等权利乃至生命的剥夺，对具体案件量刑的环节便成为刑事审判中最受重视的焦点。因此，法官在决定刑罚裁量时应当遵循什么原则、考虑哪些因素，尤其是在构建社会主义和谐社会的语境下，如何准确把握量刑的准则才能体现司法和谐的要求，理应成为我们重点研究的课题。

一、问题的提出

发生在广州的许霆盗窃金融机构财物一案的审判在全国法学界和公众媒体所引起的高度关注，令很多人包括审理该案的法官们始料不及。案件终审之后，各种争论依然没有平息，公众舆论对该案的关注也随之由许霆是否有罪、构成什么性质的犯罪、应当受到什么样的处罚，转而从该案第一次判决判处许霆无期徒刑到终审判处其五年有期徒刑之间的巨大落差，质疑法院究竟是如何把握量刑的尺度、刑事审判中法官的自由裁量权是否太大并且存在随意性。许霆为什么有罪，为什么构成盗窃罪而非其他犯罪以及为何应当受到刑罚处罚的问题，终审裁判已经具体阐述了理由，应当给予充分的尊重。而由该案引发的对量刑制度的质疑，则颇值得我们深入研究与思考。尤其是，导致许霆案前后量刑落差的根本原因真的如公众舆论及部分学者质疑的那样，是由于量刑原则的缺位和没有有效约束的自由裁量权吗？

公众与舆论不能接受许霆案第一次判决结果，并对比同类与不同类犯罪，对该判决结果提出种种质疑。这从某种意义上来说属于一种误读。首先，罪刑法定原则下成文法对法官裁判有严格制约，法官应当遵从刑法典、司法解释等不同位阶的规范去对案件作出裁判，不能逾越；其次，不同类犯罪的罪刑关系应由立法者在起草法律时权衡，司法中不能简单地将不同性质的犯罪以数额与量刑的关系去对比。但是，公众的质疑也有其可取之处，那就是无论从怎么样的角度去考虑，许霆的行为即便构成犯罪，也没有达到必须判处无期徒刑那么严重的程度，其出发点实际上是出于朴素的价值判断：许霆的行为，与以往因为盗窃罪或者其他犯罪被判处无期徒刑的罪犯相比，无论其起因、后果还是许霆本人的主观过错，都有明显的差距，因此即便法院的判决从合法的角度来说是没有问题的，但肯定没有考虑到具体案件的种种实际情况，判处无期徒刑显然量刑畸重，是不合理的。

公众的质疑促使我们不能不关注这样一个问题：刑罚的适用，坚持罪刑法定原则、罪刑相适应原则和刑法规范的有关规定，确保其合法性应当是摆在首位的，为什么不能同时兼顾其合理性呢？尤其在出现像许霆案这样可能存在合法性与合理性冲突的时候，是不是应当引入量刑合理化的理念，既做到公正合法，又做到合情合理，体现合法性与合理性的有机统一呢？

二、量刑合理化的基本原则

刑罚适用关系到对有罪的人的生杀予夺，应当把确保其合法性作为最根本的要求，是毫无疑义的。只有严格规则，才能避免司法人员不受任何限制地随心所欲，才能避免公民的人权、人类社会的安全和正义成为司法人员情绪、直觉、预感、偏见、脾气以及其他非理性因素的牺牲品。因此，一系列的刑法基本原则强调对规则的严格遵守，以防止司法任性与专横；同时，刑法也对各种犯罪规定了与其社会危害性、行为人应当承担的刑事责任所对应的刑罚裁量标准，以保证对犯罪的人罚当其罪，不枉不纵。

但是，作为一个成文法国家，我国的刑事法律不可能穷尽现实生活中犯罪形态的各种表现；相反，应当以尽可能稳定的、言简意赅的、高度抽象的条文去试图尽可能应对纷繁复杂的国情之下可能出现的各种犯罪行为。因此，再完善、系统的刑法体系也难以避免存在普遍性强个别性弱、稳定性强适应性弱、抽象性强针对性弱、僵硬性强灵活性弱等局限性，难以完全解决成文法普遍存在的重在实现一般公正、形式公正而可能影响到个案公正、实质公正的弊端。而在刑罚裁量这一刑事司法最关键的环节引入合理化的理念，有助于弥补这些不足，使得案件的处理在合法的前提下更具有合理性，避免机械执法。另外，随着社会的发展以及国家执政理念的不断进步，全社会对刑事司法的要求也越来越高，在建设社会主义和谐社会的大背景下，刑罚适用应当如何做到既惩罚犯罪，维护国家的稳定发展，又能够促进社会和谐，成为刑事法官审判案件时不得不更进一步考虑的问题。

刑事司法动用国家强制力恢复被犯罪所破坏的社会关系，是一种消极、无奈的选择，因为其以刚性手段剥夺了犯罪人的基本权利，在修复社会关系、为社会增添和谐的同时，不可避免地带来新的不和谐。这就要求刑事法官在对犯罪的人适用刑罚时，不但要使得犯罪的人得到恰如其分的惩罚，同时也应当考虑被犯罪破坏的社会关系的修补情况以及对判决之后可能出现的不和谐因素的处理，包括对被害人的安抚，各方当事人对判决结果的接受程度，能不能实现案结事了、息诉服判，等等。同时，在社会公众的司法需求由自身权利保护转向越来越注重全社会的公平正义时，由于刑事司法刚性作用对公民权利所存在的潜在影响，社会公众由以往的关注严厉打击犯罪、希望维护社会安定，进一步表现出对刑事罪案尤其是一系列"热点案件"极高的关注和评价。

除了许霆案以外，近年来从社会底层人士涉案的梁丽案、邓玉娇案等引起社会公众的同情，到富二代飙车案以及官员腐败案件引起社会公众的愤慨，其中流露出来的固然有由于对某些社会消极现象深恶痛觉而带有一定偏激性的非理性观点，但也不乏一些深深扎根于民族、文化、历史、道德、现实等方面对于社会公正的朴素认识。在处理这一类刑事案件时，如果忽略了对这些合理性因素的尊重，表面上的"合法"往往不但不会得到社会公正的认同与支持，相反会给司法公信力带来巨大的伤害。

因此，刑事司法中对犯罪的人决定刑罚裁量的时候仅考虑合法性因素是不够的，必须同时结合合理性的标准，才能确保案件既得以依法公正处理，又能够为社会所接受与认同，才能够最大限度地为社会增加和谐因素，真正实现法律效果与社会效果的统一。长期以来，无论是学术上还是司法实践中都存在一种观点，认为合理性因素作为一种价值判断，其积极意义已经在立法时由立法者体现在法律条文之中，法官裁判时只能针对某一个个案进行法律判断，而不应当再考虑合理性的问题。这种片面的观点也是导致长期以来司法实务中存在案件处理"合法不合理"、助长机械执法现象的重要理论根源。

合理化是相对于合法性而言的一个概念。所谓合理，就是符合人之常情和事物的一般道理。量刑合理化，就是要求法官在对犯罪的人决定刑罚裁量的时候，不但要做到符合合法性的要求，还要根据不同的个案所存在的不同的主客观要素加以区别对待，充分考虑案件中历史、文化、风俗的影响和社会公认的价值体系、社会公众对当前社会环境下一般情理的认识和要求，即实现合法性与常情、常理的有机统一。量刑合理化原则是对合法性原则的补充，弥补了在坚持合法性时难以全面顾及的一些特殊情况的合理解决，既维护了司法裁判的统一性，又体现了个案的特殊性，可以促进各方当事人服判息诉；同时又提出了比合法性更高的要求，它要求法官在决定刑罚裁量的时候不仅仅考虑冷冰冰的法条和案情，还要从人性化的角度，从人的常识、常情、常理去考虑刑罚的适用，避免机械执法，使得判决结果不但更容易为社会所接受与认同，还能够对社会公众起到较好的教育、引导作用。

量刑合理化要求法官在决定刑罚裁量的时候应当注重把握几个方面的原则：

第一，法官量刑时在坚持合法性的前提下，应当充分考虑案件中可能影响刑法裁量的各种合理性因素，最大限度地实现个案公正。

第二，法官量刑时必须准确运用自由裁量权，防止片面理解与适用法条、机械执法与量刑随意性。

第三，法官量刑时应当注重裁判的社会效果，当合法性与合理性出现冲突的时候，应当通过各种救济途径实现量刑的合理化。

第四，法官量刑时应当注重对裁判依据的阐述和释明，努力加强司法裁判被认同、接受的程度，追求案结事了。

三、量刑合理化的意义

无论是从建设社会主义法治国家的基本方略考虑，还是从构建社会主义和谐社会的基本政策考虑，在刑罚裁量中引入合理化的理念，都有积极的理论和现实意义。

量刑合理化是实现刑罚正义的必然要求。刑罚正义要求刑罚的适用必须体现公平与公正。我国学者认为，量刑的合理化评价标准应当包括公正、平等、效益、人道、人权五个方面。但是，现实中有悖于刑罚公平与公正的现象还经常存在。首先是立法"瑕疵"的问题。刑法典中一些罪刑不相适应的规定依然存在，如有多种法定情节依法可以从轻、减轻或者免除处罚，但《刑法修正案八》明确规定减轻处罚只能在法定刑的下一个档次量刑，在被告人触犯的是有多个法定刑档次的罪名的情况下也无法解决为什么可以从轻或者减轻一档或者免除处罚、却不能减轻两档的悖论；对于犯罪情节较轻、具有多个减轻处罚情节的被告人的量刑有时难以准确与其罪责刑相适应。其次是法条僵化的问题。刑法分则中的贪污罪受贿罪，以绝对确定的数额作为定罪量刑的唯一标准，而没有考虑随着社会的发展、情势的变化和巨大的地区差异，使得不同地区、不同时期相同的犯罪数额所代表的法益可能存在很大的差异。再次是实践中"同案不同判"的现象比较突出，案情基本相同的被告人由于不同法院、不同法官裁判而出现不同量刑结果的情形经常出现，甚至出现数倍差距的刑期。最后是由于不同时期的刑事政策的影响，法官在量刑时难免左顾右盼，从而出现适用刑罚宽严不一的现象。

量刑合理化是实现实质正义的必然要求。刑罚适用必然涉及对当事人基本权利的处分，这不同于刑事诉讼中的任何一个环节。当学者们在研究刑事司法中如何确保程序正义与实质正义兼顾的时候，我们不能不认识到刑罚裁量本身乃是一种至关重要的实体权利的处分，因为人的生命、自由都是不可能重复的，任何刑罚裁量中的不慎重都可能给当事人带来不可逆转的灾难。因此，刑罚裁量必须以实质正义为唯一的目标。否则如佘祥林虽然最终沉冤得雪，但是其最青春的年华已经被冤狱所吞噬，这是任何事后补偿都无法补救的。量刑合理化就是要最大限度地追求刑罚裁量的公正性与准确性，其要求在合法性的前提下最大限度地体现裁决的合理性，实际上是提出了更加严格、更加全面的要求，对实现刑罚的实质正义有更大的促进。

量刑合理化是实现个案公正的必然要求。立法层面上的刑罚制度合理化为同一类案件的公正处理提供了法律依据，即便这种成文法规范是完美无暇的，也只能体现出刑事立法的一般公正。而个案是由诸多主客观因素所构成的一个统一的整体，由于法律规范本身的诸多局限性而无法穷极各种情况，同时其稳定性要求不能朝令夕改导致应对新情况、新问题的能力有限，在面对五花八门的案件的时候，并不能必然保证其一般公正的原则能够完全体现出来。一旦由于这种原因而导致个案不公，虽然于一般公正没有根本性的影响，但对于当事人来说则可能是灭顶之灾。因此，在合法化的前提下辅以合理化的要求，可以弥补成文法可能存在的瑕疵以及无法顾及的一些特殊情况，使得任何情况下的个案公正成为可能。

量刑合理化是构建社会主义和谐社会的必然要求。构建社会主义和谐社会是我国一项长期、重要的公共政策，是当前全社会的共同目标。毫无疑义的是，"和谐社会"必然是法治社会，它虽然还不能完全消除各种社会矛盾，不可能消灭犯罪，但是至少应该是严重的刑事犯罪不对公民的生命财产构成严重威胁的一种社会形态。将犯罪控制在不对社会构成严重威胁的范围内，既是构建和谐社会的重要目标，也是构建和谐社会的必要途径。对犯罪的人的处刑既合法又合理，一方面实现了刑事司法惩罚犯罪、保护人民的基本任务，另一方面尊重社会公众所普遍认同的价值观，有助于化解矛盾，实现案结事了，最大限度地弥合、消除被犯罪所破坏的社会关系，取得全社会在惩处犯罪方面的共识，必然会增加有利于社会和谐的积极因素。

四、量刑合理化的实现

实现量刑合理化的理想前提，必须从立法层面建立完善的刑罚体系，在司法审判中确保法官独立刑事审判权，尊重法官的自由裁量权，使得法官有条件根据法律规定和案件事实准确地适用法律。在当前法律不断走向完善的过程中，赋予刑事法官一定的自由裁量权并加以必要的规范与指导，如通过量刑指南或者判例指导的方式引导法官合理行使自由裁量权，才能够推动我国法官在刑罚适用中远离机械司法，逐步实现合法性与合理性的有机统一。

（一）从立法上完善刑罚制度

量刑合理化建立在合法化的基础之上。司法实践中之所以存在量刑偏差的现象，其根本原因在于刑罚制度的不完善。最大限度地控制量刑偏差，实现量刑合理化，应当从刑罚制度的完善开始。《刑法修正案八》吸收了理论研究和司法实务界的建议，将坦白交代、老年人犯罪等酌定情节予以明确，体现对刑罚合理性的认可，但这毕竟只是一个良好的开端。

第一，要完善刑罚配置。我国当前的刑罚配置存在明显的"死罪过重、活罪过轻"的现象，简言之就是自由刑的刑期不合理，不能适应惩治各种严重犯罪的要求，客观上导致了死刑罪名过多的现象得不到遏制。虽然《刑法修正案八》对自由刑的配置作了较大的调整，但依然不够系统完善。

第二，理顺刑法分则中的罪刑关系，体现罪刑关系的合理化。包括理顺同类犯罪的罪刑关系，将分则中法定刑配置存在瑕疵的规定，例如，对第347条走私、贩卖、运输、制造毒品罪等条款的法定刑作必要理顺；修正同类犯罪罪刑关系不协调之处；科学协调不同类犯罪的法定刑，以解决不同类犯罪之间的法定刑失衡的问题。

第三，合理设置法定刑的幅度。改变目前不同罪名法定刑幅度划分标准不统一的现象，确定统一的法定刑幅度；废除个别条款设置的绝对的法定刑，分拆跨度过大的法定刑幅度，合理划分法定刑幅度。

第四，取消一些过于绝对化的情节规定，在这方面，《刑法修正案八》对走私犯罪已经作了修改，但包括第 347 条规定 "走私、贩卖、运输、制造毒品，无论数量多少，都应当追究刑事责任，予以刑事处罚" 的规定、贪污贿赂犯罪以确定的数额为定罪量刑标准，都不利于刑罚合理化的实现。

第五，继续总结司法实践经验，认可酌定情节并将一些普遍认可的酌定情节吸收到法条中。

（二）保障及规范自由裁量权的行使

自由裁量权是一把双刃剑。因为自由裁量权是一种建立在相对确定的规则之上，却又容易受到主观因素影响的制度。正如学者所指出的，"面对同样的犯罪，依据同一部刑法，却出现不同的量刑，从法律的角度看，都在法定刑的幅度之内，对法官来说，两个判决都不属于错误，但对被告人来说，就很难说两个判决都是公正的。" 因此，在成文法国家，法官自由裁量权的行使不能超越法律所设置的规则，本身有一定的限度。如果规则设置过于严格，随意性固然可以杜绝，但是个案公正难以得到体现，量刑合理化就失去了存在的土壤；如果自由裁量的幅度过于宽松，则由于各种主观因素的影响，必然出现各种各样的随意性甚至滥用自由裁量权的现象。正如庞德所说，法律的历史表明，人们始终是在严格规则与自由裁量之间来回摆动，整部西方法学史就是在广泛而宽松的自由裁量和严格而详尽的具体规则之间、在据法司法与不据法司法之间不断循环往复的过程。在近代法治主义兴起后，如何在严格规则与自由裁量之间权衡取舍，成为法学家们争论不休的主要问题，也成为司法过程中的两难选择。

但是，自由裁量权不仅是实现量刑合理化的需要，事实上也已经客观存在，与其刻意回避，不如明确将其纳入刑罚裁量制度。由于我国长期以来对法官自由裁量权的否定，使得各种有悖于刑罚正义的现象得不到有效的纠正。相反，对于客观存在的种种有悖于刑罚正义的案例以及个别出现的司法不廉洁现象，人们往往将其归咎于法官自由裁量权的存在及其不受制约。《刑法修正案八》严格控制减轻处罚情节适用的初衷恐怕也是来源于此。而实践中一系列量刑制度 "改革"，如个别地方的 "电脑量刑" 到全国性推行 "量刑规范化"

等措施，表面上是为了实现刑罚的一般公正，本质上却是对机械执法的强化，由此也不难窥见限制法官自由裁量的用意。这些措施对刑罚适用中的随意性虽会产生一定的制约作用，但也限制了法官在合法性与合理性之间寻找最合适的切入点的积极性，助长了机械裁判的思想。

因此，对法官在刑罚裁量中的自由裁量权应当给予制度层面的保障。首先是要从立法上明确赋予法官的自由裁量权，且这种裁量权只能由负责案件审判的法官行使，不得随意剥夺；其次是要明确独任法官和合议庭对所审理的案件的裁判权，非经审判委员会讨论决定，任何人无权改变独任法官或者合议庭的裁判结果；最后是明确自由裁量的结果不受各种追究制度的追究，只要是在法律允许的范围内所作之自由裁量，即便被二审、再审改判，如果不是由于渎职等原因，不能视为错案。当然，为了防止自由裁量权被滥用而导致量刑随意性甚至滋生司法腐败，应对裁判依据逐步规范，对其运作允许各个层面的监督，尤其是要让审判权运行于阳光之下，通过强化裁判文书关于裁量理由的论述以及裁判文书上网公布等方式，接受社会公众的监督。

（三）完善救济途径

法定刑以下减轻处罚权是特殊情况下实现量刑合理化的重要途径，是立法者在制定刑法典时已经预见到特殊情况下可能出现合法性与合理性的矛盾之后，为防止出现"合法不合理"判决所预留的救济措施。但是，刑法典将法定刑以下减轻处罚权只赋予最高人民法院行使，使得这一项制度在实现量刑合理化方面的积极意义被大大削弱。从便于监督以及具有一定范围的统一性的角度出发，将该项权限赋予高级人民法院行使是较为可行的。既然死刑、缓期二年执行的核准权都可以赋予高级人民法院，则高级人民法院没有理由不能胜任区区一项减轻处罚核准权。而且由于我国经济发展不平衡、地区差别的客观存在，由高级人民法院根据本省实际情况酌定是否准予在法定刑以下减轻处罚，不但可以实现效率的原则，其公正性也会得到更直接的体现。在不便专门对刑法作修订的情况下，可以由最高人民法院采取授权的形式下放给高级人民法院行使，以保证这一项对实现量刑合理化有着十分积极意义的制度能够发挥兼顾公正与效率的作用。

（四）建立判例指导制度和量刑指南制度

我国是实行成文法的国家，判例不具有法律效力，但这并不妨碍判例在一定意义上发挥审判指导的作用。要建立对法官在刑罚自由裁量中有指导意义的判例指导，除了需要制度方面的明确以外，还需要系统而又分门别类地对各种类型的案件进行编撰并给予权威性的评析，以迎合并满足实践的需求。同时，在研究归纳大量案例的基础上制定量刑指南，也是规范自由裁量权行使、促进量刑合理化的一条可行之路。在这方面，《美国量刑指南》根据《美国法典》中数百个刑事法律，统计分析了 4 万件有罪案件的简要报告、1 万份增加的判决前报告、假释指南和政策性评价，这种通过刑事政策规范量刑自由裁量权的"自由度"的方法、具体措施及其背后所蕴含的对量刑自由裁量权的基本认识，值得我们认真借鉴。

当然，量刑合理化的核心是法官自由裁量权的正确行使，而自由裁量权的行使不可避免地会受到法官情感因素、法律素养、业务水平以及利益倾向等主观因素的影响，严格法官的遴选制度、加强法官的教育与培训，也是不可或缺的制度保障。

五、结语

实现量刑合理化对于实现刑罚目的、保障人权、促进社会和谐有着不容忽视的积极意义。在倡导和谐社会、和谐司法的语境下，追求刑罚裁量的合法性与合理性的有机统一，需要通过立法、司法实践与司法体制改革诸方面的共同努力。作为刑事法官，把实现刑罚的公平正义作为处理每一宗案件的目标，不断提高析法断案的能力，通过自由裁量权的审慎运用，在坚持合法性的前提下最大限度地实现刑罚裁量的合理性，就是对量刑合理化的最大推动。

参考文献

[1] 赵秉志. 中韩刑事制裁的新动向 [M]. 北京：中国人民公安大学出版社，2005.

[2] 赵秉志，田宏杰. 刑事司法正义论 [J]. 中国刑事法杂志，2000 (6).

[3] 王瑞君. 罪刑法定与个案公正 [J]. 东岳论丛，2004 (6).

[4] 陈忠林. "德主刑辅"构建和谐社会 [J]. 法学杂志，2007 (1).

[5] 崔林林. 严格规则与自由裁量之间 [M]. 北京：北京大学出版社，2005.

[6] 李爱荣，王传辉. "电脑量刑"与公正效率之实现 [J]. 政治与法律，2005 (1).

[7] 吕忠梅. 美国量刑指南 [M]. 北京：法律出版社，2006.

河源走新型城乡一体化道路的初探

朱良聪

党的十七届三中全会明确指出:"到 2020 年,农村改革发展基本目标和任务之一是城乡经济社会发展一体化体制机制基本建立。"按照中央的部署,当前,全国各地都在积极探索并大力推进城乡经济社会发展一体化。河源有 70% 的人口在农村,统筹城乡发展、尽早规划推进城乡一体化,不仅是河源广大农民的迫切要求,而且是推动河源经济快速发展、贯彻落实科学发展观的具体体现,更是构建和谐社会、实现全面小康社会的必然要求。本文首先阐述了城乡一体化的含义及国内外包括河源在统筹城乡发展方面的概况,然后深入分析了河源走城乡一体化道路面临的机遇和存在的问题,最后对河源如何走城乡一体化道路进行了初步的探讨,谈了一些粗浅的看法。

一、城乡一体化的含义及发展状况

(一) 城乡一体化的含义

近年来许多学者对城乡一体化的概念和内涵进行了研究,但由于城乡一体化涉及社会经济、生态环境、文化生活、空间景观等多方面内容,人们对城乡一体化的理解有所不同,至今还没有统一的概念。目前比较多学者引用的定义是,城乡一体化是以城市为中心、小城镇为纽带、乡村为基础,城乡依托、互利互惠、相互促进、协调发展、共同繁荣的新型城乡关系,它是我国现代化和城市化发展的一个新阶段。具体来说,城乡一体化就是要把工业与农业、城市与乡村、城镇居民与农村居民作为一个整体,统筹谋划、综合研究。通过体制改革和政策调整,促进城乡在规划建设、产业发展、市场信息、政策措施、生态环境保护、社会事业发展的一体化,改变长期形成的城乡二元经济结构,实现城乡在政策上的平等、产业发展上的互补、国民待遇上的一致,让农民享受到与城镇居民同样的文明和实惠,使整个城乡经济社会全面、协调、可持续发展。

（二）国内外城乡一体化的发展历史、现状和趋势

1. 国外城乡一体化发展经验

根据发达国家的经验，一般来说，工业化初期是农村农业支持城市工业发展阶段，工业化中期是农村农业与城市工业平等发展阶段，工业化后期是城市工业支援农村农业发展阶段。为了实现这个阶段，发达国家均采取了相应措施。例如，英国在1948年制定了《城乡规划法案》，建立了世界上第一个完整的城乡统一的规划体系，成为世界上最早重视城乡协调发展的国家。日本在20世纪五六十年代就开始推动城乡一体化，制定和实施了一系列扶持农业和振兴农村的法规政策，成为亚洲国家城乡差距最小的国家。当然也有一些国家，如印度、巴西在推进工业化城市化进程中，一度忽视农业农村，造成大量赤贫农民，成为社会和谐的一大隐患。这些国家的经验教训表明，凡是遵循规律，适时破解二元结构，推动一体化的国家，大多经济发达，社会和谐稳定；相反，有条件推进而不能适时推进一体化的国家，大多出现贫富悬殊，社会矛盾尖锐，政局不太稳定。

2. 国内城乡一体化发展历史、现状和趋势

新中国成立以来，我国城乡关系随着国家工作中心和经济发展战略的调整，经历了曲折变化的过程，包括：新中国成立初期和"一五"时期的以城市为中心、城乡兼顾阶段，"大跃进"、经济调整和"文革"时期的突出城市为中心、农村为城市服务阶段，十一届三中全会后启动农村改革并带动城市改革阶段，党的十六大后开始实施城乡统筹发展阶段。

在党的十六大之前，我国城乡关系是典型的二元结构。这一时期，为了实现工业化和现代化，实施了"城乡分治、一国两策"，国家财力、政策严重向城市倾斜，这导致城乡差距逐步扩大，城乡发展不平衡，严重制约了国家整体的发展。2003年我国城乡居民收入比例为3.22∶1，远远高于世界发达国家和中等收入国家城乡收入差距合理比1.2∶1至1.5∶1，成为世界之最。党的十六大总结我国城乡关系变化的经验教训，正式提出了"统筹城乡经济社会发展"的要求，这是对我国过去长期实行的城乡二元发展战略的重大转变，标志着我国城乡关系开始逐步进入良性循环的轨道。党的十七届三中全会更是明确指出"到2020年，农村改革发展基本目标和任务之一是城乡经济社会发展一体化体制机制基本建立"。按照中央的部署，当前，全国各地都在积极探索并大力推进城乡经济社会发展一体化。广东省也采取了一系列措施，加大力度推进城乡经济社会一体化，并取得了成效，珠江三角洲城乡一体化进程走在了全国前列，涌现了中山市等已基本形成城乡一体化新格局的典型。伴随着全省

各地对中山经验的学习,广东省推进城乡一体化新格局已全面铺开。

3. 河源城乡发展现状

近年来,河源坚持走工业立市道路,经济水平得到较快的发展,市容市貌明显改善,市民收入增加,生活水平有所提升,但是,与此同时,农村经济却没有得到相应得提高,东源、紫金、连平、和平、龙川等五县均是省级贫困县。2008年,全市城镇居民人均可支配收入11343元,农村居民人均纯收入4729元,城镇居民与农村居民收入比为2.4∶1。农民生活水平低,农村剩余劳动力多,已成为影响河源社会稳定的一大隐患。河源走城乡一体化道路是发展经济,提高人民特别是广大农民生活水平,全面实现小康社会的需要,是贯彻落实科学发展观,构建和谐社会的需要,是顺应全国全省发展大局,为广东省率先构建城乡一体化机制扫清障碍的需要。

二、河源走城乡一体化道路面临的机遇及存在的问题

作为广东省的一个大山区市,河源走城乡一体化道路既面临着机遇又存在挑战。

(一) 面临的机遇和条件

1. 中央和省进一步加大支农惠农力度

连续5年,中央都以一号文件的形式对农业农村发展作出具体部署,出台了一系列促进"三农"工作的政策措施,2010年中央财政安排"三农"支出达5625亿元,比上年增加1307亿元,增长30.3%,无论总额还是增幅都创历史新高。

2. 省委、省政府深入推进城乡一体化新格局的建设

省第十次党代会和省委十届二次全会对统筹区域和城乡协调发展作出了一系列重大决策部署,特别是省委书记汪洋高度重视区域协调发展,为河源市农业发挥优势、加快发展注入了强大的动力。实施"规划到户责任到人"扶贫项目,其中,河源市有省级认定贫困村318个,其中由省直单位和深圳市负责240个村。至2010年6月止,省直帮扶部门投入3900多万元,深圳帮扶有关单位投入7340多万元,帮助河源市贫困村改善村容村貌以及解决热点难点问题,除此之外,帮扶个人还为贫困农民增加收入出谋献策。

3. 工业立市

近年来,河源坚定不移地践行"工业立市"战略和走新型工业化道路,带动工业化、城镇化和旅游产业化快速发展,小城镇建设加快推进,农村人口

加快向城镇和第二、三产业转移，对农副产品的需求迅速增加，同时也为土地集中开发、农业集约经营创造了更好的条件。

4. 河源具有良好的区位交通条件

河源南接珠三角、北连大内陆，已融入"珠三角两小时经济生活圈"。当前，珠三角工业化、城镇化快速推进，对农产品的需求进一步增加，农业用地迅速减少，许多农业企业迫切需要向外转移，河源依托区位交通优势，发展面向珠三角的农业大有可为。

5. 河源具有良好的自然生态条件

河源地处亚热带，土地富饶，土壤肥沃，雨水充沛，阳光充足，是广东省重要的饮用水源地和生态屏障区，农村劳动力多，发展农业特别是现代生态农业具有得天独厚的自然条件。

（二）河源走城乡一体化存在的困难及问题

1. 经济基础薄弱，反哺能力有限

河源市虽然在近几年来发展较快，但总体经济水平较低。2008年，全市生产总值394.13亿元，税收总收入36.45亿元；地方财政一般预算收入17.61亿元，全市财政收入仅占财政支出的1/3；地方人均生产总值13860元，仅为全省平均水平的1/4和全国平均水平的1/2。

2. 城镇化率低，农业人口众多

河源市全市面积为1.56万平方公里，2007年全市户籍总人口335.43万人，农业人口为255.36万人，城镇化率为40.12%。

3. 农业发展水平低下，产值小

目前河源市农业生产比较分散粗放，产业化经营水平不高，规模不大、结构不优、特色不显、档次不高，龙头不强、加工不深，品牌不多，资源优势还没有转化为经济优势。2007年，河源市省级以上农业龙头企业、省级以上名牌产品、农业标准化示范区面积分别占全省总数的5%、3%和0.5%。全市省级专业镇仅有9个。虽然全市面积占全省总面积的8.8%，但2007年农业总产值（81.06亿元）仅占全省的2%。

4. 农村基础设施建设和农村社会事业发展滞后

在农村基础设施建设上，由于市统筹城乡协调发展的投入机制尚未建立，"三农"资金投入社会化、多元化的投资体系尚未形成，农村基础设施建设资金缺口大，历史欠债多。目前，河源市大多数村镇没有环境卫生管理机构和人员编制，没有固定的经费保障。大多数镇、村没有建设垃圾填埋场和污水处理厂，没有配套垃圾箱、垃圾池、垃圾中转站、公厕等环卫设施，牛栏猪舍、露天茅厕臭气熏天，生活垃圾乱丢乱弃，家禽粪便、生活污水随意排放，造成污水横流，"脏、乱、差"问题十分突出；全市仍有85.6万农村人口面临饮水安全问题。在社会事业上，据统计，2007年河源市参加基本养老保险的人数27.7万人，参加基本医疗保险人数12.5万人，可见全市的社会保障程度都很低，农村更无从谈起。

5. 农村劳动力整体素质偏低

据初步统计，河源市从事第一产业的农村劳动力中，初中及以下文化程度占八成多，高中及以上的只有一成多；从事第二、三产业的农村劳动力中，初中及以下文化程度占七成多，高中及以上的仅占二成多。同时，由于劳动技能培训未能跟上，外出务工人员中只有一成多接受过专门的技能培训，一些没有接受过培训的农民工只能从事劳动强度过大、收入较低的工作。这种状况影响劳动力转移、影响农民创业，无法促使农民收入持续增长。

三、河源走城乡一体化道路的基本思路及对策

目前，广东遇到的最突出的问题就是社会发展不均衡的问题：从经济结构的不均衡到区域发展的不均衡，从收入分配的不均衡到公共服务供给不均衡，等等。从科学发展观的角度，这些问题使我们距离和谐社会的理想王国是那么遥远。瑞典的历史、文化、国情和中国有着本质的差别，它的发展模式不可复制，但它的科学发展观、人文态度、和谐的社会关系给笔者留下了深刻的印象。让笔者在全球化的时代背景下，对一个国家、一个地方、一个民族该坚持什么，该放弃什么，有了更深的理解。

（一）基本思路

实现城乡一体化，关键是加强农村、农业、农民自身的发展，从根本上解决"三农"问题，逐步缩小城市与乡村、工业与农业、市民与农民的差别，实现城乡协调发展。根据河源山区市的特殊情况及现有的经济基础，笔者认为河源的城乡一体化道路不能照搬珠三角发达城市的经验，宜发展镇一级一体化模式，即在市委市政府的统一规划和指导下，以5万人口规模设中心镇，以中心镇为突破口，逐步推进全市城乡一体化。

（二）具体对策

1. 健全组织领导机制

推动城乡一体化工作，是一项艰巨而复杂的系统工程，领导到位是关键。

要从战略和全局的高度,把统筹城乡发展摆上各级党委、政府工作的重要议事日程,在考虑问题、制定规划、采取措施、干部配备和安排预算等各方面工作时,把城乡作为一个整体和社会一盘棋来统筹研究部署。要把统筹城乡工作作为各级领导尤其党政主要领导是否落实科学发展观要求的重要体现,纳入领导干部考核内容。市、县两级成立由市长和县长牵头的"城乡一体化管理办",统筹协调一体化工作。镇级由党委领导,实行镇长负责制。

2. 根据人口、地理、资源、文化、习俗等要素,做好中心镇的规划

河源市共有98个乡镇、4个办事处和1个农场,共103个镇级行政区域。现有5万人口规模以上的镇级区域16个,分别是埔前镇、东埔办事处、船塘镇、黄村镇、阳明镇等。为了便于管理、发展规模经济和社会公共设施的共享,对于人口低于5万人的镇,可以按照地理、习俗等要素,将2~3个镇并成一个人口约5万人规模的中心镇。如东源的康禾镇和黄田镇是相邻的两个镇,位于东源东北部,人口各有2万多。康禾镇是广东省认定的省级茶果专业镇,其出产的康禾茶为华南著名绿茶之一,与黄田合并,可壮大资源优势,发展规模经济。在中心镇的功能定位上,要根据区位优势、自然条件等因素,因地制宜,科学规划,合理布局,明确城镇发展的定位和方向,对乡镇企业和工矿企业发达的着力建设工业主导型城镇,对矿产资源和土特产品丰富的着力建设资源开发型城镇,对沿交通干线、区位优势明显的着力建设商业贸易型城镇,对人文色彩突出和山水风光独特的着力建设旅游服务型城镇,形成设施齐全、特色鲜明、风格迥异的城镇体系。

3. 根据中心镇的组合,做大做强专业镇和特色经济

河源"客家古邑,万绿河源"的形象已树立,加上地大物博、资源丰富、交通便利,可利用这些优势,培育一批绿色品牌农业企业,将这些产品推出河源、推出广东甚至国际市场,将河源打造为国内重要的绿色副食品加工地。企业形式上,可以将农民的土地作为生产要素入股,这种形式一可以降低企业成本,二可以保证农民增收,目前在珠三角实践得比较成功。例如,茶油用途广泛、前景广阔,目前市场价达30元/斤。河源非常适合种植油茶,目前全市种植面积约20万亩,但较为分散,产量不高,超过1万亩的镇不多。我们可以大力引导和扶持发展一个油茶种植、加工专业镇,借助河源优良的生态,创立绿色生态品牌,将河源油茶产品推销到海内外,创造茶油经济效益。

4. 积极做好各中心镇农村劳动力技能培训转移就业工作

从有关部门的统计来看,河源市农村劳动力总量1301074人,其中富余劳动力676019人,且文化水平较低,大多数农村劳动力为初中及其以下教育程度,外出务工难度大,即使找到工作工资也很低。做好农村剩余劳动力的劳动

技能培训并帮助他们转移就业，一是可以提升农村劳动力劳动技能，增加农民收入；二是根据珠三角各城市户籍政策的放宽，有劳动技能的农民工将有机会落户务工的城市，成为城镇居民，这是推动城乡一体化的一项非常有效的措施。是否做好农村劳动力技能培训转移就业工作，可作为各中心镇党委政府的一项重要的考评项目。

5. 多方筹措资金，用于基础设施及社会公共事业建设

缺乏资金是河源走城乡一体化道路面临的最大问题。要突破这一难题，需建立统筹城乡协调发展的投入机制，多渠道、多元化筹措各中心镇基础设施及社会公共事业建设资金。一是争取省财政支持，省级财政转移支付归口城乡一体化专项资金；二是将对口扶贫资金统一纳入城乡一体化规划配套项目；三是降低或者取消镇级国税，提高地税，全额补充镇级地方财政发展公共事业；四是产权拍卖，社会集资。对市政公用设施经营权、城镇道路冠名权和广告经营权等实行转让拍卖，鼓励和吸引企业或个体私营参与投资建设城镇的公用设施。通过多方筹措资金，逐步完善各中心镇的交通、供排水、供电供气、网络、电信、广播、污水处理和市场流通体系。在社会公共事业上，提高医疗卫生水平，特别是抓好教育，提升师资水平，确保九年义务教育及技术培训，只有让农民后代知识化，城乡一体化的道路才能更好更快地铺开。

6. 逐步完善各中心镇的社会保障事业

建立城乡统一的社会保障制度，是实现城乡一体化新格局的重要体现。河源市要走城乡一体化道路，必须进一步完善城乡居民低保、"五保"供养、养老保险等制度政策，建立和完善低保标准正常增长机制，提高被征地农民养老保障水平，加快推进新型农村社会养老保险制度。根据河源现有经济实力，宜逐步完善社会保障事业，在养老保险、医疗保险初期的对象为计划生育拥护者（如只生一女的可直接纳入）、"五保"户等相对弱势群体，经济发展到一定阶段再逐步推进。

城乡一体化的核心是公共服务供给一体化，这是我们实现和谐社会的必由之路，也是全球化时代诞生的必然产物。

参考文献

[1] 王振中. 政治经济学研究报告7——中国农业、农村与农民 [M]. 北京：社会科学文献出版社，2006.

[2] 陈雯. "城乡一体化"内涵的讨论 [J]. 现代经济探讨，2003 (5).

[3] 王琰等. 对我国城乡经济社会一体化格局的认识与反思 [J]. 法制与社会，2008 (18).

建立以廉租房为基础的城市保障性住房制度的构想

何德尧

近年来,我国房价节节攀升,不断上涨,引起了社会广泛关注。对高房价问题处理不当,既有害于经济发展,更影响社会和谐稳定。建立健全保障性住房制度,是解决高房价给经济社会带来影响的重要途径。

2010年6月、7月间,笔者到斯德哥尔摩大学研修考察,重点了解了瑞典的住房保障制度。瑞典属于高福利国家,将住宅制度列入社会保障制度,经过较长时期的努力,较好地解决了住房问题。我国建立住房保障制度,既可以学习瑞典在解决住房过程中的成功经验,也应注意别生搬硬套,而要充分考虑我国的基本国情。据此,本文认为,建立中国特色的住房保障制度,应当在各级政府的主导下,努力做到立足廉租、大小适度、动态管理、服务求优。

一、政府主导

(一) 政府应当承担建设保障性住房的责任

政府是保障性住房建设的责任主体,各级政府应当认识到履行这一责任的重要性,这是政府在建设保障性住房中发挥主导作用的前提条件。政府应当承担建设保障性住房的责任,我国建立的廉租房、经济适用房、限价房、住房公积金等制度,都表明我国中央政府以及部分地方政府已经开展并正在努力做好住房保障工作。但是也要注意到,还有一些地方不愿意承担或者根本没有意识到建设保障性住房的责任。有的地方出台了一些限价房、经济适用房、廉租房政策,但却是摆样子,做的是"面子工程",没有真正想解决广大中低收入居民的住房问题;有的地方虽然意识到了建设保障性住房的责任,也采取了一些措施,但要么方法不当,要么力不从心;有的地方片面追求经济总量和财税收入的增长,不仅不履行建设保障性住房的责任,反而对房价的上涨起了推波助澜的作用;还有的地方由于管理不善或者缺乏制度保障,在住房保障建设工作中孳生腐败，严重影响了保障性住房建设。上述情况亟待改善。

（二）政府应当承担保障性住房建设资金投入

县级以上人民政府应当将保障性住房建设纳入本行政区域社会保障事业发展规划，并将所需资金列入财政预算。保障性住房建设是一项长期的、经常性的工作，属于社会保障制度，应当同社会保险、社会救济、社会福利、最低生活保障等一道纳入社会保障事业发展规划，有计划有步骤地稳步推进。瑞典明确将住房制度列入社会保障制度，有计划地开展了一系列住房保障工作。例如，20 世纪五六十年代，瑞典政府大规模推进了著名的百万工程公共建造住房计划，在十几年间建造了 100 万套廉价住房提供给中低收入者，这对缓解当时住房紧缺矛盾有非常积极的意义。瑞典政府通过中央政府预算、税收制度等方式实施对新建、改建住房予以补贴。新建住房以及业主所拥有的供出租的住宅的更新改造，可以享受到政府提供的利息补贴，从而刺激了租赁房建设的增加；贷款利息课税减免通常能够使住房所有者减少多达 30% 的利息支出，这种对住房建设的利息补贴曾经是瑞典政府住房政策中最重要的措施；瑞典政府对新建住房提供的信贷担保有利于促进新建住房的融资，以保险的方式降低借款者的偿付能力风险；对中低收入家庭，不论其是租房还是买房，瑞典政府都为其提供住房津贴，以便使其能够住进居住空间足够而且质量有保证的住房，住房津贴在瑞典政府的住房保障体系中的作用越来越大，获得津贴最多的是有孩子的单亲家庭。瑞典政府的上述做法对我国并非全都适合，但其对住房建设的重视以及在不同时期采取的不同措施是值得我们在制定保障性住房发展规划时去学习和研究的。

县级以上人民政府应当在充分了解本行政区域保障性住房的实际需求的基础上，按照法律、法规和政策的要求，根据本级政府的财政能力，提出切实可行的保障性住房建设规划。所谓保障性住房的实际需求，应当在深入调查研究的基础上提出。首先要全面了解本地区居民的住房状况，既要了解本地户籍人口的，也要了解在本地务工的非户籍人口的；既要了解家庭的，也要了解单身的。其次还要注意分析不同年龄段人口的住房状况。

（三）各级人民政府分工负责，共同做好保障性住房建设工作

各级人民政府的地位、职责等不同，在保障性住房建设中发挥的作用也不尽相同。在瑞典，中央政府主要负责住房立法、提供住房领域的财政支持，包括直接补贴、贴息、担保等，地方政府主要负责住房政策的实施。我国的管理体制与瑞典不同，不必完全照搬其做法。中央和省、自治区人民政府负责完善

保障性住房法律、法规，同时对下级人民政府的保障性住房建设给予政策指导和财政支持，并对保障性住房建设予以监督；城市人民政府（包括直辖市、较大的市、地级市、县级市以及有条件的镇）应当在上级人民政府领导下，在本行政区域内负责保障性住房建设法律、法规和政策的落实。当然，中央有关部门可以制定部门规章，规范、指导全国的保障性住房建设；直辖市、较大的市享有立法权，也可以制定保障性住房建设方面的地方性法规、政府规章，为本行政区域开展保障性住房建设提供进一步的法律依据。

二、立足廉租

我国现行的保障性住房主要包括廉租房（公租房）、经济适用房。瑞典的公共住房计划和我国经济适用房建设的实践证明，经济适用房缺陷甚多，应当立足廉租房，并将其建设作为我国保障性住房建设的基础。

与廉租房相比较，经济适用房的缺陷主要表现在：

其一，经济适用房难以最大限度地满足社会对保障性住房的需求。每个离开家庭、步入社会、独立生活的年轻人，除父母长辈提供、继承和赠与所得之外，都会经历白手起家的阶段，这一阶段大家都缺乏住房。政府在力所能及的情况下，也应当提供保障性住房。政府面对的是一代又一代步入社会的新人，也应当永不停息地提供保障性住房。但经济适用房的特点是，政府出售后随即发生产权转移，一旦提供则不便回收。这就意味着，除非政府有能力持续地给每个新家庭提供经济适用房，否则永远也没法解决公民的住房问题。我国人口众多，经济虽然有了较大发展，但总体上看还是相当贫穷落后的，要做到由国家直接给每户提供住房，显然是办不到的。

其二，经济适用房难以最大限度地发挥其社会保障作用。享受保障性住房的对象是买不起商品房的人，经济适用房的买受人在买房时属于无房且买不起商品房者，但购买经济适用房若干年后，会有大量的人逐步富裕起来，有的还可能成为亿万富翁。当他们购买了商品房后，不会也难以让其将原来购买的经济适用房退给政府。这就必然导致富裕起来的人不必要地继续占用经济适用房，经济适用房也就只能有限地发挥住房保障作用。

其三，经济适用房的分配难以保证公正，且易于孳生腐败。我国目前还无力为每个家庭提供经济适用房，若采用经适用房模式，就只能将十分有限的住房供给众多申请住房的居民挑选。给谁不给谁，如何选择？标准很难定。如果没有客观标准，想给谁就给谁，显然会造成不公平，也留下孳生腐败的土壤。有的地方将经济适用房的房价定得与商品房相差无几，真正迫切需要的根本买不起。为了保证相对客观公正，有的地方采用积分制，有的地方由申请人抽签确定。采用积分制的往往除考虑经济因素外，还考虑文化程度、对社会的贡献等非经济因素，这就有失经济适用房的社会保障性属性。而且无论多么科学的积分方式，也难保证经济适用房的供需平衡。积分定得过宽，必然会出现申请人达到了积分标准政府却没法提供住房；积分定得过严，又会导致有房没法出售，且只有极少数人受惠。采用抽签方式，如同赌博，更说不上公正，经济适用房的申请人，除了求神拜佛，根本无法预期自己何时能得到住房；而且有的地方在抽签过程中弄虚作假，如抽出连号等现象，不仅未能起到住房保障作用，还极大地损坏了政府的形象。

反观廉租房，基本不存在上述弊端，而且由于可采取动态管理而具有不少优点，本文随后将予以阐述。因此，既不应单独推行经济适用房制度，也不宜推行经济适用房与廉租房并重的双规制，而应当立足廉租房，建立保障性住房制度。

三、大小适度

所谓大小适度，是指廉租房的面积和格局应当大小适度。每套廉租房可设计为40平方米左右的两房一厅，已婚夫妇可以单独承租一套，刚参加工作的年轻人可以两人共租一套，各居一房。主要理由如下：

（一）可以体现廉租房的社会保障性属性

正如设定最低生活保障、最低工资保障等一样，廉租房只能满足无房且买不起房者的较低层次的住房需求，以解决燃眉之急。宽敞、舒适且环境优美的住房应当由居民量力而行，通过市场购买解决。

（二）可以最大限度地满足社会对廉租房的需求

我国目前经济总量虽然已经跃居世界第二，但人均收入还很低。政府的财力有限，且还应当坚持以经济建设为中心，将有限的财力重点用于发展经济。然而伴随着我国经济的发展，城市化进程必将加快，保障性住房的需求也必将大幅增加。一方面，政府应当加大对保障性住房的财政投入；另一方面，政府的投入也应当最大化地发挥效用。如果廉租房面积过大，政府能提供的数量必然减少，自然不能满足社会对保障性住房的需求；面积太小，承租人起居生活太不舒适，就发挥不了保障性住房的作用。只有面积大小适度，才能做到既可以满足居民的基本住房需求，也可以让更多的缺房者有机会承租到廉租房。现实中一些地方，无论是廉租房还是经济适用房，面积一般都在60平方米以上，而申请条件又定得非常严苛。有的地方，家庭年收入低于当地一平方米的商品房价格，才有资格申请廉租房、经济适用房，很多迫切需要住房保障的居民根本无法申请，这种做法显然是不合适的。

（三）可以激励承租人努力改善居住环境

如果廉租房面积较大，住着觉得较宽敞、舒适，无疑大家都会争着申请。即使那些有能力购买相应面积商品房的居民也会放弃买房，转而申请廉租房。而且当承租到廉租房之后，除非自身经济条件非常优越，可以购买面积更大、舒适的商品房，否则，承租人一般不会轻易放弃所承租的廉租房。

廉租房面积大小适度，可以解决缺房居民暂时的困难；廉租房不够舒适，承租人通常不会满足于现状。这样一来，承租人可以将廉租房作为一个基本的起居生活平台，并以此为基础，努力工作，奋发向上，创造条件购买较大的商品房以改善居住环境。

四、动态管理

廉租房的出租和回收都应当实行动态管理，以保证最大限度地发挥廉租房的作用。

（一）逐步推广

目前，我国不少地方的保障性住房基本是既有廉租房也有经济适用房，住房保障率普遍不高，不少人为缺住房发愁。推行廉租房后，也不可能一夜之间就能全面解决住房问题，而是有一个逐步推广的过程。政府可以优先将廉租房出租给买不起房的低收入家庭。随着政府对廉租房投入的不断增加，廉租房的数量会不断增多，惠及的对象可以逐步扩大到大学生异地就业、农民进城务工，以及本地青年离开家庭独立生活等所有需要廉租房的居民。

（二）及时回收

廉租房是用于解决无房居民的住房问题的，一旦承租人购买了房子，就应当及时将其承租的廉租房交回政府。可以明确规定，廉租房承租人在买房时，应当签订合同，约定待其所买的房屋交吉后的半年内退回廉租房。这样有利于政府及时将收回的廉租房再出租给其他符合条件的廉租房申请人。

（三）酌情出售

保障性住房应当立足廉租，但在一些特定情况下，可以考虑酌情出售。当夫妻双方年龄较大，且已承租廉租房较长时间的，可以将其所承租的廉租房转售给承租人。例如，可以将售房标准确定为：夫妻双方合计年龄达到九十岁，或者其中一人达到五十岁，且双方共同承租达到二十年，或者其中一方承租达到二十五年；对单身的、离异的、有孩子的，也可以区分情况，参照上述标准作出相应的规定。国家可以规定一个必须出售的硬性标准，各个地方可以根据本地具体情况，适当放宽标准，制定适合本行政区域的具体标准。之所以提出这一观点，是出于人性化的考虑。当一家人在40平方米左右的房子生活这么久，仍未能购买住房，说明该家庭经济上确实困难；而且年龄也比较大了，再买房的机会也不多了。让居民最终能有一套属于自己的房子，可以体现国家对低收入群体的特别照顾。

（四）酌情出租

原则上，单身青年两人合租一套廉租房，但在条件许可的情况下，可以让有孩子的单亲家庭以及大龄青年等特殊情况者单独承租一套。当然，酌情出租方面也应当制定标准，严格按照规定办事。

五、服务求优

廉租房属社会保障制度，在管理上要尽量优化服务水平，避免官僚主义，尤其要加强监督、防止腐败。

（一）关于选址

廉租房在规划时，要注意分散选址，避免过于集中，形成"贫民窟"。可以优先选在大型小区内，也可以在城市市中心予以安排。在小区中建设的，在土地拍卖时要处理好商品房与廉租房的关系，避免与房地产开发商出现产权纠纷。

（二）关于建设

由政府直接出面建设廉租房，其效率自然不如专业的房地产开发商，也违背了市场经济条件下专业分工的经济规律。政府如果通过摊派任务，交由开发商承建，开发商往往不以经济效益为准则，而以完成政治任务为目标，难以实现社会资源的最优配置；而且开发商可能会以承接廉租房为条件，与政府讨价还价，获得土地优先使用权，将"经济账"与"政治账"混在一起，且质量也难以保障。因此，政府应当加强论证、搞好规划，提出明确的要求，在此基础上，通过招投标选择好承建商。在选择承建商时，要综合考虑图纸设计、质量标准、价钱等各种因素，不宜单以价格低为取向，要严防腐败。在建设期间，要注意经常性的抽查，加强质量监督。房子建成后，要认真组织质量验收，严把质量管。

（三）关于分配、调整

对廉租房的分配、调整，要遵循循序渐进，从最迫切需要保障性住房者开始、逐步推广的原则，在调查研究的基础上制定出合理、可行的标准。凡符合条件的申请人就应当及时给予分配、调整。既要尽量减少排队候房的现象，也要减少廉租房空置率。特别要加强监督，防止分配、调整过程中的腐败现象。

（四）关于承租费

廉租房应当真实地体现其"廉"字，租金应当远低于市场房租费，可以考虑以市场价的一半左右收取。有些地方，廉租房的房价超过市场价的八成，基本没有体现廉租房的社会保障性作用。

（五）关于物业管理

单独的廉租房小区，可以在政府组织下，授权承租人民主推选物业管理委员会，选择物业管理公司。与其他业主共居的小区，政府可以作为大业主，与其他业主共同选好物业管理公司。政府可以给予适当的物业管理费补贴，以减轻廉租房承租人的负担。

（六）关于相关配套设施建设

除要加强廉租房本身的建设管理外，还要注意做好与其配套的交通、市场等设施的建设，搞好治安管理，要针对廉租房居住区人口多、青年多、购买力较低等特点，做好饮食服务、教育培训、文体、娱乐等方面的工作。

推行廉租房只是解决城市缺房居民居住的保障性措施，只是我国住房制度的一个方面。随着廉租房的增多，居民获得保障性住房将变得更容易，市场上的普通住宅也就难以高价出租了。除购买自己居住的房子外，居民购买第二套以上住房将失去投机或者投资意义，高房价将得到遏制。广大居民可以以廉租房为居住依托，安心工作，在住房公积金、贷款优惠等政策的支持下，通过自己的努力，以合理的价格购得一套宽敞、舒适的住房。此外，政府还要继续大力推进新农村建设，解决好农村居民的住房问题。在全社会的共同努力下，让每户居民拥有条件优越的住房就可以逐步成为现实，而这就可以作为我国住房制度的根本目标。

后 记

　　为全面贯彻落实中共中央提出的大规模培训干部、大幅度提高干部队伍素质的要求，广东省把公务员境外培训作为培养造就具有世界眼光、战略思维、善于治国理政的优秀中青年"好干部"的重要举措。广东省人力资源和社会保障厅会同广东省人民政府外事工作办公室，与中山大学、瑞典斯德哥尔摩大学等单位合作举办第四期广东省公务员公共管理瑞典专题研究班，该班在国内的培训具体由中山大学政治与公共事务管理学院承办。

　　培训课程采取国内和国外培训相结合、理论教学与政策研讨相结合、课堂讲授与专题讨论相结合等灵活有效的方式进行。在国内四周的培训学习中，中山大学派出了公共管理方面的专家讲授涉及行政理论、公共管理、公共政策等方面课程，初步了解北欧政治体制、福利制度、廉政建设等情况。在此期间，学员还以小组讨论、学员论坛等形式对所学知识进行系统总结，并把理论知识用于对具体问题的分析。在国外学习期间，主要了解瑞典体制机制和欧洲公共管理的政策措施、运行模式，并通过访问职能部门、实地教学、与政务官名人座谈等方式，深入了解瑞典公共管理的相关做法和成功经验。学员透过瑞典了解发达国家公共管理的体制机制、运行模式、政策措施及成功经验。在学习中，学员们表现了极强的求知欲，善于利用课堂教学与研讨、图书馆查阅资料、网络搜索与交流等学习资源与机会，积极向培训专家求教，圆满完成了教学计划的全部内容。

　　按照广东省人力资源和社会保障厅的要求，每位学员在培训课程结束后需要提交一篇相关研究论文，运用所学知识，结合瑞典公共管理经验，分析和研究广东公共管理的实践。本期学员的研究成果所涉范围较广，包括瑞典的社会治理、教育、医疗、养老社会保障、公共财政和公务员管理等。他们结合各自的工作领域，借鉴瑞典的有益经验，对我国和广东省改革开放进程中的诸多具体问题进行了积极有益的思考。这对促进学员转变观念、增强公共服务意识、提高公共管理素质水平和能力，为广东省的发展建言献策具有一定程度的重要意义。本论文集充分展现了他们的学习思考和专题研究的成果。

  论文集由广东省人力资源和社会保障厅公务员局综合管理与培训处、中山大学政治与公共事务管理学院编辑，由中山大学出版社出版。由于时间仓促，本论文集不免有粗疏之处，还请读者不吝指正。

2015 年 11 月